当代经济学系列丛书
Contemporary Economics Series

陈昕 主编

当代经济学译库

Laura L. Veldkamp
Information Choice in
Macroeconomics and Finance

宏观经济学和
金融学中的信息选择

[美] 劳拉·L.费尔德坎普 著　李娜 译

格 致 出 版 社
上 海 三 联 书 店
上 海 人 民 出 版 社

主编的话

上世纪 80 年代，为了全面地、系统地反映当代经济学的全貌及其进程，总结与挖掘当代经济学已有的和潜在的成果，展示当代经济学新的发展方向，我们决定出版"当代经济学系列丛书"。

"当代经济学系列丛书"是大型的、高层次的、综合性的经济学术理论丛书。它包括三个子系列：(1) 当代经济学文库；(2) 当代经济学译库；(3) 当代经济学教学参考书系。本丛书在学科领域方面，不仅着眼于各传统经济学科的新成果，更注重经济学前沿学科、边缘学科和综合学科的新成就；在选题的采择上，广泛联系海内外学者，努力开掘学术功力深厚、思想新颖独到、作品水平拔尖的著作。"文库"力求达到中国经济学界当前的最高水平；"译库"翻译当代经济学的名人名著；"教学参考书系"主要出版国内外著名高等院校最新的经济学通用教材。

20 多年过去了，本丛书先后出版了 200 多种著作，在很大程度上推动了中国经济学的现代化和国际标准化。这主要体现在两个方面：一是从研究范围、研究内容、研究方法、分析技术等方面完成了中国经济学从传统向现代的转轨；二是培养了整整一代青年经济学人，如今他们大都成长为中国第一线的经济学家，活跃在国内外的学术舞台上。

为了进一步推动中国经济学的发展，我们将继续引进翻译出版国际上经济学的最新研究成果，加强中国经济学家与世界各国经济学家之间的交流；同时，我们更鼓励中国经济学家创建自己的理论体系，在自主的理论框架内消化和吸收世界上最优秀的理论成果，并把它放到中国经济改革发展的实践中进行筛选和检验，进而寻找属于中国的又面向未来世界的经济制度和经济理论，使中国经济学真正立足于世界经济学之林。

我们渴望经济学家支持我们的追求；我们和经济学家一起瞻望中国经济学的未来。

2014 年 1 月 1 日

致 谢

在本书的写作过程中,我得到了许多人建设性的建议和评论。这本书的成形基础是我为柏林洪堡大学举办的博士生研讨会准备的一套讲义。后来我又在纽约大学的宏观经济学博士生专题课上对这套讲义进行了拓展,最后将其变成了这本书。两所大学里听过这套讲义的学生们可以说通读了本书的初稿,并向我提供了大量有用的反馈。

此外,许多同事和其他学校的经济学家也向我提出了他们的建议和评论。特别是,我要感谢 Manuel Amador, Cosmin Ilut, Peter Kondor, Pierre-Olivier Weill, Mirko Wiederholt 以及两位匿名审稿人的广泛评论。Anna Orlik 对书稿进行了非常有价值的编辑和校对工作,并帮助生成和解答了书中的不少习题。当然,我对任何留存的错误负责。读者如发现有需要勘误之处敬请指出,可发送邮件至 lv2405@columbia.edu,我将非常感激。我会把勘误表放在我的个人主页上。

最后,我同样要感谢我的丈夫 Stijn Van Nieuwerburgh,在他的鼓励下,我开始着手并最终完成了本书。

信息选择:大数据时代的经济学前沿理论

　　知识已成为发达国家及包括中国在内的许多新兴经济体经济发展的重要驱动力,其中数据和信息发挥了关键作用。作者劳拉·L.费尔德坎普在书中一开始就指出,在发达国家,制造业从业人员占比较低,大部分经济增加值来自咨询、预测和财务分析等活动。即使是传统企业,也将相当一部分资源投入于管理决策、价格设定和评估潜在投资项目等活动,其中每项都涉及信息的收集、加工和整合。在过去十年间,大数据和人工智能得到了长足的发展,已然成为我们生活不可或缺的一部分。很多人认为,20 世纪经济活动中最重要的投入品是石油,而在 21 世纪,最重要的投入品则是"数据"。因此,包括中国在内的许多国家都将大数据和人工智能的发展作为国家的战略重点。

　　事实上,经济学中关于信息本身的研究可以追溯得更为深远。这些研究非常适用于当前很多与大数据相关的经济学和金融学问题,这本《宏观经济学和金融中的信息选择》就是对这个研究领域最好的概括和提炼。下面我将结合经济学研究的最新进展,沿着经济学思想演进的轨迹,从经济体系、金融学、宏观经济学和公共政策四个方面论述本书的主题——信息选择——的意义和相关的经济学思想。

1. 信息选择在经济体系中的核心作用：市场作为一个信息加总体系

所谓信息选择，是指经济主体主动去选择学习哪些信息来进行经济决策，即内生的信息生产过程。最早被公认的从经济体系角度系统论述信息选择重要性的学者是哈耶克。哈耶克（Hayek，1945）在其经典论文《论知识在社会中的运用》中①，系统论证了市场的首要任务是充分利用局部分散的信息（如消费者的偏好）；同时指出公允市价是经济体系中分散的信息加总后的集中体现；此外，市场价格又成为那只"看不见的手"，发挥着引导资源配置（信息对实体经济的反馈功能）的重要作用。由于缺乏有效加总分散信息的方法，其他的体系（如计划经济）注定将会失败。哈耶克的远见在后来计划经济体系的崩溃中得到了印证。毫无疑问，哈耶克的洞见同样适用于金融市场。如果说商品市场的价格加总反映的是消费者偏好，那么由于交易对象是金融合约，金融市场则更加全面地加总了社会大众对经济社会尤其是关于未来的观点。运行良好的金融市场能够加总大众的智慧（wisdom of the crowd），从而将资源配置到最有效率的行业中。因此，按照哈耶克的思想，不同的经济体系（市场经济或计划经济）或者不同的金融体系意味着不同的信息选择和信息生产机制，从而意味着不同的经济绩效。

格罗斯曼和斯蒂格里茨（Grossman and Stiglitz，1980）进一步将哈耶克的思想予以模型化，②并在一般均衡的环境里，对于哈耶克的思想进行了严格的推演，结果发现了一个重要的深层悖论：由于价格是公共产品，而信息生产过程却是有成本的，所以价格形成中的"搭便车"行为无可避免，即参与决策的公众似乎没有激励去搜集更多信息，倘若多数人都不努力搜集信息，

---

① Hayek，F. A.，1945，"The Use of Knowledge in Society"，*American Economic Review*，35(4)，519—530.

② Grossman，S. J.，& Stiglitz，J. E.，1980，"On the Impossibility of Informationally Efficient Markets"，*The American Economic Review*，70(3)，393—408.

价格又如何能够反映出所有的信息呢？所以他们认为真实的情况应该是，价格不能完全反映信息，而是有噪声的；而且恰恰是这种"噪声"的存在才给人们提供了搜寻信息的激励，即噪声是一种均衡现象。在这个模型里，人们在信息选择方面的行为是具有策略替代性的，即别人的信息生产会降低我去生产信息的激励。这是一篇思想深刻的论文，催生了金融市场微观结构（market microstructure）的研究领域，启发了大量后续研究，本书对相关思想和进展也作了高屋建瓴的概括。

2. 信息选择在金融市场中的应用：理解策略性互动和市场信息的作用

信息一直是金融市场的核心；自格罗斯曼和斯蒂格里茨的重要发现问世以来，信息选择已成为金融经济学领域——金融市场微观结构研究的重要组成部分，这类研究的最初模型多设定为一般均衡场景，而在近二十年的研究过程中，越来越多的文献开始探究信息选择中的策略性互动场景。尤其值得一提的一项重要进展是关于全局博弈（global game）的方法。在全局博弈中，博弈方既可以观察到自己的私人信息，也可以观察到一个公共信号（如价格）；他们在行动方面可以是互补的（如储户是否去银行提取存款）。这里的互补性指的是，如果其他人去提取存款，我也要去提取，因为去晚了就没有了。在经济学和金融学的很多问题中，人们的行动都存在互补性（如银行挤兑、公募基金的赎回、投机者对一个国家外汇市场的攻击等），这非常有助于理解流动性危机和金融危机的作用机制。

在这种情况下，公共信号（如价格）发挥了双重作用，它们既反映了经济的基本面，同时也是博弈方之间的一个协调机制。因为公共信号是一个共同知识（common knowledge），自然成为人们之间协调的依据，人们在决策中就会赋予其更多权重，而对私有信息利用不足（在哈耶克意义上），由此所得的最终均衡不是社会最优的。另一个很有意思的推论是，公共信号越精确（即方差更小），决策权重越高，而更大程度上忽略私人信息，社会福利损失反而会更大。由此，我们就得到一个非常有趣和反直觉的结果：在人们存在策略互补的情况下,提供更透明和准确的公共信息,反而会降低社会福利。例如,诺奖得主希勒认为,美国的房地产价格上涨就与电视中的房地产节目有关。它们使得房地产上涨成为共同知识,从而使人们过于看重这个信号而争先买房,进一步推动房价上涨,形成正反馈。①这个洞见对金融市场中有关价格的最佳透明度(尤其是货币市场,如货币市场基金)政策、货币政策的最佳透明度等方面的讨论非常有意义。

同样难得的是,本书引入了人们处理信息的能力约束,从而为"有限理性"提供了一个统一的分析框架,并可以解释资产定价中的一些未解之谜。到目前为止,很多资产定价中的异象(anomalies)是通过行为经济学来解释的,往往会假设行为人有不同于理性模型的偏好或信念。本书提供了进一步从信息处理能力约束角度来理解这些异象的路径,使这方面的研究富有潜力。

3. 信息选择在宏观经济学中的重要体现:理解经济周期与经济增长的机制

信息选择在宏观经济学中正得到越来越多的关注。自从凯恩斯的《就业、利息与货币通论》问世之后,人们认识到经济衰退和周期性波动的重要原因之一是价格黏性,尤其是劳动市场的价格即工资向下调整的刚性。由于这种刚性的存在,当负面冲击出现时,价格调整机制失灵,市场只能通过数量维度来调整(如减少雇佣的工人)。而造成价格黏性的一个重要原因是企业在设定价格时所面临的信息选择问题。这方面也有大量的文献,本书概述了其中一些非常重要的研究。简单来说,与个体的有限理性类似,由于学习成本或者有限注意力,企业往往没有足够的能力根据新的经济状态及时调整自己的价格,结果便造成了价格的刚性。

重要的是,信息选择视角也解释了货币政策为什么能起作用。这个观察

---

① Morris, S., & Shin, H. S. (2002). "Social Value of Public Information". *American Economic Review*, 92(5), 1521—1534.

最早来自菲尔普斯(Phelps)和卢卡斯(Lucas)的经典模型。①简单来说,每个企业都处在一个信息孤岛上,他们无法区分价格变化的根源是经济基本面的变化,还是名义价格的变化。也正因此,货币才不是中性的,即扩张性的货币政策会对实体经济产生影响:因为人们会在一定程度上认为实际价格上涨了,从而增加生产;而如果人们具有超级信息处理能力,能够看穿名义变量和实际变量,即能够看穿货币的面纱,具有完全的理性预期,那么货币就是中性的。这个理论为宏观经济学的核心思想之一的菲利普斯曲线(Phillips curve,即通货膨胀和失业率负相关)提供了微观基础。菲利普斯曲线越陡峭,货币政策促进经济增长的作用就越有效。有意思的是,过去几十年间,美国等国家的菲利普斯曲线在变得平坦化;这个现象是当前经济学的一个研究前沿,但目前尚无定论,信息结构的变化也许是解释这一现象的重要思路。

经济周期和金融危机也可以从信息选择的角度来理解。这方面的研究是经济学的又一重要前沿,在此我想提醒读者注意的是,自2008年金融危机之后,经济学家们普遍意识到不能将金融和实体经济(宏观经济)割裂开来,否则难以理解经济周期,而信息恰是将这两者紧密结合的桥梁。诚然,此次危机之前,宏观经济学家的研究焦点是实体经济,对金融不甚关注,真实经济周期学派尤其如此。他们认为,经济周期的主要驱动因素是全要素生产率的冲击。但危机似乎改变了这一认识,经济学家们开始意识到金融体系的杠杆周期与经济周期密切相关。在我看来,信息选择,尤其是关于实体经济融资抵押品的信息选择,很有可能打通金融危机和经济周期之间的内在关系。因此非常期待这一个激动人心的研究方向。

除关心经济波动和经济周期之外,经济学家还关心经济增长——一个更为根本的长期问题。经典的增长理论(包括索洛模型和内生增长理论)都未将大数据纳入模型加以考量。本篇导读一开始就提到,数据是当代经济增长的投入品早已成为共识,不仅如阿里巴巴、腾讯、亚马逊、Facebook、谷歌等平台巨头企业的主要投入品就是数据,而且一般的企业也会在大数据和 AI

---

① Lucas, R. E., Jr. (1972). "Expectations and the Neutrality of Money". *Journal of Economic Theory*, 4(2):103—124.

方面投入大量资源，以提高其竞争力。这个逻辑对于个人和国家而言同样适用，数据已经成为生产函数中的重要投入品，而且也是一种产出，能帮助企业实现更好的预测；虽然获取数据需要付出较高的成本，然而一旦数据获取完成，进行复制和扩展应用却极为容易。这意味着我们恐怕不能再简单地将数据加入 TFP 中，而需要建立全新的经济增长理论。在这方面，本书的作者劳拉·L.费尔德坎普近年来作了一些引人入胜的探索，非常值得我们关注。

4. 信息选择与 AI 时代的公共政策

可见，信息选择和信息生产是理解人类经济和金融体系最重要的维度之一。在当前的大数据和 AI 时代，本书所具有丰富的政策意义显得尤为宝贵。我在此只能略谈一二。

大数据时代的经济发展战略和产业政策。数据日益成为企业和国家比较优势的一部分。大国拥有更多的数据和信息来源，而信息又具有发现成本高而复制成本几乎为零的特性，即信息具有规模收益递增的性质。这一特性反过来又会促进信息的生产和使用，这无疑会对企业和国家的发展产生深远的影响。此外，其对收入不平衡和国家之间的发展差距也会产生巨大的影响。由于数据和信息本身的外部性，制定合理的产业政策和发展战略变得至关重要，这已是一个迫在眉睫的研究领域，尤其对于尚处于快速发展阶段的中国而言。

数据的产权界定和金融资产化问题。数据、尤其是平台巨头生产的大数据的产权界定也是一个亟待解决的问题。例如，这些数据的产权究竟是属于消费者，还是属于平台企业呢？与此相关的数据资产金融化问题又该如何监管？

这些对于社会的信息生产和加总，对于经济发展、金融稳定和收入分配又预示着什么？

要理解和回答以上（及不限于这些）重要问题，《宏观经济学和金融学中的信息选择》是目前最好的著作，作者是这一前沿领域的领军人物和当代最活跃和具原创性的经济学家之一。本书的难度适合高年级本科生和研究生，也是宏观经济学和金融学领域学者的必读之作。此外，本书的写作风格令人欣赏：第一，作者尽可能做到了语言简洁，观点凝练，使得本书信息量极大，适合反复研读。第二，本书对读者非常友好。作者开篇就介绍了本书所用到的基础知识和工具，内容安排也富有逻辑性与层次感。第三，本书各章都列出了有待深入研究的问题，为读者进一步思考并作出原创性研究提供助益。

对于读者个人来说，选择读什么书其实也是一个信息选择问题。我希望本篇导读能够减少读者的信息选择成本，使更多经济学人尽早走到最美的前沿，站上巨人的肩膀上，不断探索下去。

王永钦

2022 年 3 月 7 日于上海

目　录

主编的话

致谢

导读

CONTENTS

1

第一部分

基 础 知 识

为什么要研究信息选择？

　　发达国家正日益成为一个知识驱动的经济体。越来越少的工人从事制造业，大部分经济增加值来自咨询、预测和财务分析等活动。甚至传统企业也将相当一部分资源用于管理决策、价格设定和评估潜在投资项目等活动，其中每种活动都需要收集、加工和整合信息。大多数宏观经济模型关注的是商品生产。类似地，大多数资产组合与资产定价理论关注的是最大化投资者效用的投资决策。虽然目前在投入于有关信息的活动的资源越来越多，但只有少数研究告诉我们决定这些生产决策和投资决策的信息收集是怎么一回事。本书考察了在宏观经济学和金融学模型中，人们如何选择想知晓的信息。

　　期望、均值、方差、协方差等，每个随机变量的任何矩，都取决于某个信息集。通常，我们认为这个信息集包含了该变量所有的过去实现值。但是，如果人们不完全知道所有的过去实现值，会如何呢？又或者说，如果人们除了知道所有的过去实现值外，还知道额外的信息会如何呢？人们信息集的变化会改变随机变量的每个矩。但信息不会影响随机变量的未来实现值，它只是改变了人们对于这些实现值的认识。随机变量的各种矩总结了人们对这个变量的认识。

　　由于均值、方差和协方差在经济学和金融学中随处可见，人们在相关情况下估算随机变量的这些矩的方式会影响他们的行动。经济周期模型中生产率的随机变化的效应、资产组合问题中资产估值的变化的效应、消费/储蓄问题中禀赋的冲击的效应、价格设定问题中货币供给冲击的效应，以及协调博弈中状态变化的效应，都取决于人们掌握了什么样的信息。

本书所描述的信息选择的应用理论研究领域，既是狭义上的，又是广义上的。狭义上，本书集中描述了行为人拥有什么信息以及该信息如何影响总体结果。书中给出了一套用于构建应用理论的工具：不过多阐述理论本身，而着重于阐述理论如何为真实世界的现象提供解释。书中所给出的理论有非常广泛的应用，从资产定价到货币经济学，再到国际经济学乃至经济周期。书中既介绍了信息选择的应用研究领域所必要的数学结构，也论及了有关选择如何建模时的思考方式。我希望读者在看完本书后，不仅能了解有关信息选择的应用理论研究的前沿，而且还能受到启发，进一步在该研究领域做出贡献。

1.1 学习模型的类型

有关学习（learning）的文献十分丰富。在深入探讨之前，我们先来回顾一下这类文献中涉及了哪些种类的主题，又遗漏了什么主题。

在有关学习的文献中，行为人通常不采用贝叶斯法则来形成预期。适应性最小平方学习（adaptive least-squares learning）就是一个例子，在这种学习中，行为人像计量经济学家一样行动，试图找到有关下一期状态的最优线性预测规则。Evans 和 Honkapohja（2001）详尽地介绍了这类文献。信息摩擦是有关模型误设的文献的显著特征。在这些误设模型中，行为人在不知道经济的真实模型的情况下选择会产生好的结果的行动，即使他们有关经济的模型并不十分正确（Hansen and Sargent，2003）。本书则专门讨论贝叶斯学习（Bayesian learning），即只考虑行为人采用贝叶斯法则来更新其信息集的情况——行为人知道经济的真实模型，不确定的仅仅是自然（nature）会选取实现何种状态。在这类模型中，行为人并非不确定自然从中选取某一状态的结果的分布。换言之，他们具有理性预期。专门讨论贝叶斯学习，区分开了对行为人的学习过程的研究和对他们学习所获信息的研究。这允许我们通过对学习如何发生作出简单假定，来更深入地理解行为人观察到了什么信息。

在具有贝叶斯学习的模型中，有被动学习（passive learning）模型，也有积极学习（active learning）模型。在被动学习模型中，行为人被赋予信号，并且/或者由于观测价格和数量而进行无意识的学习。具有外生信息的模型就是这类例子。信息也许是被给定的（Morris and Shin，1998），也许是随机产生的（Mankiw and Reis，2002）。即使在信息是内生时，行为人仍然可以是被动学习者。例如，信息可以作为别的活动的副产品而生成，也可以由市场价格传递出来。这仍然是被动学习，因为行为人没有对他们观察到的信息施加任何控制。

人们获取信息的另一种方式是有意选择。通过选择获取信息也被称为积极学习（active learning）。这里的选择可以包括购买信息，选择如何分配有限的注意力，或者选择一项行动并考虑会从中产生的信息。积极学习模型不仅解释了拥有信息的结果，而且还预测了行为人会选择拥有什么样的信息。在宏观经济学和金融学中，积极学习越来越重要。在宏观经济学中，积极学习被用来重新考察消费储蓄问题（Sims，1998）、价格设定摩擦（Maćkowiak and Wiederholt，2009b；Reis，2006）和经济周期动态（Veldkamp and Wolfers，2007）。在金融学中，积极学习在投资配置模型（Grossman and Stiglitz，1980；Hellwig，1980）中的使用由来已久，近来则被用于动态资产定价理论（Peng and Xiong，2006）、共同基金模型（Garcia and Vanden，2005；Kacperczyk，Van Nieuwerburgh and Veldkamp，2010）和分散（decentralized）交易模型（Golosov，Lorenzoni and Tsyvinski，2008）中。

动态宏观经济学和金融学中的绝大部分模型仍然应用被动学习，即当行为人观察到新的结果时，或者当新的信号因为模型的假定而出现时，信念发生改变。尽管这类被动学习模型阐明了信息在总体结果中的作用，但并未告诉我们什么样的信息是我们会观察到的，或者不会观察到的。积极学习模型通过预测行为人选择观察什么样的信息，对此类文献进行了补充。因为积极学习模型能基于经济环境的可观察特征来预测信息集，将其与用信息来预测可观察结果的被动学习模型合并在一起，可得到一个由可观测变量预测可观测变量的模型。这就是实证上可检验的模型。如果目标是构建那些解释了观察到的现象的应用理论，则我们需要一个可检验的理论来确认所给出的解释是否正确。因此,尽管本书的相当一部分内容是有关被动学习模型的,书后的大部分参考文献也是与之相关的研究,书中对于信息选择如何影响预测的讨论仍构成了对被动学习模型的系统性补充。

贝叶斯学习模型在其他领域的文献中得到了广泛的应用。本书集中讨论宏观经济学和宏观金融学研究者感兴趣的应用,其他文献则涵盖了别的相关主题:Vives(2008)与 Brunnermeier(2001)专门讨论了理性预期市场中的市场微观机构与信息汇总;Chamley(2004)探讨了行为人序贯行动并从彼此的行动中学习的羊群效应模型。这两类文献都是本书内容的有益补充。

1.2 贯穿本书的几个主题

主题 1:信息选择弥合了理性方法与行为方法之间的鸿沟 第一个主题是基于信息的模型在宏观经济学和金融学文献中所占的地位。在标准的充分信息理性模型不能解释数据的某些特征的情形中,我们借助于不完全信息模型。由于那些情形与行为经济学的多数研究情形一致,因而构造不完全信息模型是行为经济学方法的一种替代。这两类文献均与经典的宏观经济学和金融学中所特有的充分信息事后最优决策范式稍有差距。这一步很有用,因为加入不完全信息使得标准模型可以解释更广泛的现象,如资产组合分散化不足、资产价格泡沫、资产配置中的惯性与价格黏性。

不完全信息与行为经济学假定之间的界限会变得更加模糊,因为一些构造不完全信息模型的方法——如信息加工约束——是有限理性的一种形式。但二者之间仍有根本区别。

信息选择本质上是一种理性选择。信息选择模型中的各行为人对待他们的信息约束就像标准模型中的各行为人对待其预算约束一样。信息选择没有抨击理性选择框架的原理,而是试图通过扩大选择变量的集合来对其加以扩展。这种方法的好处在于,通过要求信息集为理性选择问题的解,使得信息不对称可以在给定环境下以内生的形式出现。

主题 2:信息不同于实物产品,因为信息的发现成本很高而复制成本很低 因为信息的发现成本高而复制成本低,所以越多份信息被卖出去,则每份信息的成本越低。换言之，信息有递增的规模收益。这一性质常常得出极端解和互补性，这使得具有信息选择的模型的预测值与没有信息选择的模型的预测截然不同（Wilson，1975）。

信息生产经济学与实物产品生产经济学差距甚大，使得信息选择模型能解释标准理论无法解释的现象。这一观点在对信息选择和投资的讨论中出现，其中，投资者更看重与较大额资产有关的信息，因为一条信息可以被用来评估整项投资。本书中有关信息市场的那一节会再次提到这一观点，其中，信息的市场价格随着卖出的信息的数量增加而递减，因为信息的复制是免费的。这使得观测其他人所观察到的信息成为一个节约成本的策略。

主题 3：相关信息或协调动机　有不少宏观经济学和金融学的文献研究许多行为人同时采取类似行动的情形，如银行挤兑、投机攻击（speculative attack）、市场泡沫和投资趋势。最常见的解释是存在协调动机（coordination motive）：人们想要采取类似行动，因为像其他人一样行动直接提高了他们的效用。然而，在一些不存在明显的协调动机情形中，人们似乎也像他们有协调动机时一样行动。另一种解释是，人们观察到相关信息（correlated information），这导致他采取类似行动。从众理论就是一个例子，其基于下述比方（引自 Banerjee，1992）：假设食客们陆续来到两家相邻的餐馆：A 和 B。第一位和第二位食客均认为 A 餐馆更好。所以，他们俩在 A 餐馆吃饭。第三位食客认为 B 餐馆更好，但他在那儿没有看见别的食客。他推断一定有人把 A 餐馆更好的信息告诉了 A 餐馆中的两位食客，所以他也选了 A 餐馆而没有选 B 餐馆。所有后到的食客均作了类似的推算，也都在 A 餐馆就餐。因此，公开可观察的序贯行动为人们也许有类似的信息集提供了一个理由。人们也许有类似信息的另一个理由则基于信息选择。用上述比方来说就是，所有的食客可能都因为晚间新闻上一位评论家的推荐而都去 B 餐馆就餐。每位食客都可以通过在每家餐馆就过餐来获得私人信息，但通过收看晚间新闻和通过看到其他每个人都看到的信息产生的成本较低。

主题 4：引入信息选择的效应取决于行动中的策略动机，以及被选择的信息是公共信息还是私人信息　本书始终围绕这一主题展开，本书的前半部分考虑了具有策略互补性的情形，而后半部分则集中于策略替代性。每部分都考察了公共信息选择和私人信息选择。

策略动机与信息选择之间互动的一个例子是,协调动机和异质(私人)信息合在一起产生强大惯性。因为信息是不完全的,人们不知道世界状态是什么,也不能随着世界状态的变化而精确地调整他们的行动。此外,因为人们不知道其他人有什么信息,所以他们也不知道其他人的平均行动是什么。如果信息随着时间累积,那么相比现在的世界状态,所有人都知道更多过去发生的事情。因此,为了更好地协调,人们给过去信号施以比现在信号更高的权重。对新的信息不作反应产生了行动中的惯性。人们也会由于旧信息有用得多,而选择几乎不获取新的信息。由于行动仅能对人们有所了解的世界状态的变化作出反应,因而延迟学习放缓了行动。这种延迟甚至产生了更多的惯性。货币经济学的研究者采用这一机制来生成价格黏性。

然而,当人们想要协调他们的行动并且可以获取公共信息时,结果通常是多重均衡。这样的经济会显示出非常少的惯性,因为预期的变化会使得均衡转换为另一个均衡。

在不愿协调一致的情形中,人们更愿意采取不同于其他人的行动。这样的策略替代性使得人们想要基于其他人没有的信息来行动。他们更喜欢私人信息。由于关于新近事件的信息更少,因而人们把更多的权重放在近期信号上。这种模型产生了高度多变的行动而非惯性。其中的机制为投资行为的多变性乃至资产价格的波动性提供了一个理由,因为在资产市场上投资者更愿意购买因价格较低而令其他人不想要的资产。

尽管那些行动中有策略可替代性的人们更喜欢私人信息,但如果公共信息与私人信息相比成本低很多,他们也会获取公共信息。因为信息的发现成本很高而复制成本很低,所以可以被大量出售的公共信息或不完全公共信息的生产成本并不那么高,其购买价格因此也不那么高。如主题3所述,观察到共同信息的人通常做出类似的决策。即使人们的策略动机指示他们应采取不同的行动,他们相似的信息集也会导致其采取类似行动。结果就是协调行动。

下表总结了前面四个主题所分别描述的四类模型的主要模型结果。每种模型的行动要么具有互补性要么具有可替代性。另外,每类模型都允许行为人要么选择公共信号,要么选择私人信号。例如,具有互补性和选择私人信号的模型通常产生有惯性的行动,而具有可替代性和选择私人信号的模型通常产生分散而多变的行动。

模型结果	私人信号	公共信号
互补性	惯　性	多重均衡
可替代性	分散性和多变性	协调行动

主题 5：信息选择有助于对基于信息的理论进行实证检验　构建可预测行为人知道什么信息的模型，可以绕开信息集无法直接观测这一问题。如果一个理论基于可观察变量来预测信息集，并使用这些信息集来预测行为人的可观察的行动，那么这一理论就始于可观察变量，终于可观察变量。由可观察变量开始和结束的理论是实证可验证的。因此，本书用一整章来介绍各种实证评估基于信息的理论的方式，并在这一章中将有关哪几种可测度基本因素决定了信息集的观点汇总起来，同时列出了其他人用来测度信息的代理变量，并且整合了支持一系列非对称信息理论的特征性事实。

1.3　本书的安排

本书旨在被用来作为研究者的指南或参考书，或者作为经济学或金融学的二年级博士生课程的教材。本书的一大特色是它触及了许多不同主题，而非是宏观经济学、货币经济学或金融学的入门教材。这样处理的原因在于，所有这些领域都发展出了能够并且应该被应用于其他领域的有关内生信息的洞见。然而，跨研究领域的交流常常有限，那些知道工具的人不熟悉这些工具的许多潜在应用，而熟悉许多潜在应用的人不知道这些工具，因而错失了做前沿研究的机会。

因此，本书中充满了关于某一领域中的思想可以如何被应用于另一领域的建议。这一特点使得本书应该值得那些在寻找博士学位论文选题的研究生们花时间一读。本书也在不同文献之间建立了相互联系，比如说，通过阐明一个货币政策模型中的驱动力与一个资产组合选择模型中的驱动力是一致的，来建立联系。这些联系有助于熟悉某一个领域的专业研究者迅速对另一个领域中的模型的背后逻辑，有一个很强的直觉上的掌握。这一特点使得本书中有关货币非中性和经济周期的章节完全适合于资产定价课程，而有关资产组合选择的章节也适合于宏观经济学课程。本书中有关信息选择如何能产生价格中的惯性的洞见刚好可以解释资产组合选择中的惯性，而有关未来生产率的消息影响了当前产量的机制可被用作资产定价模型的基础。同样，本书中有关行为人如何选择交易金融证券的洞见可被用于解释商品和服务的跨国贸易的令人困惑的特征。通过将宏观经济学和金融学中各种视角的洞见汇总起来，并阐明了现有工具新的运用的可能性，我希望本书可以推动对内生信息的研究工作。最终，这些新的运用能够产生有关信息在总体经济中的作用的新洞见。

第 2 章和第 3 章包含了用于理解第 4 章至第 9 章中内容的必要数学工具。第 4 章和第 5 章研究了一个有多个博弈方的策略博弈，这两章去掉了特定应用的细节，让贯穿后面章节模型中的一般主题更加通俗易懂。第 4 章证明当行为人在进行策略博弈之前能够选择所要获取的信息时，行动中的互补性（可替代性）通常会产生信息选择中的互补性（可替代性）。第 4 章也解释了，在共同知识会预测出多重均衡的具有协调动机的模型中，为什么异质性信息可以得出唯一的预测结果。第 5 章阐述了改变行为人知道的公共信息量与改变其私人信息量如何对福利有不同的影响。

第 6 章运用货币经济学中的模型，证明了价格设定和异质信息中的协调动机整合起来如何产生了行动中的强大惯性。当在这种情形中加入信息选择时，信息中的协调动机会强化这一惯性。第 7 章证明了投资于风险资产的决策如何显示了可替代性而非互补性。因此，行为人想要获取的信息是不同于其他行为人所知的信息。这些不同的信息导致他们持有不同的资产组合。第 8 章考察了行为人选择风险投资的情形，但没有着重讨论行动中的策略动机与信息选择之间的互动，而是引入了信息收益递增的观点。这些货币模型和投资模型都没有考虑生产经济。在这样的一般均衡设定中引入信息的积极作用产生了新的挑战。第 9 章考察了什么样的模型特征允许信息作为总体冲击以产生真实的经济周期波动或真实的资产价格动态。

应用理论章节（第 6 章至第 9 章）中的每一章最后都以有关该章中给出的工具或洞见如何被用来回答其他问题的内容结束。每个特定课题也许可行，也许不可行。这样做的目的是阐释这些主要概念可以如何被更广泛地运用以便读者能更好地形成他们自己的研究想法。

当然,如果没有对相关假设的某种实证支持,应用理论方面的研究很少被认为是完整的。因此,第 10 章专门讨论了如何检验基于信息的模型。第 11 章则给出了一些总结性观点。

由于信息技术使得我们有可能获得各种各样的知识,因此对于人们能观察到什么和不能观察到什么的限制就变得不那么重要了。然而,可以获取信息与知道信息是不一样的。正如你可以买一本教材,却并不学习它的内容一样,拥有获取信息渠道的行为人在其工作记忆中,也许并没有真的获取信息。但是,在我们的工作记忆中引入信息——即学习——是一项选择。换言之,信息约束在系统地被信息选择所替代。本书试图理解的正是信息选择。

2 贝叶斯更新

有关贝叶斯理论的文献非常丰富。本章无意面面俱到,仅提供最精炼的理解后续内容的必要工具。我们从贝叶斯法则的最简单版本开始。

贝叶斯法则 1 在给定事件 B 出现的情形下,事件 A 出现的概率为:

$$P(A \mid B) = \frac{P(B \mid A)P(A)}{P(B)}$$

只要 $P(B) \neq 0$。

这一法则得自条件概率的如下定义:

$$P(A \mid B) = \frac{P(A \bigcap B)}{P(B)} \tag{2.1}$$

同样,$P(B \mid A) = P(A \bigcap B)/P(A)$。整理后,可得:

$$P(A \mid B)P(B) = P(A \bigcap B) = P(B \mid A)P(A) \tag{2.2}$$

各项除以 $P(B)$ 即得出贝叶斯法则 1。(有关各种形式的贝叶斯法则的技术条件和严密推导,参见 Elliott, Aggoun and Moore, 1995; Lipster and Shiryaev, 2001。)

对于具有平滑分布的连续随机变量,其任意离散实现值的概率均为 0。不过,贝叶斯法则也能被应用于概率密度。

贝叶斯法则 2 在给定事件 B 出现的情形下,事件 A 出现的概率密度为:

$$f(A \mid B) = \frac{f(B \mid A)f(A)}{f(B)}$$

有时候,贝叶斯法则 2 中的 $f(B)$ 项会被与之相当的 $\int_{-\infty}^{\infty} f(B \mid A)f(A)\mathrm{d}A$ 项所替代。

2.1 正态分布随机变量

对于正态分布随机变量,应用贝叶斯法则 2 在计算上会很复杂。幸运的是,我们有一个简便方法。假定有一个未知的随机变量 x,根据我们的先验信念,$x \sim N(A, \alpha^{-1})$。 换言之,在观察到任何额外的信息之前,我们认为 x 的平均值为 A,其精确度为 α。请注意,这个精确度是方差(而非标准差)的倒数。我们将在多处用到精确度这个概念,因为这样做一般会使得解更加简单,我们马上会看到这一点。

假定一个模型中的某一行为人或一个计量经济学者看到一个信号 $B = x + e$,其中,$e \sim N(0, \beta^{-1})$。 从这里开始,我用简化符号 $B \mid x \sim N(x, \beta^{-1})$ 来描述这个信号。我们假设这个信号是有关 x 的一个无偏信息,其精确度为 β。我们还假设 B 条件独立于 A。这意味着 B 和 A 相关只是因为它们都是有关 x 的信息,但它们的信号误差是相互独立的。独立性意味着 $E[(A-x)(B-x)] = 0$。

给定先验信息和信号,行为人应用贝叶斯法则,形成了有关 x 的值的后验信念(也被称为条件信念):

$$E[x \mid B] = \frac{\alpha A + \beta B}{\alpha + \beta} \tag{2.3}$$

这告诉我们,后验信念就是先验信念和信号的加权平均值,权重分别是其各自的相对精确度。如果一个信号不包含有关 x 的信息,则它的精确度为 0。在这里,后验信念与先验信念是一样的。

应用贝叶斯法则得到的后验方差(或条件方差)形式也很简单:

$$V[x \mid B] = (\alpha + \beta)^{-1} \tag{2.4}$$

如果我们对式(2.4)两边取倒数,得到的表达式说明后验信念的精确度是先验信念的精确度加上信号的精确度。每次我们得到一条新的独立信息,就可以简单地将其精确度加入我们已有的精确度中。

这个公式也适用于多元正态分布随机变量,只要将求倒数替换为求逆矩阵即可。如果 x 是随机变量的一个 $N \times 1$ 向量,A 和 B 是 $N \times 1$ 向量,且 α^{-1} 和 β^{-1} 是 $N \times N$ 方差—协方差矩阵,那么 $E[x \mid B] = (\alpha + \beta)^{-1}(\alpha A + \beta B)$, $V[x \mid B] = (\alpha + \beta)^{-1}$。

但是如果 A 和 B 不是条件独立的会怎样呢?如果 A 和 B 的信号误差有某个共同项,那么这个共同项必须被去掉,以便行为人能形成有关独立的信号误差的后验信念。这也许意味着减去信号的一个已知的共同项,或者将一个信号对另一个信号进行线性回归并使用残差。

如果 B 不是一个无偏信号又会怎样呢?假定 $B = cx + d + e$,其中,c 和 d 是非零常数,且 $e \sim N(0, \beta^{-1})$。我们可以将前述公式应用于 $(B - d)/c$,它可以是 x 的无偏信号。在做这样的转换时,别忘了相应地转换方差。在这里,无偏信号的方差是 β^{-1}/c^2。

2.2 均匀分布随机变量

有时候,采用均匀分布随机变量可以简化模型。用均匀分布随机变量来更新模型在概念上很容易。但我们需要当心,以免在均匀分布区间的边界上出问题。

假定先验信念是 $x \sim \mathrm{unif}[-b, b]$ 且某一行为人观察到一个信号 $k = x + \varepsilon$,其中,$\varepsilon \sim \mathrm{unif}[-a, a]$。最简单的情形是 $k - a \geqslant -b$ 且 $k + a \leqslant b$。这意味着信号 k 赋予正概率密度的每一个 x 的值,先验信念也赋予其一个正概率密度。在先验信念下,x 和信号 k 的概率密度均为 $1/(2b)$。给定状态 x,信号 k 的概率密度为 $f(k \mid x) = 1/(2a)$。应用贝叶斯法则,对于所有的 $x \in [k - a, k + a]$,我们有 $f(x \mid k) = 1/(2a) \cdot 1/(2b)/(1/(2b)) = 1/(2a)$。如果 x 在上述区间外面,那么 $f(k \mid x) = 0$,由此根据贝叶斯法则,同样有 $f(x \mid k) = 0$。换言之,$x \mid k \sim \mathrm{unif}[k - a, k + a]$。

如果信号 k 接近于先验分布的某一个边界,那么会怎样呢?例如,假定 $k-a<-b$。那么,先验信念和信号均赋予其正的概率密度的值的集合为 $[-b, k+a]$。后验信念在这个小一些的区间上就是均匀分布的:$x \mid k \sim$ unif$[-b, k+a]$。总之:

$$x \mid k \sim \text{unif}\big[\max(-b, k-a), \min(b, k+a)\big] \tag{2.5}$$

分散的先验信念 刻画均匀分布的先验信念的一种方式是所谓的分散的先验信念。这一假定被用来代表对随机变量的值完全一无所知的行为人。变量 x 的分散的先验信念服从整条实线上的均匀分布:$x \sim$ unif$[-\infty, \infty]$。由于连续的均匀分布区间 $[a, b]$ 的概率密度是 $1/(b-a)$,具有分散的先验信念的变量的概率密度为零。

如果一个具有分散的先验信念的行为人获得了一个信号,那么他的后验信念就是以该信号为条件的随机变量的分布。例如,假定这个信号是 $k=x+\varepsilon$,其中,$\varepsilon \sim$ unif$[-a, a]$。对式(2.5)中的均匀分布变量应用贝叶斯法则并取 $b \to \infty$ 时的极限,我们就得到 $x \mid k \sim$ unif$[k-a, k+a]$。换言之,后验概率密度 $f(x \mid k)$ 在区间 $[k-a, k+a]$ 上是 $1/(2a)$,在其他处则均为零。

在分散的先验信念下 $f(x \mid k)$ 与 $f(k \mid x)$ 具有相同形式这一事实,与信号是均匀分布的无关。如果先验信念是分散的但信号是正态分布的,该结论同样成立。这一性质带来的一个结果就是,下面两种建模假定是等价的:(1)行为人 i 有一个分散的先验信念,他在观察到信号 k_i 后更新了信念;(2)行为人 i 的先验信念由 $f(x \mid k_i)$ 给出。

2.3 卡尔曼滤波

具有正态分布变量的贝叶斯更新公式在被运用于动态模型时,就成为卡尔曼滤波(Kalman filter)。只要一个问题可被写成如下形式——一个未知的状态变量 x_t 有一个已知的随时间线性演化的过程:

$$x_{t+1} = Dx_t + Fe_{t+1} \tag{2.6}$$

就可以运用卡尔曼滤波公式。在每个 t 期,有一个关于 x_t 的信号,其具有如下形式：

$$y_t = Gx_t + H\eta_t \tag{2.7}$$

e_t 和 η_t 这两个相互独立的冲击序列是在时间上独立同分布的（i.i.d.）标准正态分布变量。

尽管我们在本书中研究的动态问题通常有一个原则上为标量的未知状态，卡尔曼滤波公式也可以被运用于向量。如果 x_t 和 y_t 分别是 $n\times1$ 向量和 $m\times1$ 向量，那么 D 和 F 是 $n\times n$ 矩阵，G 是 $m\times n$ 矩阵，H 是 $m\times m$ 矩阵，$e_t \sim N(0, I_n)$ 是 $n\times1$ 矩阵，$\eta_t \sim N(0, I_m)$ 是 $m\times1$ 矩阵。

开始时一定有先验信念。假定 $x_0 \sim N(\hat{x}_0, \Sigma_0)$。对于所有的 $t>0$，令 $\hat{x}_t$ 表示 x_t 的以时间 t 之前（不包含时间 t）所观察到的全部信号 y 为条件的期望值：$\hat{x}_t \equiv E[x_t \mid y_0, \cdots, y_{t-1}]$。类似地，令 Σ_t 表示 x_t 的条件方差：$\Sigma_t \equiv \mathrm{var}[x_t \mid y_0, \cdots, y_{t-1}] = E[(x_t - \hat{x}_t)(x_t - \hat{x}_t)']$。那么，下面三个递归公式描述了如何更新信念 $\hat{x}$ 和 Σ：

$$\hat{x}_{t+1} = (D - K_t G)\hat{x}_t + K_t y_t \tag{2.8}$$

$$K_t = D\Sigma_t G'(G\Sigma_t G' + HH')^{-1} \tag{2.9}$$

$$\Sigma_{t+1} = D\Sigma_t D' + FF' - D\Sigma_t G'(G\Sigma_t G' + HH')^{-1}G\Sigma_t D \tag{2.10}$$

K_t 项被称为卡尔曼增益（Kalman gain）。它代表在形成后验信念 $\hat{x}_{t+1}$ 时，相对于先验信念 $\hat{x}_t$ 中的旧信息，有多少权重被放在新信息 y_t 上。这个卡尔曼增益类似于式（2.3）中的 $\beta/(\alpha+\beta)$ 项，其代表相对于先验信念，有多少权重被赋予了信号。在式（2.3）中，贝叶斯权重 $\beta/(\alpha+\beta)$ 是用先验信念的精确度 α 和信号的精确度 β 表示的。这个贝叶斯权重还可以用方差写成 $\alpha^{-1}/(\alpha^{-1}+\beta^{-1})$，意味着赋予新信息即信号的权重为先验信念的方差除以先验信念的方差与信号的方差之和。将卡尔曼问题中的先验信念的方差和信号的方差代入贝叶斯权重的公式中（并乘以 D），就得到了卡尔曼增益。这里，关于 x_t 的无偏信号是 $G^{-1}y_t$（其中，G^{-1} 表示左逆矩阵），该信号以 x_t 为条件的方差为 $G^{-1}HH'(G')^{-1}$。关于 x_t 的先验信念的方差是 Σ_t。因此，赋予信号 $G^{-1}y_t$ 的权重是 $\Sigma_t(\Sigma_t + G^{-1}HH'(G')^{-1})^{-1}$。我们可以在紧邻逆矩阵项前后分别插入 $(G')^{-1}G'$ 和 GG^{-1} 这两个单位矩阵，由此得到 $D^{-1}K_tG$。将 $D^{-1}K_tG$ 乘以 $G^{-1}y_t$，得到 $D^{-1}K_t y_t$。因为 $E[x_{t+1} \mid \hat{x}_t] = D\hat{x}_t$，所以卡

尔曼增益被左乘了 D。贝叶斯更新公式告诉了我们如何基于 y_t 形成关于 x_t 的后验信念。在此基础上再左乘以 D，就得到了关于 x_{t+1} 的信念。

$\hat{x}_{t+1}$ 的条件方差可以类似地由正态分布变量的后验方差的贝叶斯更新公式(2.4)递归求出。条件方差 Σ_t 是关于 x_{t+1} 的后验信念的精确度的倒数。根据式(2.4)中对正态分布变量所运用的贝叶斯法则，该精确度是先验信念的精确度与信号的精确度之和。先验信念的精确度是通过取式(2.6)左右两边的方差得到的。这表明 $\mathrm{var}[x_{t+1} \mid y_0, \cdots, y_{t-1}] = D\Sigma_t D' + FF'$。如前所述，信号 $G^{-1}y_t$ 的精确度为 $G(HH')^{-1}G'$。将这些表达式合并在一起，整理后就得到式(2.10)中的 Σ_{t+1}。

2.4 连续时间中的贝叶斯更新

在连续时间中求解贝叶斯更新问题的主要结论来自 Lipster 和 Shiryaev (2001)著作中的定理 12.1。假定有一个未观察到的状态过程 θ_t，θ_t 是一个连续时间扩散过程：

$$\mathrm{d}\theta_t = (a_0 + a_1\theta_t)\mathrm{d}t + b_1\mathrm{d}W_1(t) + b_2\mathrm{d}W_2(t) \tag{2.11}$$

其中，W_1 和 W_2 是标准布朗运动，第一项漂移项是状态变量水平的线性函数。式(2.11)中之所以有两个随机新息项，是因为信号将包含有关其中一个新息项(W_2)的信息，而不包含有关另一个新息项(W_1)的信息。行为人所观察到的这个信号也是一个连续时间扩散过程：

$$\mathrm{d}s_t = (A_0 + A_1\theta_t)\mathrm{d}t + B\mathrm{d}W_2(t) \tag{2.12}$$

Lipster 和 Shiryaev 所给出的这一问题的形式比这里的形式更一般化。他们允许状态过程和信号过程中的所有系数都是时间和信号 s_t 的确定性函数，只要这些函数满足一些可积条件。

那么，如果行为人形成的预期会最小化其预测值的均方误差，则这些预期将服从正态分布：$\theta_t \mid \{s'_t\}_{t' \leqslant t} \sim N(\hat{\theta}_t, \hat{\gamma}_t)$，其均值 $\hat{\theta}_t$ 为一个连续时间扩散过程，且

$$d\hat{\theta}_t = (a_0 + a_1\hat{\theta}_t)dt + \frac{b_2 B + \hat{r}_t A_1}{B^2}[ds_t - (A_0 + A_1\hat{\theta}_t)dt] \quad (2.13)$$

$$\frac{d\hat{\gamma}_t}{dt} = 2a_1\hat{\gamma}_t + b_1^2 + b_2^2 - \left(\frac{b_2 B + \hat{\gamma}_t A_1}{B}\right)^2 \quad (2.14)$$

给定一些外生的 0 期先验信念 $\hat{\theta}_0$ 和 $\hat{\gamma}_0$，式(2.13)和式(2.14)描述了信念的均值和方差的演化过程。

在式(2.13)中，第一项正是 $\hat{\theta}$ 的期望漂移项，第二项是基于信号 s_t 中所包含的信息对漂移项的调整。行为人想从 s_t 中获取的信息是有关 $W_2(t)$ 的情况，因为这直接决定了式(2.11)中的 θ_t 以及有关 θ_t 的信息。因此，该行为人构造函数 $dW_2(t) + A_1(\theta_t - \hat{\theta}_t)dt/B = [ds_t - (A_0 + A_1\hat{\theta}_t)dt]/B$。$b_2 + \hat{\gamma}_t A_1/B$ 项类似于离散时间情形中的卡尔曼增益。它也是行为人赋予新信息的权重。b_2 越大，这个权重越大，因为状态变量对冲击 W_2 更敏感；如果行为人有一个更不确定的先验信念（即 $\hat{\gamma}_t$ 更大），这个新信息上的权重也会越大。余下的 A_1/B 项则说明了这样一个事实：如果 $A_1 > 0$，则 θ_t 决定 s_t，因此 s_t 在仅仅显示其新息项 dW_2 之外，还提供了有关 θ_t 水平的信息。

2.5 数学参考资料

本章给出了不少处理全书后面内容中的各种模型所需的工具。我希望读者看完这章后，对其中的公式也会有一些直觉的理解。但是本章并没有推导这些公式，也没有对每个公式得以成立的确切的技术条件加以解释。要更多了解本章中结论的基础，请参阅如下文献：有关贝叶斯法则和卡尔曼滤波的推导，参阅 Elliott、Aggoun 和 Moore(1995)；有关期望、方差和协方差所基于的概率论和测度论，参阅 Billingsley(1995)；有关更多连续时间情形中的内容，参阅 Karatzas 和 Shreve(1991)与 Lipster 和 Shiryaev(2001)。

2.6 习题

对于习题 1—习题 4，假设所有的信号和先验信念都是条件独立的。

1. 假定先验信念是 $x \sim N(A, \alpha^{-1})$，信号是 $B|x \sim N(x, \beta^{-1})$。仔细证明后验概率密度也是正态分布的，即均值 $E[x|B]$ 和方差 $V[x|B]$ 事实上是一个正态分布的均值和方差。

2. 假定先验信念是 $x \sim N(A, \alpha^{-1})$，信号是 $B|x \sim N(x, \beta^{-1})$。如果反过来，即先验信念是 $x \sim N(B, \beta^{-1})$，信号是 $A|x \sim N(x, \alpha^{-1})$，那么后验信念是保持不变还是有所不同呢？给出你的证明过程。

3. 假定先验信念是扩散的，即 $x \sim N(z, \zeta^{-1})$，并取 $\zeta \to 0$ 时的极限，但行为人接下来观察到两个信号：$A|x \sim N(x, \alpha^{-1})$ 与 $B|x \sim N(x, \beta^{-1})$。此时后验信念是什么？先验信念在根本上与信号不同吗？

4. 假定先验信念是 $x \sim N(A, \alpha^{-1})$，并且被观察到的两个信号是：$B|x \sim N(x, \beta^{-1})$ 与 $C|x \sim N(x, \chi^{-1})$。后验信念是什么？

5. 假定先验信念是 $x \sim N(A, \alpha^{-1})$，信号是 $B|x \sim N(x, \beta^{-1})$。如果行为人还没有观察到信号 B，也不知道 x，只是秉持着其先验信念，则 $E[B]$ 和 $V[B]$ 是什么？

6. 假定 $x = a + b$。行为人的先验信念是：a 和 b 是独立分布的，$a \sim N(\mu_a, \sigma_a)$，$b \sim N(\mu_b, \sigma_b)$。行为人观察到一个信号 y，这里的 $y = a + \eta$，$\eta \sim N(\mu_\eta, \sigma_\eta)$，则 $E[x|y]$ 和 $V[x|y]$ 是什么？

3

测度信息流

什么是信息选择的可行集？这就像在问：什么是生产经济中消费者的劳动—消费选择的可行集？在后一设定中，预算集取决于每种商品和每种劳动的相对价格。但信息加工是个体为自己所做的事，这没有市场价格。[①]当然，我们可以给每个信号赋予一个价格。但我们怎样做到这点呢？一个含有与一种风险相关的信息的信号，和一个含有与几种风险相关的信息的信号，它们的价格应该一样吗？是方差少一单位的信号的价格应该高一美元，还是精确度多一单位的信号的价格应该高一美元，抑或是两种情况都不应该呢？这些问题没有正确答案，但它们对于建立在其基础之上的模型预测而言非常重要。任何时候你写下一个模型，都应该仔细思考这个模型中的学习方法意味着什么以及你为什么要选择这个模型。下面是人们使用的学习方法的一些例子。

3.1 基础知识

为什么选择方差而非均值？ 只要投资者所看到的信息具有信息偏差，他们就可以选择看到好消息还是看到坏消息。关于 x 的无偏信号相当于 x 加上零均值的噪声。投资者选择获取多少信息而非选择信息的内容。

考虑下面这个例子。假定有一个装有球的瓮,每种资产对应一个瓮,每个球上印着数字。这些数字是有噪声时该资产的真实收益。投资者可选择从每个瓮中抽取多少个球。这决定了他的信号的精确度。但他不能选定在任意球上印上什么数字。抽的就是运气。

选择信号的方差等价于选择后验信念的方差　第 2 章提到,正态分布变量的贝叶斯更新的一种规则是后验信念的精确度是先验信念的精确度与信号的精确度之和。在大多数模型中,有一个先验信念(其精确度为 Σ^{-1})和一到两个信号。行为人选择观察一个信号;假定其精确度为 Σ_η^{-1}。在均衡价格(或均衡数量)也传递有噪声的信息的应用中,存在第二个信号,即价格中所包含的信息;假定其精确度为 Σ_p^{-1}。在构建要解决的问题时,应使得价格为具有正态分布噪声的真实状态的线性函数。否则,非线性滤波问题会使得该问题难以处理。

后验信念的精确度为:

$$\hat{\Sigma}^{-1} = \Sigma^{-1} + \Sigma_p^{-1} + \Sigma_\eta^{-1}$$

第一项是该行为人拥有的信息。第二项取决于所有其他投资者了解多少信息。由于该行为人通常只是一个连续统中的一员,因而仅仅是他的行动不会影响到价格。因此,对于有关 Σ_η 的每个选择,存在一个唯一的 $\hat{\Sigma}$ 与之对应。因为这种一对一的映射,我们可以把该行为人模型化为:给定 Σ 和 Σ_p,该行为人选择 $\hat{\Sigma}$ 而非 Σ_η。

3.2　熵与理性疏忽

在信息论中信息量的标准测度是熵(Cover and Thomas,1991)。熵在计量经济学和统计学中经常被使用,并且在经济学中被用于为个人有限信息加工建模以及测度模型不确定性。[②]熵测度了一个随机变量中不确定性的量,它也被用来测度所传递的信息的复杂性。和 Sims(2003)一样,本节将所传递的信息量模型化为基于额外信息(互信息)所获得的熵的减少。经济行为人加工信息或保持专注的能力是有限的这一想法通常被称为理性疏忽

（rational inattention）。

熵是对一个随机变量中不确定性的量的测度。它回答了如下问题：为了描述具有概率密度函数 $p(\cdot)$ 的 x，平均而言需要多少信息？

$$H(x) = -E\big[\ln(p(x))\big]$$
$$= -\sum_x \big[p(x)\ln(p(x))\big]，如果 p 是离散的$$

对于多元连续分布 f：

$$H(x) = -\int f(x_1, \cdots, x_n)\ln(f(x_1, \cdots, x_n))\mathrm{d}x_1, \cdots, \mathrm{d}x_n$$

为了使熵这一概念更加具体，下面举几个例子。

- 常数：对于所有的 $y \neq x$，$p(x) = 1 - \delta$，$p(y) = \delta$。在极限中，当 $\delta \to 0$ 时，在 x 处，$p(x)\ln(p(x)) = 1 \cdot 0$；根据洛必达法规则，在所有其他处，$p(y)\ln(p(x)) = 0$。这是一个零熵变量，因为如果该变量以概率 1 等于 x，则为了知道这个变量的值，不需要传递什么信息。比如，要告诉我 $2 = 2$，我只需要一个零长度的密码。

- 二项分布：具有相同概率的两个点。

$$H = -\left(\frac{1}{2}\ln\left(\frac{1}{2}\right) + \frac{1}{2}\ln\left(\frac{1}{2}\right)\right) = -\ln\left(\frac{1}{2}\right) = \ln(2)$$

假定我们有一个密码，内容是：如果观察到 0，则该变量取其第一个值；如果观察到 1，则该变量取其第二个值。那么，要确切地揭示该变量的值，就必须传递一个 0 或 1。这被称为 1 比特信息。比特是在二进制基数 2 上所测度的信息流。

- 均匀分布：如果 $x \sim \mathrm{unif}[0, a]$，则 x 的概率密度为 0 和 a 之间的 $1/a$。

$$H(x) = -\int_0^a 1/a\ln(1/a)\mathrm{d}x = -\ln(1/a) = \ln(a)$$

互信息 互信息（mutual information）回答了以下问题：两个变量 x 和 y 关于彼此告诉了我多少信息？即，知道其中一个变量减少了多少另一个变量的熵？

$$I(x, y) = H(x) - H(x \mid y) \tag{3.1}$$

上式中的第二项是条件熵(conditional entropy)。它回答了如下问题:如果 y 已知,为了描述 x 需要多少信息?

$$H(x \mid y) = H(x, y) - H(y)$$

互信息的一个有用特征是它是对称的:

$$I(x, y) = I(y, x)$$

x 告诉你的有关 y 的信息,也是 y 告诉你的有关 x 的信息。

熵与正态分布变量的互信息 假定变量 x 是正态分布的:$x \sim N(\mu, \sigma^2)$,那么它的熵为:

$$H(x) = \frac{1}{2}\ln(2\pi e\sigma^2) \tag{3.2}$$

如果 x 是正态分布变量的一个 $n \times 1$ 向量,$x \sim N(\mu, \Sigma)$,那么它的熵为:

$$H(x) = \frac{1}{2}\ln\big[(2\pi e)^n \mid \Sigma \mid\big] \tag{3.3}$$

其中,$\mid \Sigma \mid$ 代表 Σ 的矩阵行列式。

经济学中应用理性疏忽的大多数模型限制了信号集关于真实状态所能提供的互信息。用多维的正态分布随机变量来表示,这样的约束采取如下形式:

$$\mid \hat{\Sigma} \mid = \exp(-2K) \mid \Sigma \mid \tag{3.4}$$

其中,$\hat{\Sigma}$ 是后验方差—协方差矩阵,Σ 是先验方差—协方差矩阵,K 是互信息的测度,通常被称为信息能力(information capacity)。

这一约束来自 n 维正态分布变量 $x \sim N(\mu, \Sigma)$ 的熵为 $H(x) = n/2[\ln(2\pi) + 1] + 1/2\ln(\mid \Sigma \mid)$ 的事实。x 的基于正态分布信号集 y 的条件熵与这个熵一样,只是用较小的条件方差 $\hat{\Sigma}$ 替换了较大的方差 Σ。信息能力 K 测度了信号 y 的互信息。x 和 y 的互信息是 $H(x) - H(x \mid y)$。求熵和条件熵的差值,然后取幂,就得到了约束(3.4)。

正态分布变量的一个有用特征是,正态分布在所有具有给定方差的分布中使熵最大化。

理性疏忽的经济学解释 理性疏忽这一学习技术把学习描绘成一个逐

渐精炼的搜寻过程。信息能力 K 近似于区分世界状态的二元信号的数量。③下面是一个简单例子:第一个信号告诉行为人一个随机变量的某一实现值是在各实现值的中位数之上还是在中位数之下;基于该随机变量的这一实现值在中位数之上还是在中位数之下,第二个信号告诉行为人其究竟位于状态空间的哪一个四分位数内;第三个信号与前两个信号一起,揭示了该随机变量的这一实现值到底位于状态空间的哪一个八分位数内;依此类推。请注意,对每一个信号的解释取决于其前面的信号。单靠第二个信号不能揭示变量的实现值位于哪一个四分位数内。由于每一个信号均精炼了前面的信号所传递的信息,因而理性疏忽这一学习技术所具有的特征是,其对答案的搜寻越来越有导向或者说越来越完善。理性疏忽并不表明一个行为人能够基于信号的实现,动态再优化其学习选择。相反,应该想象成行为人在第一期告诉计算机要下载什么信息,然后在第二期阅读用二进制代码给出的计算机输出结果。阅读时,每个 0 或 1 的含义取决于在其前面的 0 和 1 的序列。

3.3 信号精确度的可加性成本

在上述约束下,学习采取一系列独立抽取的形式。对一个具有均值 f 和方差 σ 的正态分布信号的每一次独立抽取都给后验信念的精确度增加了 σ^{-1}。如果每次抽取信号都需要获得相同的资源,那么用于获取信息的资源将取决于信号精确度之和。因此,基于熵的约束的学习技术代表了逐渐精炼的搜寻过程,而施加线性约束的学习技术则将搜寻建模为一系列独立的探索(explorations)。

为了看到线性学习技术与熵学习技术之间的关系,考虑所有风险都彼此独立,并且关于每种风险的信号都具有与其他信号不相关的正态分布误差项的情形。在这种情形下,先验方差 Σ 和后验方差 $\hat{\Sigma}$ 是对角矩阵。由于一个正态分布变量的熵取决于其方差的行列式——式(3.3),并且一个对角矩阵的行列式是其对角线元素的积,因而对于某些常数 $\tilde{K}$ 和 $\tilde{K}'$,熵约束采取如下形式:

$$\prod_{i=1}^{N} \hat{\Sigma}_{ii}^{-1} \leqslant \tilde{K}$$

而线性精度约束为：

$$\sum_{i=1}^{N} \hat{\Sigma}_{ii}^{-1} \leqslant \tilde{K}'$$

熵约束限制了精确度的积，而线性约束限制了精确度的和。当行为人已经有更精确的信息时，熵可以使得加上固定量的信号精确度更容易。如果 $\hat{\Sigma}_{ii}^{-1}$ 很小，那么加上一单位精确度后得到 $\hat{\Sigma}_{ii}^{-1}+1$ 是一个很大比例的提升，因此需要 $\tilde{K}$ 有大幅增加。但是如果 $\hat{\Sigma}_{ii}^{-1}$ 已经很大，那么加上一单位精确度是一个很小比例的提升，只需要 $\tilde{K}$ 有小幅增加。在这个意义上，要了解更多已经被很好地理解了的风险，成本会低一些。这个较低的成本代表了一种形式的内含于熵约束的学习收益递增。然而有人也许会说，精确度不是正确的度量标准。也许我们应该想想减少方差会有多难。当方差下降时（ $\hat{\Sigma}_{ii} \rightarrow 0$ ），进一步将方差减少一单位会导致精确度增加幅度越来越大，并且在任意一种学习技术下均需要越来越多的信息能力。因此，如果用降低方差（而非提高精度）的方式建模，两种约束均包含学习收益递减。

3.4 学习收益递减与不可获知风险

加入不可获知风险（unlearnable risk）也是一种产生学习收益递减的方式，这在直觉上很好理解。当所有的风险都是可获知的，并且信息能力接近于无穷大时，随机变量的后验方差接近于 0。在许多情形下，获得零方差的结果是不太可能的。例如，在资产组合投资问题中，零方差意味着出现了套利机会。

不可获知风险使得深入了解某一单一风险成为一项成本递增的活动。将一种资产的可获知的收益方差减少到接近于 0，要耗费无限量的信息能力，并且通常只产生有限的收益。下面是一种将不可获知风险纳入理性疏忽模型中的方式。假定消除所有可获知风险［将 $\hat{\Sigma}$ 减少到 $\alpha \Sigma, \alpha \in (0, 1)$ ］需要无限的信息能力。当 $\hat{\Sigma} = \Sigma$ 时，投资者没有学习到任何信息，也不需要任何信息能力。这样的约束采取如下形式：

$$\frac{|\Sigma - \alpha\Sigma|}{|\hat{\Sigma} - \alpha\Sigma|} \leqslant e^{2K} \tag{3.5}$$

3.5 漫不经心学习技术

尽管疏忽（inattention）和漫不经心（inattentiveness）听起来几乎一样，但它们是完全不同的学习技术。理性疏忽有一个有噪声的恒值信息流。而漫不经心的行为人在几乎所有时间内都没有信息流，只是偶尔完美地观察到当前状态。

漫不经心这一学习技术在什么情形下才合理呢？在行为人必须付出一定的努力去观察信息而该信息又可以很容易被理解的情形中，漫不经心才是合理的。例如，检查某人的银行存款余额，查看体育比赛的比分，或者核对当前的温度。

"漫不经心"是由 Reis（2006）提出来的，他将之用于为价格设定者要获知过去的货币供给和消费者需求时所面临的信息约束建模（见 6.3 节）。后来，Abel、Eberly 和 Panageas（2007）在一个资产组合选择模型中采用了这一信息约束。在他们的模型中，信息摩擦使得投资者不得不支付成本来看到这个有风险的资产组合的真实价值。他们将学习的这一固定成本与有关 S-s（Stimulus-stimulus）模型的文献中分析资本调整的固定成本的工具结合起来，所得出的结论描述了一个最优资产组合的动态过程。在这些研究中，小的信息成本产生了长期的惯性。

到目前为止，在本书中出现的每一个例子里，行为人只需要了解一个随机变量。专注度如何决定有关多种风险资产的信息流？关于这个问题没有正确答案，只有一些想法。一种可能性是，行为人支付固定成本来获知所有风险全部的过去实现值。另一种可能性是，对每一种风险的了解彼此独立，每一种风险的信息更新都可能存在固定成本。

3.6 确认学习技术

另一种形式的不完全信息是行为人也许不知道他们的选择集。例如，Merton(1987)认为投资者支付成本以获知某种资产是否存在。一旦他们知道了这种资产，就可以无成本地对之进行交易。Merton称之为"确认"（recognition）。在存在可获利的交易机会但行为人如果不支付成本加以搜寻就不能利用这些机会的搜寻模型中，存在类似概念。其区别在于，确认学习方法是累积性的。投资者一开始知道某种资产后就可以永远将该种资产包含在其选择集中。一个搜寻交易机会的行为人可以和当期他遇到的其他行为人进行交易。如果这个行为人想在下一期交易，他必须再次进行搜寻。

Barber和Odean(2008)认为，当新闻中提到某一股票时，投资者就知道了该股票，这只股票也就进入了投资者们的选择集。换言之，信息的市场供给影响了个人投资者的注意力配置。他们用有关新闻报道、交易量和资产价格变化的数据支持了这一假说。

与这种类型的信息约束有关的理论研究工作寥寥无几。确认学习技术除了可以被应用于资产组合选择，也可用以找工作或雇用工人，投资于一项新技术或采用一项新技术，或者与外国进口商或出口商建立贸易关系。

3.7 信息加工摩擦

与不完全信息类似的另一种信息摩擦是无法对观察到的信息进行加工。例如，Hirschleifer、Teoh和Lin(2005)假定所有的行为人都在观察一家企业是否披露了某个信号，但只有一部分观察到无披露的行为人正确地推断出了未披露的企业有坏消息。

这样的假定模糊了信息摩擦与非理性行为之间的界限。但信息流约束与计算复杂性约束之间存在紧密联系。特别是，熵可以被解释为其中的任何一种约束。（关于计算复杂性测度的更多内容，参见 Cover and Thomas，

1991;关于利用基于熵的复杂性约束来决定企业的最优规模的模型,参见 Radner and Van Zandt,2001。)

这种假设可能有助于避免均衡模型中出现的问题。例如,行为人为了满足自身的预算约束需要知道价格。然而,价格也许包含允许行为人推断其他人知道什么的信息。在这样的设定中,通过让利用价格来推断其他人的信息的成本很高,信息加工约束可以保持信念异质性。相反,获取信息的成本很高也许不能保持信念异质性,因为一旦所有行为人看到了价格,利用价格信息来推断其他人知道什么就是没有成本的。

3.8 认识到结果何时相关

假定资产 A 和资产 B 具有未知但正相关的收益。有个投资者观察到一个有关资产 A 的表明其收益可能很高的信号。这个投资者知道资产 B 的收益与资产 A 的收益正相关,因而推断 B 的收益也可能很高。我们如何才能描述这个信号的信息内容呢?这是一个有关资产 A 的收益的信号,但同时也包含有关资产 B 的收益的信息。本节的首要目的就是要提出一种语言来描述当各种风险相关时信号的信息内容。

本节要阐述的第二个问题与如何为信息选择建模有关:行为人应该选择他们观察到的信号的整个方差结构,还是说我们应该限制他们的选择集并让他们只获得具有给定的方差结构的有关风险的信号呢?我们描述过的学习方法中,有许多学习方法会涉及这个问题。任何选择了信号方差并面临多种风险的课题都面临这个问题。

相关结果与正交的风险因子　如果一个信号与多重资产有关,我们就需要一种语言来描述每个信号包含了什么信息。一种方式是根据信号包含了有关每个主成分(principal componet)的每一个实现值的多少信息来描述信号。

假定我们有 $N×1$ 个随机变量 $f \sim N(\mu, \Sigma)$,其中,先验方差—协方差矩阵 Σ 不是一个对角矩阵。因此,f 的 N 个元素的实现值是相关的。特征分解将 Σ 分解为一个由特征值构成的对角矩阵 Λ 和一个特征向量矩阵 Γ:

$$\Sigma = \Gamma\Lambda\Gamma' \tag{3.6}$$

（更多的内容和有关特征分解的法则，参见 3.10 节。）Λ_i 是每个主成分或风险因子 i 的方差。Γ 的第 i 列（表示为 Γ_i）给出了每个随机变量在第 i 个主成分上的载荷（loadings）。由于主成分的实现值 $f'\Gamma_i$ 彼此独立，因而有关主成分 i 的信号不会包含有关主成分 j 的任何信息。这使得我们可以对信号的信息内容进行清晰描述。

我们现在要做的是取几个相关的随机变量，并给出它们的线性组合以使得这些线性组合彼此独立。举一个变量为风险资产收益的例子。这时主成分就是这些资产的线性组合——我们称之为资产组合或合成资产（synthetic assets），人们可以对之进行了解、购买和定价，就像它们是基础资产（underlying assets）一样。这样的合成资产也被称为阿罗-德布鲁证券。我们想要研究这些合成资产的原因在于它们的收益是彼此独立的。在资产组合文献中经常采用主成分分析（Ross，1976）。主成分可以是经济周期风险、行业特有风险或企业特有风险。只要没有冗余资产（即收益的方差—协方差矩阵是满秩矩阵），就可以重新表述研究问题并不失一般性地用独立合成资产来求解。

因此，在用我们的特征分解重述所研究的问题之后，我们就可以继续视资产为相互独立，来进一步求解模型。如果你能求解这个具有独立风险的模型，也可以同样很容易求解具有相关风险的模型。

关于独立风险的信号应该相互独立吗？ 关于任何主成分 i 的信号不包含有关任何其他主成分的信息的假定并非不失一般性。说白了，这一假定没有排除掉要了解的多种风险。它只是排除了具有与独立风险有关的相关信息的信号。下面这个简单例子说明了该假定禁止了什么。如果德里降雨与挪威供给石油是相互独立的风险，则投资者不能选择将挪威的石油产量的百万桶数与德里的降雨量的厘米数之间的差距作为一个信号来加以观察。投资者可以分开获知上述石油产量和降雨量，并得出之间的差距。但他不能只知道石油产量和降雨量之间的差距，而不知道它们各自的数量。如果投资者知道了这个差距，那么这样一个信号会引致投资者关于石油产量和降雨量的信念之间的正相关性。例如，如果投资者认为石油产量会很充裕并且观察到一个告诉他石油产量和降雨量之间的差距很小的信号，那么他一定认为降雨量也将很充足。由于这样一个信号没有保留独立风险的独立性,因而前述假定会禁止投资者选择观察该信号。

独立信号假定背后的数学原理如下:对于关于 f 的主成分的正态分布信号 $\eta_i \equiv \Gamma'_i f + \epsilon_i$,信号噪声 ϵ_i 必须在各主成分 i 之间不相关。换言之,每个主成分的噪声项所构成的 $n \times 1$ 向量服从正态分布,即 $\epsilon \sim N(0, \Lambda_\eta)$,其中,$\Lambda_\eta$ 是对角矩阵。Λ_η 是对角矩阵的这一假定由于减少了所研究课题的维数而极大地简化了课题。这一假定允许我们只关注 Λ_η 的 n 个对角线元素,而不用关注一个对称的方差—协方差矩阵的 $n(n+1)/2$ 个不同元素。但选择变量的个数减少显然是对该问题的一个限制。

同样地,只要信号噪声项具有与随机变量本身相同的风险结构,信号就是关于该随机变量的。定义 $v \equiv \Gamma\eta$。那么,$v \mid f$ 具有均值 $\Gamma E[\eta \mid f] = \Gamma\Gamma' f$。由于对称矩阵的特征向量在构造上是幂等的,因而 $\Gamma\Gamma' = I$, $E[v \mid f] = f$。这样,v 是一个关于变量 f 的信号。由于乘以 Γ 是线性运算,因而 v 是正态分布的,$v \mid f \sim N(f, \Gamma\Lambda_\eta\Gamma')$。请注意,$v$ 中的信号噪声项的方差所具有的特征向量(风险结构)与有关 f 的先验信念相同。

如果我们假定关于主成分的信号是相互独立的,那么后验信念的方差具有与先验信念相同的特征向量。如果 $f \mid \eta \sim N(\hat\mu, \hat\Sigma)$,那么 $\hat\Sigma = \Gamma\hat\Lambda\Gamma'$。(其证明留作习题)对角矩阵 $\hat\Lambda$ 包含有关每个风险因子的信念的后验方差。获知风险 i 会相对于先验方差 Λ_i 减小 $\hat\Lambda_i$。风险因子方差的减少量 $\Lambda_{i,i} - \hat\Lambda_{i,i}$ 反映了行为人有多了解风险 i。

在资产的例子中,如果我们假定信号误差具有与资产收益相同的风险结构(它们的方差具有相同的特征向量),那么合成资产的收益是条件独立的,也是非条件独立的。换言之,合成资产的收益的先验方差—协方差矩阵与后验方差—协方差矩阵均为对角矩阵。

当使用信息流测度来量化获取信息或研究的努力时,不相关信号也许是一个符合现实的假定。获取有关石油产量的信息与获取有关降雨量的信息是不同的任务。如果有人构造石油产量和降雨量的联合信号,也许就有其他人知道石油产量和降雨量之间的差距。那么,谁构造这个信号以及人们如何为这个信号定价就成为重要问题,并且应该成为模型的一部分。但 Sims(2006)不同意,他认为理性疏忽描述了一种任何一个行为人都可以去观察完全且完美信息的情形。行为人只是不能够观察到所有的信息,而必须选择只观察最优信息。如果优化的信息流涉及构造关于独立事件的相关信号，那就这样做。哪一个过程与经济决策者如何学习最为相似的这一问题则没有定论。

如果你愿意假定关于不相关的主成分的信号具有不相关的信号误差，那么你可以像所有你的资产和信号是相互独立的一样，来求解你的问题。一旦你有了这个独立（合成）资产和独立信号情形下的解，就用特征向量矩阵 Γ' 左乘价格与数量向量，以得到相关的基础资产的价格与数量向量。

3.9 对的学习技术是什么

学习是收益递增的还是收益递减的？对模型中的所有随机变量都必须运用学习方法吗？人们的信息加工能力像计算机吗？这些问题在现有文献中均尚无定论，答案也许取决于相应的情形。

下面是对如何评估一种学习技术的三点建议：

（1）收集实验证据。决策实验能够揭示有些学习技术更符合现实，至少可以告诉我们对于学习技术的何种描述在哪种情形下最准确。

（2）采用领域内的标准。例如，人们也许有许多种方式来表示产品生产，然而学术界已选定柯布-道格拉斯生产函数作为标准。相关文献也许选定了一个合理的信息生产函数应该具有的几个关键特征。在产品生产中，这个特征就是收入的一个稳定份额被支付给劳动和资本。信息生产的一个可能标准则是规模中性（scale neutrality），下面会对之加以讨论。

（3）用模型结论来验证模型假设。如果采用一种不同的学习技术会使得模型预测到不现实的结果，那么也许还有另一种学习技术可行。对应这个答案的问题是，如果一种学习技术不能解释某一现象，那也可能是因为学习不是这一解释的关键所在。应当区别能验证你所作假设的事实，和你用来评估模型解释力的独立事实，这一点很重要。

使用信息的可加的精确度测度的缺点之一在于它不是规模中性的。例如，关于什么构成了某一资产的一份的定义会改变可行的信号集。取一份收益为 $f \sim N(\mu, \sigma)$ 的资产，将其分成两份新的资产，每一份新资产的收益

是 $f/2$，该收益的标准差是原先资产收益标准差的 $1/2$，方差是原先资产收益方差的 $1/4$。有关新资产收益的信息的先验精确度因此是 $4\sigma^{-1}$。

可加的学习技术允许投资者在其信息精确度上增加 K 单位。如果他在自身有关新资产收益信息的精确度上增加 K 单位，则新的精确度就是 $4\sigma^{-1}+K$。由于新资产收益的信息精确度总是原先资产收益的信息精确度的 4 倍，这意味着在投资者学习之后，原先资产收益的后验精确度是 $\sigma^{-1}+K/4$。如果投资者在自身有关原先资产收益的信息的精确度上增加 K 单位，原先资产的收益的后验精确度就是 $\sigma^{-1}+K$。这两个后验精确度是不同的。因此，改变一份额某一资产的构成，也就改变了投资者能够获得的信息的精确度。

相反，熵学习技术允许投资者将信息的精确度乘以 K。将有关新资产收益的信息精确度提高 K 倍，会导致有关原先资产收益的信息精确度也提高 K 倍。这就是熵学习技术的规模中性。式（3.4）中的熵学习技术不是唯一的规模中性学习技术。第 3.4 节中的收益递减学习技术也是规模中性的。类似地，基于固定成本的漫不经心学习技术与确认学习技术对资产的规模不敏感。

3.10　附录：矩阵代数和特征分解

（1）任意对称半正定方阵 Σ 均可以被分解为其特征值和特征向量：

$$\Sigma = \Gamma\Lambda\Gamma'$$

特征向量矩阵 Γ 是对角矩阵。

（2）特征向量矩阵是幂等矩阵：$\Gamma'\Gamma = I$。这意味着对于特征向量矩阵的任意第 i、j 列，$\Gamma_i'\Gamma_i = 1$，$\Gamma_i'\Gamma_j = 0(i \neq j)$。

（3）具有相同特征向量的矩阵的和也具有相同的特征向量：如果 $\Sigma = \Gamma\Lambda\Gamma'$ 和 $\tilde{\Sigma} = \Gamma\tilde{\Lambda}\Gamma'$ 是特征分解，那么 $\Sigma + \tilde{\Sigma} = \Gamma(\Lambda + \tilde{\Lambda})\Gamma'$。

（4）具有相同特征向量的矩阵的积也具有相同的特征向量：如果 $\Sigma = \Gamma\Lambda\Gamma'$ 和 $\tilde{\Sigma} = \Gamma\tilde{\Lambda}\Gamma'$ 是特征分解，那么 $\Sigma\tilde{\Sigma} = \Gamma(\Lambda\tilde{\Lambda})\Gamma'$。

（5）一个矩阵的逆矩阵也具有相同的特征向量：如果 $\Sigma = \Gamma \Lambda \Gamma'$，那么 $\Sigma^{-1} = \Gamma \Lambda^{-1} \Gamma'$。

（6）一个半正定方阵 Σ 的行列式是其特征值的积：

$$| \Sigma | = \prod_i \Lambda_{ii}$$

这意味着 $| \Sigma^{-1} | = | \Sigma |^{-1}$。

（7）矩阵的迹被定义为其对角线元素之和。它也等于矩阵的特征值之和：

$$Tr(\Sigma) = \sum_i \Lambda_{ii}$$

3.11 习题

1. 利用互信息和条件熵的定义，证明互信息是对称的：$I(x, y) = I(y, x)$。

2. 假定一个变量 x 取 4 个可能的值：以概率 0.25 取值为 0，以概率 0.3 取值为 1，以概率 0.25 取值为 2，以概率 0.2 取值为 3。x 的熵有多大？$2x^2$ 的熵有多大？

3. 假定有一个 $n \times 1$ 变量 $x \sim N(\mu, \Sigma)$ 和一个 $n \times 1$ 信号 $\eta \sim N(x, \Sigma_\eta)$，其中，$\Sigma$ 和 Σ_η 有相同的特征向量：$\Sigma = \Gamma \Lambda \Gamma'$，$\Sigma_\eta = \Gamma \Lambda_\eta \Gamma'$。将 x 和 η 的互信息表示为 Λ 和 Λ_η 中的特征值的函数。

提示：前面提到过，方阵的行列式是其特征值的积。

4. 假定先验信念和信号各自的方差—协方差矩阵具有相同的特征向量。证明后验信念也具有这些相同的特征向量。（有关特征分解的有用的法则，参见 3.10 节。）

5. 证明熵学习方法是规模中性的学习方法。假定一种资产具有收益 $f \sim N(\mu, \sigma)$，另一种资产的收益 $f/2$ 恰好是第一种资产收益的一半。证明利用信息能力 K 来获取关于第一种资产的正态分布信号等价于利用该信息能力来获取关于第二种资产的信号。

6. 考虑一个具有单一随机变量的问题。假定先验信念是 $x \sim N(A,$

α^{-1}），行为人在利用式（3.4）中所定义的他全部的信息能力 K 来观察 x。该信号的精确度有多大？

7. 假定先验信念是 $x \sim N(A, \alpha^{-1})$，行为人在利用其信息能力 K 来加工价格 p 中所包含的（公共）信息之外，还会有一个私人信号。$p \mid x \sim N(x, \beta^{-1})$ 是共同知识。行为人必须利用其多大比例的信息能力来加工价格中所包含的信息？他能用余下的信息能力在多大的精确度上观察到一个私人信号？

注　释

① 关于有人能为你加工信息并在市场上出售该服务的想法，我们最后再加以介绍。当前先不予以讨论。

② 这也被称为信息的 Shannon 测度（Shannon，1948）。在计量经济学中，它是对数似然率。在统计学中，它是偏离真相的 Kullback-Liebler 距离的先验分布和后验分布之间的差异。在数学上，它是一个 Radon-Nikodym 导数。在稳健控制中，它是两个模型之间的距离（Cagetti et al.，2002）。在经济学中，它曾被用来为有限的脑力加工能力建模（Radner and Van Zandt，2001；Sims，2003）。

③ 关于一个随机变量的熵是传递相同信息所需的二元信号的近似数量的证明，参见 Cover 和 Thomas（1991，第 9.3 节）。

4

异质信息下的博弈

与具有异质信息的博弈有关的文献很多，并仍在蓬勃发展中，我们只简略地对之加以介绍，更多地是探讨这些文献与信息选择之间的相互影响。我们的主要观点是，尽管协调博弈通常有多重均衡，但加入异质信息就能够产生一个唯一的预测结果。例如，如果对固定汇率货币进行投机（卖空）仅在有许多其他人投机时方可获利，那么一个充分信息模型通常会预测可以存在两个纳什均衡：要么所有人都投机，要么没有一个人投机。但是当货币交易者具有关于投机性攻击的成功概率的异质信息时，每一组初始条件就都有唯一的均衡结果。Carlsson 和 Van Damme(1993) 称这种类型的模型为"全局博弈"(global game)。

唯一性是模型的一个有用属性，因为它明确了会产生投机性攻击的几种具体的情况。这样的模型在实证上更容易评估，也更容易用于制定政策。相反，一个具有多重均衡的模型对于预测而言不是很有用。前述投机的例子只是说明，成功的货币攻击会在货币交易者认为它将出现时出现。因此，这类研究通过证明协调博弈中的多重均衡是相当脆弱的，已经推动了协调动机在当中起作用的许多问题的研究进展。

在这本主要关于信息选择的书中为什么要研究策略博弈呢？因为异质信息下的博弈模型的一个结论是，模型结果很大程度上取决于行为人拥有什么信息。甚至该模型是否具有唯一的预测值也由这一信息决定。但是关于行为人知道什么通常只是一个假设。换言之，这些模型采用了被动学习。

如果信息决定结果,我们就该考虑理性行为人应该拥有什么信息。因此,本章最后介绍了积极学习,即行为人去选择获知什么信息或者获取多少信息。

4.1 基本概念

在我们考察一个策略互动的模型之前,先来定义一些概念。

定义 1 如果对 a_i 的最优选择随着其他行为人的平均行动 $\int a_j dj$ 递增的话,行为人 i 的行动 a_i 是一个策略互补行动。

换言之,当行为人更愿意采取彼此之间类似的行动时,其行动就是策略互补行动。策略互补性(strategic complementarity)的例子包括金融市场中的投机攻击、银行挤兑、垄断竞争模型中的价格设定、收益递增时的投资。在信息市场的模型中(见第 8 章),获取信息就是一个策略互补行动——投资者想要购买其他人购买的信息,因为这样的信息会很便宜。

定义 2 如果对 a_i 的最优选择随着其他行为人的平均行动 $\int a_j dj$ 递减,则称行为人 i 的行动 a_i 是一个策略替代行动。

换言之,当行动是策略替代行动时,行为人更愿意采取彼此之间不同的行动。在标准的资产组合选择模型中,投资通常是策略替代行动,因为当其他投资者购买更多的某种资产时,该资产的价格会上升。某一资产越贵,投资者 i 选择购买该资产就会越少。同样,在标准的生产经济中,雇用劳动力是一个策略替代行动。当其他企业雇人时,工资率上升,这使得其他企业不太愿意雇人。

高阶信念 假定有两个行为人,用 i 表示。每个行为人观察到一个关于基本共同知识 θ 的信号 x_i:

$$x_i = \theta + \eta_i, \quad \eta_i \sim \text{unif}[-\epsilon, \epsilon] \quad \theta \sim \text{unif}(\Re)$$

行为人 i 的一阶信念就是 $E[\theta|x_i]$, θ 在给定信息 x_i 下的条件分布。在这个例子中,行为人 i 知道 $x_i - \epsilon < \theta < x_i + \epsilon$。其二阶信念是 $E[E[\theta | x_j] | x_i]$,即行为人 i 对其他行为人的信念是什么的信念。在这里,两个行为人

的信号最多相差 2ϵ：一个行为人可能观察到 $\theta-\epsilon$，而另一个行为人可能观察到 $\theta+\epsilon$，反之亦然。在另一个行为人观察到的信号是 $\theta+\epsilon$ 时，他可以对之赋予正权重的 θ 的最大极值是 $\theta+2\epsilon$，它与信号 $\theta-\epsilon$ 相差 3ϵ。因此，如果一个行为人观察到一个信号 $x_i \geqslant \underline{\theta}+3\epsilon$，那么他知道另一个行为人确信 $\theta \geqslant \underline{\theta}$。根据对称性，这个行为人知道每个行为人都知道 $x_i-3\epsilon < \theta < x_i+3\epsilon$。扩展这一逻辑，第 n 阶信念回答了如下问题：一个行为人什么时候知道每个行为人都知道他知道……（重复 n 次）$\theta \in [\underline{\theta}, \overline{\theta}]$？当信念的阶数增加时，区间 $[\underline{\theta}, \overline{\theta}]$ 的范围增大。换言之，高阶信念更加不确定。

共同知识（common knowledge）是当 $n \to \infty$ 时这一过程的极限。换言之，如果 θ 处于任意行为人（故而每一个行为人）的无限阶信念中，那么 $\theta < \overline{\theta}$（或 $\theta > \overline{\theta}$）是共同知识。

4.2 异质信息消除多重均衡

现在许多人建立策略互补的博弈模型时引入异质信念，其中的一个关键原因是，异质性能够使得模型的均衡唯一。这一现象的基本模型由 Morris 和 Shin(1998) 提出。它的关键特征是行为人的收益取决于自己的行动、其他人的行动以及总体状态。至关重要的是，关于真实状态的信息是异质信息。该模型被用来描述投机性货币攻击对固定汇率货币的影响。但研究结果的适用范围超越了国际金融领域，后面在货币经济学和经济周期中运用这一结果时，我们会看到这一点。

货币投机模型 有一个未被观察到的均匀分布的状态 $\theta \sim \mathrm{unif}[0, 1]$，它决定了对一种固定汇率货币的投机攻击成功的可能性。汇率固定为 e^*。但这一固定汇率货币在解除了钉住汇率之后，就回复到其市场价值 $f(\theta)$。投机的成本是 t，因此，成功的投机攻击给一个投机者带来的效用是：

$$e^* - f(\theta) - t$$

而不成功的投机攻击得到的效用是 $-t$。

政府决定是否让货币贬值，但政府不是一个策略博弈方。政府只是观察攻击货币的投资者的比例 α，并且只要货币挂钩的收益低于其成本，就让货币即刻贬值。政府从守护货币的固定价值中获得收益 v，但要承担成本 $c(\alpha, \theta)$，这一成本与攻击的规模正相关（$\partial c/\partial \alpha > 0$），而与未观察到的状态负相关（$\partial c/\partial \theta < 0$）。我们可以通过定义函数 a 使得 $c(\alpha, \theta) > v$，基于攻击规模 α 将这个货币贬值条件简写为一个阈值规则（cutoff rule），这样，只要：

$$\alpha > a(\theta)$$

政府就让货币贬值。

这个模型的步骤如下：

（1）自然从 $[0, 1]$ 中抽取一个 θ，θ 的这个先验分布是共同知识。

（2）每个投资者 i 从 $[\theta-\epsilon, \theta+\epsilon]$ 上的均匀分布中抽取信号 x_i。投资者基于 x_i 决定是否投机。

（3）政府观察到攻击规模 α 和真实状态 θ，如果 $\alpha > a(\theta)$，政府就让货币贬值。

这里有三个关键的参数假定。它们通过确保关于状态的信念和关于其他人行动的信念均被用来预测政府是否会让货币贬值而使得这一问题并非无关紧要。首先，$c(0, 0) > v$；在最坏的状态中，即使没有投机者，政府也让货币贬值。其次，$c(1, 1) > v$；在最好的状态中，如果所有的投资者都投机，政府也会让货币贬值。最后，$e^* - f(1) - t < 0$；在最好的状态中，投机的收益为负。

对称纳什均衡 当且仅当在政府让货币贬值的情况下，获得投机利润的期望收益 $e^* - f(\theta)$ 大于相应成本 t，行为人 i 才会投机。定义一个策略函数 $\pi(x)$，使得：

$$\pi(x) = 1, \text{如果} E\left[\mathbf{1}_{[c(\alpha, \theta) > v]}(e^* - f(\theta)) \mid x_i\right] > t \tag{4.1}$$
$$\pi(x) = 0, \text{其他}$$

为了描述总体行为，令 $\alpha(\theta, \pi) \equiv \int \pi(x_i)\mathrm{d}x_i$ 为投机的行为人的比例。它取决于状态 θ 和策略函数 π，其中的状态 θ 决定了信号 x_i 的分布。投机者的比例与状态 θ 则决定了状态集合 A：

$$A(\pi) = \{\theta : \alpha(\theta, \pi) \geqslant a(\theta)\}$$

正是在该状态集合内的各状态 θ 中,政府让货币贬值。

最后,式(4.1)所示冲击货币即投机的期望效用可以改写为:[①]

$$u(x, \pi) = \frac{1}{2\epsilon} \Big[\int_{\theta \in A(\pi) \cap [x-\epsilon, x+\epsilon]} (e^* - f(\theta)) d\theta \Big] - t$$

求解模型 Morris 和 Shin(1998)用了大部分内容来证明均衡是唯一的。我不会重新推导其间的论证过程,建议读者阅读原文,并重点关注他们模型的解以及解的性质。他们的方法是猜测并验证解,采取了阈值规则(threshold rule)的形式,最后再求解该阈值本身。在这一临界值上,如果行为人的信号足够弱,行为人就会对该货币进行投机。

投机者的最优决策遵从对他们的信号采用阈值规则。根据该阈值规则,存在一个阈值信号 k,使得当且仅当 $x < k$,投机者才会投机。给定该阈值信号值,会投机的行为人所占的比例 α 为 $\alpha = P[x_i < k]$。由于 x_i 在区间 $[\theta - \epsilon, \theta + \epsilon]$ 上是均匀分布的,因而 $x_i < k$ 的概率是 $\frac{1}{2\epsilon}(k - \theta + \epsilon)$。因此,如果 $\frac{1}{2} + \frac{k - \theta}{2\epsilon} > a(\theta)$,则货币贬值出现。令 θ^* 为产生一次成功的投机攻击的最高状态。它是下式的解:

$$\frac{1}{2} + \frac{k - \theta^*}{2\epsilon} = a(\theta^*) \tag{4.2}$$

由于上式左边关于 θ 是递减的,而 a 是递增的,因而会有一个解 θ^*。对于所有的 $\theta < \theta^*$,投机攻击都会成功。

给定这一投机攻击的规则,求解因为投机的期望收益等于成本 t 而保持中立的投机者的信号,即阈值信号 k:

$$P[\theta < \theta^* \mid x_i = k] E[e^* - f(\theta) \mid x_i = k, \theta < \theta^*] = t \tag{4.3}$$

给定信号 $x_i = k$,均匀分布变量的贝叶斯法则告诉我们状态的分布为 $\theta \sim$ unif$[k - \epsilon, k + \epsilon]$。

为了得出 $e^* - f(\theta)$ 的条件期望值,在区间 $[k - \epsilon, \theta^*]$[②] 上对 $e^* - f(\theta)$ 乘以密度 $1/(2\epsilon)$ 求积分,然后除以 θ 位于约束条件集的概率 $P[\theta <$

$\theta^{*} \mid x_{i}=k]$。这最后一步消除了式(4.3)中乘以条件期望值的 $P[\theta<\theta^{*} \mid x_{i}=k]$ 项。结果为：

$$\int_{k-\epsilon}^{\theta^{*}}(e^{*}-f(\theta)) \frac{1}{2\epsilon} \mathrm{d}\theta=t \tag{4.4}$$

式(4.2)和式(4.4)均为关于 k 和 θ^{*} 的方程，它们刻画了我们要求的解。

一个简单例子　假定政府保卫货币的成本为 $c(\alpha, \theta)=\alpha-\theta$，并且自由浮动汇率是一个已知的常数：$f(\theta)=F$。那么，当且仅当 $\alpha>v+\theta$，$c(\alpha, \theta)>v$。$a(\theta)$ 是造成状态 θ 下货币贬值所需要的投机攻击的规模。

触发一次成功的投机攻击的状态变量 θ^{*} 的阈值水平，可以通过令式(4.2)中投机攻击的规模等于阈值规模 $a(\theta)$ 而求出：

$$\frac{1}{2}+\frac{k-\theta^{*}}{2\epsilon}=v+\theta^{*}$$

这告诉我们，只要 θ 大于 $\theta^{*}=(\epsilon+k-2\epsilon v)/(1+2\epsilon)$，就会发生一次成功的投机攻击。

最后，使得行为人投机的阈值信号来自式(4.4)。用常数 F 替代函数 $f(\theta)$ 并对均匀分布的 θ 求积分，得到 $(e^{*}-F) \frac{\theta^{*}-k+\epsilon}{2\epsilon}=t$。整理后，得到如下阈值信号：

$$\theta^{*}=\frac{2\epsilon t}{e^{*}-F}+k-\epsilon$$

因此，当且仅当一个行为人的信号为 $x_{i} \leqslant \theta^{*}$，他才会投机。

对解的评论　相关文献中以前的研究工作所遇到的其中一个挑战是，表示越来越高阶的信念变得越来越复杂(Townsend, 1983)。我们此处的解取决于所有各阶信念。我们对各阶信念依然可以加以处理的原因在于行为人策略的对称性质。策略函数式(4.1)是共同知识。我们的解释是行为人同时求解他们自己的策略和其他人的策略。此外，其他人的信号的期望值仅取决于状态变量 θ 的期望值。这个结构对于让问题易于处理是很有必要的。

4.3 信息和协方差：选美模型

上一节的离散选择模型可用于阐述多重均衡的可能性，以及信息如何能消除均衡的多重性，而在许多情形中，行为人会采取连续行动。此时二次损失模型才是适用的。许多更复杂的情形可以用二阶泰勒近似来二次逼近。由于 Morris 和 Shin(2002)的推广，这类博弈被用来作为许多不完全信息和策略互动情形的静态表述，这些情形包括金融市场、投资决策以及具有垄断竞争的价格调整。

模型设定 有一个标示为 i 的行为人的连续统。每个行为人选择一个行动 a_i 来最小化其行动与平均行动 $a = \int a_i \, di$ 之间的期望距离以及其行动与一个未知的外生状态变量 $s \sim N(y, \tau_y^{-1})$ 之间的期望距离：

$$EL(a_i, a, s) = E\big[(1-r)(a_i - s)^2 + r(a_i - a)^2\big] \tag{4.5}$$

其中，EL 代表"期望损失"。每个行为人的目标函数都是 $-EL$。参数 r 决定了行为人相互之间策略互动的类型。存在三种可能的类型：

$$r > 0: 策略互补，最优的 a_i 随着 a 递增$$
$$r = 0: 没有互动，最优的 a_i 与 a 无关$$
$$r < 0: 策略替代，最优的 a_i 随着 a 递减$$

这个模型的步骤如下：首先，自然（nature）选取 $s \sim N(y, \tau_y^{-1})$。s 的分布的均值和方差是总结了所有的先验公共信息的共同知识。其次，每个行为人均收到一个公共信号和一个包含有关状态 s 的额外信息的私人信号：$z \mid s \sim N(s, \tau_z^{-1})$ 和 $w_i \mid s \sim N(s, \tau_w^{-1})$。换言之，$z = s + \epsilon_z$，$w_i = s + \epsilon_{w,i}$，其中，$\epsilon_z \sim N(0, \tau_z^{-1})$，$\epsilon_{w,i} \sim N(0, \tau_w^{-1})$，$\epsilon_{w,i}$ 与所有其他的 $\epsilon_{x,j}$ 和 ϵ_z 无关。最后，行为人选择他们的行动 a_i 并实现收益。我们寻找一个纳什均衡来求解该博弈。

充分信息解 在讨论不完美信息之前，我们先来考虑充分信息问题。对于突出异质不完全信息的影响，这将是一个有用的比较基准：

41

$$\min_{a_i}(1-r)(a_i-s)^2+r(a_i-a)^2 \tag{4.6}$$

上式关于 a_i 的一阶导数是 $2(1-r)(a_i-s)+2r(a_i-a)$。令其等于 0，整理后可得，所有行为人 i 的最优行动是：

$$a_i=(1-r)s+ra \tag{4.7}$$

对所有个体的行动求积分，得到平均行动 $a\equiv\int_i a_i=(1-r)s+ra$，合并等号左右两边的 a 项，得到 $a=s$。将该平均行动代入式(4.7)，得出的最优行动是 $a_i=s$。

请注意，该模型有一个唯一的解。不像 4.2 节中的模型，我们不需要异质信息来使得该均衡唯一。对于 $r>0$，存在互补性。但该互补性没有强到足以产生多重均衡。

异质不完美信息解　假定除了 s 的分布的共同知识，所有行为人还拥有精确度为 τ_w 的私人信号和精确度为 τ_z 的公共信号。给定这一信息，式(2.3)所运用的贝叶斯法则表明，行为人关于状态的信念为：

$$E_i[s]=\frac{\tau_y y+\tau_w w_i+\tau_z z}{\tau_y+\tau_w+\tau_z} \tag{4.8}$$

令 $\alpha_s=\tau_y/(\tau_y+\tau_w+\tau_z)$，$\alpha_w=\tau_w/(\tau_y+\tau_w+\tau_z)$，$\alpha_z=\tau_z/(\tau_y+\tau_w+\tau_z)$。请注意 $\alpha_s+\alpha_w+\alpha_z=1$。

每个行为人的最优行动最小化式(4.5)。按照充分信息情形下的同样步骤，一阶条件是：

$$a_i=(1-r)E_i[s]+rE_i[a] \tag{4.9}$$

Morris 和 Shin(2002)证明，在这类模型中，存在一个唯一的最优行动。Hellwig 和 Veldkamp(2009)用信息选择扩展了上述情形中的论证。这并非本书的重点，我将略去对唯一性的任何讨论，只是猜测并验证求解。我们猜测：

$$a_i=y+\gamma_w(w_i-y)+\gamma_z(z-y) \tag{4.10}$$

由于私人信号 w_i 的均值是真实状态 s，我们的猜测意味着平均行动是：

$$a=y+\gamma_w(s-y)+\gamma_z(z-y) \tag{4.11}$$

因此,行为人 i 对平均行动的期望是:

$$E_i[a] = y + \gamma_w(E_i[s] - y) + \gamma_z(z - y) \tag{4.12}$$

将期望状态式(4.8)代入期望平均行动式(4.12),并将式(4.8)和式(4.12)一并代入一阶条件式(4.9),得到:

$$a_i = (1 - r + r\gamma_w)(\alpha_s y + \alpha_w w_i + \alpha_z z) + r[(1 - \gamma_w)y + \gamma_z(z - y)] \tag{4.13}$$

匹配系数验证了行动是每一种信号的线性函数并且线性权重是 $\gamma_w = (1 - r + r\gamma_w)\alpha_w$ 和 $\gamma_z = (1 - r + r\gamma_w)\alpha_z + r\gamma_z$ 的推测。合并 γ_w 和 γ_z 项,并将 γ_w 代入 γ_z 的表达式,得到:

$$\gamma_w = \frac{\alpha_w(1 - r)}{1 - \alpha_w r} \tag{4.14}$$

和

$$\gamma_z = \frac{\alpha_z}{1 - \alpha_w r} \tag{4.15}$$

最后一步是通过观察 y 的系数是否合计为 $1 - \gamma_w - \gamma_z$ 来检验我们的猜测,即式(4.10)是否正确。我把这留作习题。

这个解的一个重要特征是,行为人在决定他们的行动时赋予公共信号的权重(γ_z)随着参数 r 的值递增。想要和其他人一样行动的行为人让自身的行动对其他人知道的信息更敏感。只要行动中存在策略互补性($r > 0$),则 $\gamma_z > \alpha_z$,这意味着对于公共信号的变化,行为人行动的反应比他们信念的反应大。相反,当行动中存在策略替代性时,行为人在其行动中相比在其信念中赋予私人信号的权重更大。

信息和协方差 上述解的一个重要特征是,当行为人具有关于冲击的一个更精确的信号时,他的最优行动会赋予该信号一个更高的权重。例如,如果公共信号 z 有很多噪声,则其权重 γ_z 较小,行为人的行动对 z 不会很敏感。对 z 的反应更小,意味着平均行动 a 和 z 之间的协方差会更小。这反过来降低了平均行动 a 和真实状态 s 之间的协方差。为了看到这一点,将式(4.14)中的 γ_w 和式(4.15)中的 γ_z 代入式(4.11)这一平均行动的公式。然后,代入 $z = s + \epsilon_z$,就得到 $a - y = \{[\alpha_w(1 - r) + \alpha_z]/(1 - \alpha_w r)\}(s - y) + [\alpha_z/(1 - \alpha_w r)]\epsilon_z$。请注意,$y$ 是一个已知的常数,ϵ_z 独立于 s 和 y。因此,

$\text{cov}(a, s) = \{[\alpha_w(1-r) + \alpha_z]/(1-\alpha_w r)\}\tau_y^{-1}$。对于 $r < 1$，这一协方差随着私人信号和公共信号的精确度（τ_w 和 τ_z）递增。信息精确度决定了平均行动与状态的协方差这一结论，成为了其之后的众多结论中的重要思想。

4.4 信息获取中的策略动机

Hellwig 和 Veldkamp(2009)考察了一个行为人在进行策略博弈前，对信息获取的选择如何取决于其他人对信息的获取。在他们的模型中，信号可以是纯粹的私人信号、纯粹的公共信号或者私人信号与公共信号的相关信号，行为人在选择自身的信息前可以观察到异质的外生信号。本节考察一个具有共同先验信念的简化模型，在该模型中，行为人选择的信号要么是纯粹的私人信号，要么是作为共同知识的公共信号。该模型的研究结果将为阐明后面模型的诸多结论提供直觉知识。

模型　该模型与 4.3 节中的模型相比，除了行为人可以选择获取额外的信息以外，其他不变。具体地，行为人选择支付多大比例的 $C(\tau_w, \tau_z)$（递增的二次可微凸函数）来获取私人信号 $w_i \sim N(s, \tau_w^{-1})$ 和/或共同信号 $z \sim N(s, \tau_z^{-1})$。对私人信号的选择的解释是直接的。例如，行为人也许会选择进行多少关于 s 的独立研究。共同信号需要一些解释，因为只有在所有行为人都知道公共信息时，公共信息才真正是共同知识，这意味着所有行为人都必须选择观察公共信息。设想每个行为人的家门口都会被派送一份相同的报纸。每个行为人从报纸第一页的开头看起，并且决定看到哪一处为止。每多看一个字都会提供额外的信息，所以对所看的字数的选择就是对信号精确度的选择。当然，所看的字数是一个整数。因此，想象一下这一场景的极限情况——每个文字的信息含量和阅读成本以同样的速率下降到极限。这个极限情形接近于下面考察的信号精确度的连续选择情形。

我们将求解一个对称均衡：所有行为人持有共同的知识精确度 τ_w^* 或 τ_z^*。

求解模型　求解策略是倒推法。将行为人拥有的信息固定并像上一节一样求解行动博弈。计算行为人在该博弈中的期望效用。它会是行为人的信息的函数。现在回溯到第一期。将上述期望效用作为第一阶段的信息选择博弈的收益函数。最后，求出信息选择。将这些信息选择往回代入第二阶段博弈的解中，就得到该博弈的完整解。

由于在第二阶段的博弈中一个行为人有可能拥有与所有其他行为人不同的信息精确度，因而求解第二阶段的信息选择博弈会更复杂。令 τ_w^* 和 τ_z^* 为所有其他行为人的信息选择，τ_w 和 τ_z 为行为人 i 的信息选择。同样，令 z^* 为其他行为人看到的公共信号。由于单个行为人无足轻重，因而对其他行为人参与这个博弈来说，平均行为人所拥有信息的精确度与他们中的每个人所拥有的信息的精确度一致。他们的最优行动由私人信息和公共信息的权重 γ_w^* 和 γ_z^* 给出，如式(4.14)和式(4.15)所示。这两个权重表明，平均行动是 $a = (1 - \gamma_w^* - \gamma_z^*)y + \gamma_w^* s + \gamma_z^* z^*$。

给定信息精确度 τ_w 和 τ_z，行为人 i 将平均行动形式视为给定，并选择自己的最优行动。令求解模型后得出的权重为 $\tilde{\gamma}_w$ 和 $\tilde{\gamma}_z$，所以 $a_i = (1 - \tilde{\gamma}_w - \tilde{\gamma}_z)y + \tilde{\gamma}_w w_i + \tilde{\gamma}_z z$。

下一步是分部分计算期望效用。将式(4.10)中的 a_i 代入目标函数式(4.5)的第一项中，该第一项就变为：

$$E[(a_i - s)^2] = E[((1 - \tilde{\gamma}_w - \tilde{\gamma}_z)y + \tilde{\gamma}_w w_i + \tilde{\gamma}_z z - s)^2] \quad (4.16)$$

接下来，整理上式等号的右侧，并运用一个小技巧。分配 $-s$ 项，得到 $E[((1 - \tilde{\gamma}_w - \tilde{\gamma}_z)(y - s) + \tilde{\gamma}_w(w_i - s) + \tilde{\gamma}_z(z - s))^2]$。由于 y、w 和 z 都是从均值为 s 的分布中独立抽取的，$(y - s)$、$(w_i - s)$ 和 $(z - s)$ 项的均值都为 0，且彼此之间的协方差为 0。这样，所有 $(y - s)(z - s)$ 形式的交叉乘积项的期望值均为 0。因此，式(4.16)变为：

$$E[(a_i - s)^2] = (1 - \tilde{\gamma}_w - \tilde{\gamma}_z)^2 E_i[(y - s)^2] + \tilde{\gamma}_w^2 E_i[(w_i - s)^2]$$
$$+ \tilde{\gamma}_z^2 E_i[(z - s)^2] \quad (4.17)$$

进一步，一个变量减去其均值后的平方项的期望值就是方差。因此：

$$E[(a_i - s)^2] = (1 - \tilde{\gamma}_w - \tilde{\gamma}_z)^2 \tau_y^{-1} + \tilde{\gamma}_w^2 \tau_w^{-1} + \tilde{\gamma}_z^2 \tau_z^{-1} \quad (4.18)$$

效用函数式(4.5)的第二项是一个行为人的行动与平均行动之间的差距 $E[(a_i - a)^2]$。这一项的形式取决于该行为人是否比其他行为人观察到了更多的公共信号。

情形 1：$\tau_z \leqslant \tau_z^*$ 在这一情形中，其他行为人比行为人 i 观察到更多的公共信号。在行为人 i 看来，这在平均行动中产生了噪声。这一噪声与行为人 i 知道的任何信息都是条件不相关的。

行为人 i 的行动与平均行动之间的差异为：

$$(a_i - a) = \tilde{\gamma}_w(w_i - y) - \gamma_w^*(s - y) + \tilde{\gamma}_z(z - y) - \gamma_z^*(z^* - y)$$

将 $(w_i - y)$ 和 $(z - y)$ 项分解成独立随机变量的差，即 $(w_i - s) - (y - s)$ 和 $(z - s) - (y - s)$，则差异的平方项的期望值为：

$$E[(a_i - a)^2] = \tilde{\gamma}_w^2 \tau_w^{-1} + (-\tilde{\gamma}_w + \gamma_w^* - \tilde{\gamma}_z + \gamma_z^*)^2 \tau_y^{-1}$$
$$+ E[(\tilde{\gamma}_z(z - s) - \gamma_z^*(z^* - s))^2]$$

该期望值的最后一项中平方项的内部可以被分解为 $(\tilde{\gamma}_z - \gamma_z^*)(z - s) - \gamma_z^*(z^* - z)$：$(z - s)$ 是 i 的信号中的噪声；$(z^* - z)$ 是均值 s 的两个信号的差异。当然，z^* 和 z 是相关的，因为两者都是关于 s 的信号。但是，其他人观察到了而 i 没有观察到的额外信号具有与 z 中的噪声不相关的信号噪声。因此，$(z - s)$ 和 $(z^* - z)$ 是相互独立的随机变量。这样：

$$E[(a_i - a)^2] = \tilde{\gamma}_w^2 \tau_w^{-1} + (-\tilde{\gamma}_w + \gamma_w^* - \tilde{\gamma}_z + \gamma_z^*)^2 \tau_y^{-1}$$
$$+ (\tilde{\gamma}_z - \gamma_z^*)^2 \tau_z^{-1} + (\gamma_z^*)^2 (\tau_z^* - \tau_z)^{-1} \quad (4.19)$$

情形 2：$\tau_z \geqslant \tau_z^*$ 在这一情形中，行为人 i 超出其他行为人多知道的公共信息实际上是私人信息。因此，$z - z^*$ 在行为人的行动和在期望效用中被当做私人信息。由于现在有更有效的私人信息，因而行为人赋予私人信息和公共信息的权重变了。令 $\dot{\gamma}_w$ 为赋予私人信号 $w_i + z - z^*$ 的最优权重，该私人信号的精确度为 $(\tau_w + \tau_z - \tau_z^*)$。同样，令 $\dot{\gamma}_z$ 为行为人 i 赋予作为共同知识的公共信息 z^* 的最优权重。那么，期望效用采用与情形 1 同样的形式，只是有效私人信号的方差是 $(\tau_w + \tau_z - \tau_z^*)^{-1}$ 而非 τ_w^{-1}，公共信号的方差是 $(\tau_z^*)^{-1}$，而且没有来自其他人行动中的额外公共信息的最后一项。

$$E[(a_i - a)^2] = \dot{\gamma}_w^2 (\tau_w + \tau_z - \tau_z^*)^{-1} + (-\dot{\gamma}_w + \gamma_w^* - \dot{\gamma}_z + \gamma_z^*)^2 \tau_y^{-1}$$
$$+ (\dot{\gamma}_z - \gamma_z^*)^2 (\tau_z^*)^{-1} \quad (4.20)$$

式(4.18)与式(4.20)或式(4.19)的和是一个具有我们假定的信息集的行为人预期会得到的负的期望效用。这个解有一个有趣又有用的特征:期望效用与信号的实现值无关。期望效用仅取决于每一个信号的精确度以及行动博弈中每一个信号上的均衡权重。这些均衡权重也仅取决于信号精确度和博弈的参数。因此,关于每个人的信号效用是什么没有不确定性。即使在异质先验信念(先验信念的均值而非方差不同)下,关于每个人得自额外信息的期望效用也没有不确定性。当我们后面讨论均衡的唯一性时,这个特征会很重要。

主要结论:信息获取中的策略动机　主要结论是:信息选择中的策略动机反映了行动中的策略动机。如果行动是策略互补的($r > 0$),那么信息获取也是策略互补的。相反,如果行动是策略替代行动,那么信息获取也是策略替代的。

私人信息的边际价值是:

$$B(\tau_w) = -\frac{\partial}{\partial \tau_w} EL(\tau_w, \tau_z; \tau_w^*, \tau_z^*)$$

公共信息的边际价值是:

$$B(\tau_z) = -\frac{\partial}{\partial \tau_z} EL(\tau_w, \tau_z; \tau_w^*, \tau_z^*)$$

命题

$$r > 0 \Leftrightarrow \frac{\partial}{\partial \tau_w^*} B(\tau_w), \frac{\partial}{\partial \tau_z^*} B(\tau_z) > 0$$

$$r = 0 \Leftrightarrow \frac{\partial}{\partial \tau_w^*} B(\tau_w), \frac{\partial}{\partial \tau_z^*} B(\tau_z) = 0$$

$$r < 0 \Leftrightarrow \frac{\partial}{\partial \tau_w^*} B(\tau_w), \frac{\partial}{\partial \tau_z^*} B(\tau_z) < 0$$

证明:参见 Hellwig 和 Veldkamp(2009)。　　　　　　　　□

为了弄清楚为什么这一结论在数学上成立,考察期望损失函数,即式(4.18)与式(4.19)或式(4.20)的和。由于状态是外生的,某个行为人的 $E[(a_i - s)^2]$ 不会受其他行为人的选择的影响,后者只会影响该行为人的行动与平均行动之间的差距。因此,我们可以仅关注效用的第二项。

假定与其他行为人相比,行为人 i 获取了相同数量的公共信息和更多的私人信息。那么，$z = z^*$，$\gamma_w > \gamma_w^*$ 且 $\gamma_z < \gamma_z^*$：

$$(a_i - a) = \gamma_w w_i - \gamma_w^* s + (\gamma_z - \gamma_z^*)z + (\gamma_w^* - \gamma_w + \gamma_z^* - \gamma_z)y$$

$$E[(a_i - a)^2] = (\gamma_z - \gamma_z^*)^2 \tau_z^{-1} + (-\gamma_w + \gamma_w^* - \gamma_z + \gamma_z^*)^2 \tau_y^{-1}$$

如果 $r > 0$，那么期望损失函数的 $E[(a_i - a)^2]$ 项为正值，而期望效用中的这一项为负值。为了最小化这一项，γ_w 和 γ_z 应该尽可能接近 γ_w^* 和 γ_z^*，这就是信息互补性。如果 $r < 0$，则 $E[(a_i - a)^2]$ 项越大，效用越高。因此，让 γ_w 和 γ_z 非常不同于 γ_w^* 和 γ_z^*，会提高期望效用，这就是信息替代性。同样的论证对于公共信息中的差异也成立。为了正式证明这一点，我们要确定交叉偏倒数 $\partial^2 EL/\partial \tau_w \partial \tau_w^*$ 和 $\partial^2 EL/\partial \tau_z \partial \tau_z^*$ 的符号。

直觉上，这里的事实是，信息改变了平均行动与状态之间的协方差。正是这一点使得信息多多少少是有价值的。当行动显示出互补性（$r > 0$）且其他行为人有精确的信息（$\tau_w + \tau_z$ 很大）时，$\text{cov}(a, s)$ 很大。当平均行动和状态共变时，该行为人面临更多的收益不确定性，因为如果他选择了一个结果会远离 s 的行动，那么这个行动也会远离 a，他会被惩罚两次。这一增加的效用风险提高了准确信息的价值。相反，当行动是相互替代行动（$r < 0$）且其他行为人有精确的信息（$\tau_w + \tau_z$ 很大）时，$\text{cov}(a, s)$ 也会很大，这意味着如果该行为人选择了一个结果会远离 s 的行动，那么这个行动也会远离 a。但在这种情形下，协方差减少了收益不确定性，因为采取一个远离 a 的行动会产生效用增益。这一补偿的增益冲抵了采取一个远离 a 的行动的风险。更少的风险降低了信息的价值。

4.5　例子：信息选择与实际投资

下面这个具有信息选择的策略博弈的简单例子阐释了上一节主要结论背后的机制。这个例子中的效用函数所采取的形式与上一节不同，但逻辑是一样的。

用 i 表示测度为 1 的企业连续统。每个企业均最大化期望利润。一个企业的产出是 $[(1-r)s + rK]k_i$，其中，k_i 是企业的投资，s 是技术，$K =$

$\int k_i di$ 是总体投资, 并且 $r < 1$ 决定了总体投资是增加 ($r > 0$) 还是减少 ($r < 0$) 了每一单个企业资本的边际产出。如果投资成本是 $C(k_i) = \dfrac{1}{2} k_i^2$, 那么实现的利润是:

$$\pi_i = \left[(1 - r)s + rK \right] k_i - \frac{1}{2} k_i^2 \tag{4.21}$$

首先, 自然从先验分布 $G(\,\cdot\,)$ 中抽取 s。我们令 $y = \int s dG(s)$ 表示 s 的先验均值, $\sigma^2 = \int (s - y)^2 dG(s)$ 表示 s 的先验方差。其次, 每家企业决定是否支付成本 $C > 0$, 以没有噪声地观察到 s; 如果不支付成本, 则收集不到信息, 企业关于 s 的先验信念和后验信念就是一样的。最后, 每家企业决定自己的投资水平 k_i。该博弈的纳什均衡是每家企业的选择的如下集合: 是否收集信息, 一直不收集信息的企业投资水平 k_U, 观察到 s 的企业的投资函数 k_I (s)。分析集中在对称纯策略均衡上, 在这些均衡中, 要么所有的企业都会获取信息, 要么所有的企业都一直不获取信息。

结论 为了求解该模型, 我们运用倒推法。将信息视为给定的, 计算最优投资决策, 然后计算获取了信息和没有获取信息的企业的期望利润。最优投资的一阶条件是 $k_i = (1 - r)E_i[s] + rE_i[K]$。将这一最优决策代入式 (4.21) 中, 得到期望均衡利润:

$$E_i[\pi_i] = \frac{1}{2} \{ (1 - r)E_i[s] + rE_i[K] \}^2 \tag{4.22}$$

我们现在计算两种情形下获取了信息和没有获取信息的企业的期望利润。

(1) 所有企业一直没有获取信息。如果所有企业都没有获取信息, 则它们的最优投资是技术的先验期望水平: $k_i = y$ 和 $K = y$。事前期望利润是:

$$E\pi_{U, U} = \frac{1}{2} y^2$$

如果有一家企业背离了均衡去选择获取信息, 而所有其他企业仍然不获取信息, 则这家企业投资:

$$k_i = (1 - r)s + ry$$

它所实现的利润是：

$$\pi_i = \frac{1}{2}\left[(1-r)s + ry\right]^2$$

它的期望利润（在支付信息成本前）是：

$$E\pi_{I,U} = \frac{1}{2}y^2 + \frac{1}{2}(1-r)^2\sigma^2$$

因此，当所有其他企业没有获取信息时，一家企业获取信息的好处是：

$$E\pi_{I,U} - E\pi_{U,U} = \frac{1}{2}(1-r)^2\sigma^2$$

（2）所有企业都获取信息。 如果所有企业都获取了信息，则它们的最优投资决策是 $k_i = K = s$，所实现的利润是：

$$\pi_{I,I} = \frac{1}{2}s^2$$

事前期望利润是：

$$E\pi_{I,I} = \frac{1}{2}y^2 + \frac{1}{2}\sigma^2$$

如果有一家企业背离了均衡去选择仍然不获取信息，而所有其他企业仍然获取信息，则这家企业投资 $k_i = y$。它的先验期望利润是：

$$E\pi_{U,I} = \frac{1}{2}y^2$$

当所有其他企业都获取了信息，仍然不获取信息的企业会损失 $E\pi_{I,I} - E\pi_{U,I} = \frac{1}{2}\sigma^2$。

下面的收益矩阵总结了上述结论：

期望利润	其他企业都获取了信息	其他企业都没有获取信息
获取信息	$\frac{1}{2}y^2 + \frac{1}{2}\sigma^2$	$\frac{1}{2}y^2 + \frac{1}{2}(1-r)^2\sigma^2$
不获取信息	$\frac{1}{2}y^2$	$\frac{1}{2}y^2$

由于这一利润是在扣除信息成本之前计算的,因此获取信息总是好于不获取信息。但是这之间的利润差距在其他企业都获取了信息时为 $\sigma^2/2$,在其他企业都没有获取信息时为 $(1-r)^2\sigma^2/2$。如果 $r>0$,则 $\sigma^2/2 > (1-r)^2\sigma^2/2$,这意味着其他企业也会获取的信息的价值更大。因此,当投资是互补性投资时,信息也是互补性信息。如果 $r<0$,则 $\sigma^2/2 < (1-r)^2\sigma^2/2$,这意味着其他企业也会获取的信息的价值更小。因此,当投资是替代性投资时,信息也是替代性信息。

上述信息外部性之所以出现,是因为总体学习选择影响 s 和 K 的协方差,并进而影响投资的边际产出的方差。当所有其他企业一直没有获取信息时,存在仅关于生产率的外生波动的不确定性。当所有其他企业都获取了信息时,它们的投资水平依赖于技术。当投资是策略互补投资时($r>0$),这种依赖性放大了技术变化对每家企业的边际产品的影响。更多的波动性使得信息更有价值。当投资是策略替代投资时($r<0$),与技术共变的总体投资波动抑制了每家企业的边际产品的波动。当其他企业都获取了信息而且它们的投资更多地与技术共变时,关于边际生产率的不确定性下降,信息也变得不那么有价值了。

信息需求对总投资 K 与状态 s 的协方差的影响产生了信息互补性。这一影响本身也很重要,因为它决定了宏观经济总量的统计特征。在一个许多投资者都获取了信息的均衡中,投资和产出更多地变化,投资与技术则更多地共变。当存在多重均衡时,均衡之间的转换会触发总体经济变量的方差和协方差中的状况变化。即使当均衡是唯一的均衡时,企业观察到的信息量的渐进变化也会随时间改变方差和协方差。

4.6 公共信息获取和多重均衡

当选择获取信息的其他行为人可以获得相同的信息时,一个行为人选择获取多少这一相同信息是一个会引致多重均衡的问题。在行动中有协调动机的情形下,行为人从公共信息中会比从私人信息中获得严格意义上更多的边际效用。在 4.4 节中,我们得出了作为单个人的公共和私人信息精确度的函数的期望效用。从该模型中可以得出的一个结论是,相比其他人不知道的信息,行为人更看重其他人也知道的信息的边际改进。原因在于公共信息更好地促进了协调。

当单个行为人获得越来越多的公共信息时,他最终会知道其他人知道的所有信息。到那时,任何额外的信息实际上都是私人信息。这一信息可能出现在放置于每个行为人家门口的报纸上。但是如果行为人不投入资源来读取该信息,那么这条信息对于看到这条信息的行为人而言就是私人信息。由于私人信息的价值低于公共信息,当这个行为人达到共同知识极限时,报纸上消息的边际价值就会离散地下降。图 4.1 展示了两种情形中公共信息的边际价值的下降,一种情形中其他行为人获得 0.35 单位的公共信息,另一种情形中其他行为人获得 0.5 单位的公共信息。由于成本曲线和收益曲线平行之处即为均衡,图 4.1(A)和(B)展示了多重均衡会如何出现:收益曲线的拗折点使得我们可以画一条与成本曲线的斜率相同而和收益曲线相切的线(边际收益与边际成本相同)。在图 4.1(C)和(D)中,收益曲线没有拗折点。只在一个唯一的信息精确度水平上,收益曲线和成本曲线平行。因此,对私人信息的选择导致了唯一的均衡。

这告诉我们的是,如果每个行为人都看了报纸上的 5 个故事,那么看 5 个故事就是最优均衡。如果每个行为人都看了报纸上的 6 个故事,那么要获取的最优信息量也可以是 6 个故事。即使免费给予行为人异质私人信号 x_i,结论也是如此。Morris 和 Shin(1998)的加入异质信息以消除多重均衡的方法在这里不起作用,因为信息选择取决于方差和协方差,而不取决于信念的水平。

这一结论很重要,因为它提供了一些实用性建议:应用理论学家的工作就是给出模型来解释观察到的现象。如果我们给出的模型有多重均衡,检验这一模型就会很困难,尽管并非不可能。具有行动互补性的公共信息选择模型产生多重均衡的风险更高。

Myatt 和 Wallace(2009)展示了如何构建一个保持均衡唯一性的一类公共信号的模型。该模型的目标就是式(4.5)中的二次损失"选美"目标。

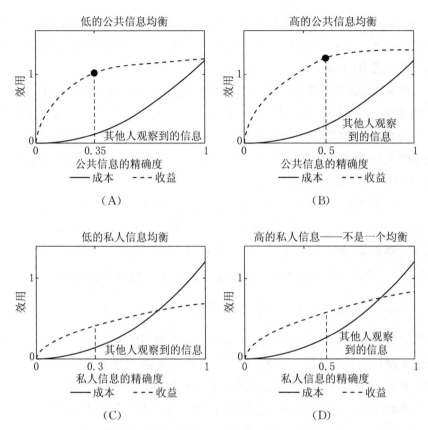

注：公共信息均衡可能是多重的，而私人信息均衡是唯一的。比其他行为人多观察到的公共信息也是私人信息，这在收益曲线上产生了一个拗折点（见图中的大圆点）。当其他行为人观察到更多的信息时，这一拗折点会移动，一个新的均衡会由此产生。当其他行为人观察到更多的私人信息时，收益曲线向上旋转。但这种旋转没有大到足以保持多重均衡。高水平的私人信息不是一个均衡，因为这时的收益曲线和成本曲线不平行，表明边际收益和边际成本不相等。最优信息需求的上升量低于其他行为人的私人信息需求量的上升量。因此，新的更高水平的信息需求量不是一个最佳反应，也不是一个均衡。

图 4.1　多重公共信息均衡与唯一的私人信息均衡

行为人关于状态 s 的先验信念是分散的，即 $s \sim N(0, \infty)$。存在用 $j \in \{1, \cdots, n\}$ 表示的 n 个信号，它们具有如下形式：

$$z_{ij} = s + \eta_j + e_{ij} \qquad (4.23)$$

其中，噪声 $\eta_j \sim N(0, \tau_{\eta, j}^{-1})$ 在信号 j 之间是独立的，每个行为人的噪声 $e_{ij} \sim$

$N(0, \tau_{ej}^{-1}/\chi_{ij})$ 在信号之间和个人之间是独立的。他们称 $\tau_{\eta j}$ 为信号 j 的准确度（accuracy），τ_{ej} 为信号 j 的清晰度（clarity），行为人被允许选择的 χ_{ij} 则被称为注意力（attention）。

用前面提过的报纸这一比方来说就是，经济中的行为人都得到了一份相同的报纸。这份报纸向其所有读者传递了一些共同的噪声。但每个读者都漫不经心，而且对这份报纸有不同的解读。当读者把更多的注意力放在这份报纸上时，他们就可以领悟这份报纸的真实含义，并能获得对其包含的公共信号的一个共同解释。

在对总的注意力 $f(\chi_1, \cdots, \chi_n)$ 有所限制的约束条件下，行为人选择行动 a_i 和注意力 $\{\chi_{ij}\}_{j=1}^n$ 来最大化式（4.5）。Myatt 和 Wallace 着重讨论具有对称策略的均衡。如果我们猜测行动关于信号是线性的，那么 $a_i = \sum_j \gamma_{ij} z_{ij}$。寻找一个对称均衡，意味着没有行为人想要偏离权重 $\gamma_{ij} = \gamma_j$，$\forall i$。积分得到平均行动 $\bar{a} = \int a_i \, di = \sum_j \gamma_j (s + \eta_j)$。再把 $\bar{a}$ 代入一阶条件，计算期望值会得出均衡权重 γ_j。但这种方法很绕，因为形成关于 $s + \eta_j$ 的期望需要使用每一个信号。因此，Myatt 和 Wallace 确定任意行动的期望效用的权重为 γ，然后直接选择最优权重来最大化行为人的效用。

如果行为人 j 选择权重 γ_{ij}，那么他的行动偏离状态的无条件期望差距是 $E[(a_i - s)^2] = \sum_j \gamma_{ij}^2 (\tau_{\eta j}^{-1} + \tau_{ej}^{-1}/\chi_{ij})$。$j$ 的行动与平均行动的差距由两部分构成：一部分是拥有不同的信号实现值所造成的差距，另一部分是如果 j 选择不同于其他行为人的权重 γ 会产生的差距。由于信号误差在信号之间是独立的，我们可以得到 $E[(a_i - \bar{a})^2] = \sum_j E[(\gamma_{ij} z_{ij} - \gamma_j(s + \eta_j))^2]$。取期望值并构造两个期望差距项的加权平均和，可得：

$$EL = r\left[\sum_j \frac{\gamma_{ij}^2}{\tau_{ej}\chi_{ij}} + (\gamma_{ij} - \gamma_j)^2 \tau_\eta^{-1}\right] + (1 - r)\left[\sum_j \gamma_{ij}^2 (\tau_{\eta j}^{-1} + \tau_{ej}^{-1}/\chi_{ij})\right]$$

$$(4.24)$$

最优行动由最小化上式的权重 γ_{ij} 描述，其约束条件为 $\sum_j \gamma_{ij} = 1$。如果 $\phi_j^{-1} \equiv r\tau_{\eta j}^{-1} + \tau_{ej}^{-1}/\chi_{ij}$，那么对称均衡是 $\gamma_j = \phi_j/(\sum_{k=1}^n \phi_k)$。

在 Hellwig 和 Veldkamp(2009)中,如果一个行为人偏离了对称均衡并获知了更多的公共信息,那么额外信息实际上是私人信息。因此,额外信息有离散的不同的边际价值。在 Myatt 和 Wallace(2009)中,获知了更多公共信息的行为人在其关于其他行为人知道什么信息的信号中连续地减少噪声。这个公共信息选择问题里没有离散性。正如在私人信息选择问题中一样,持续性确保了一个唯一的不动点。

4.7 更广泛的主题和相关文献

信息选择中的策略动机反映了行动中的策略动机的主题,它在本书前后会以不同形式反复出现。这一主题在 Maćkowiak 和 Wiederholt(2009b)与 Reis(2006)等信息获取价格设定模型中起了重要作用,在 Grossman 和 Stiglitz(1980)与 Van Nieuwerburgh 和 Veldkamp(2010)等投资选择模型中也会出现。

关于信息选择均衡在各种类型的策略博弈中会是怎样的,上述结论应该提供了一些有用的直觉。如果这个博弈是具有互补性的博弈,比如说,总投资收益递增、技术外溢、伯川德(Bertrand)价格竞争或者同其他人一样行动的简单偏好,那么信息选择也很可能会是互补性的。这意味着什么呢? 刚开始时,人们会想要获知相同的信息。正如我们后面将看到的,这会导致人们采取类似的行动。这也可能导致多重均衡。如果其他每个人都了解变量 x,那么你也会想了解。但是如果每个人都在了解变量 y,那么这就成了最应该要了解的事了。即使有唯一的均衡,状态变量的小小变化也会造成均衡的突然变动。这些理论会产生超额波动性。

如果这个博弈是具有替代性的博弈,又意味着什么呢? 在许多市场环境中,当许多行为人都想要购买商品 a 时,a 变得昂贵,其他行为人购买 a 获得的净效用就减少了。具有古诺(Cournot)竞争(企业选择要生产的数量)的市场、获取专业化或空间位置的收益等,也是行为人想与其他行为人采取不一样行动的情形。在这些情形中,行为人会想获知其他人不知道的信息。这也许包含关于获知什么信息的混合策略。似乎相同的行为人也许获知不同的信息片段,从而被引致采取不同的行动。这一机制可以得出像某种市场细分的内生异质性。

有关全局博弈的文献　有关具有连续统行为人和异质信息的协调博弈的文献通常被称为有关全局博弈的文献。与之伴随的是该类文献中的各种理论研究和具有广泛类型的应用研究。有关均衡多重性或唯一性的理论研究,参见 Hellwig(2002)与 Angeletos 和 Werning(2006)。将这些理论研究中的观点应用于价格调整和经济周期的,参见 Woodford(2002),Hellwig(2005),Lorenzoni(2009)或 Ziera(1999)。Ozdenoren 和 Yuan(2007)利用金融投资与实际投资之间的互补性来产生资产价格中的超额波动性,并采用异质信息来使他们的均衡唯一。有关金融危机的应用研究,参见 Morris 和 Shin(1998),Goldstein 和 Pauzner(2005),Angeletos、Hellwig 和 Pavan(2007)与 Hellwig、Mukherji 和 Tsyvinski(2005)。政治经济学模型参见 Stromberg(2001)与 Edmond(2005)。这类文献中只有几个最近的研究案例。最后,Vives(1984,1988)还考察了信息获取中的策略动机,尽管并没有遵从全局博弈的传统。

4.8　习题

1. 证明式(4.13)中 y 的系数加起来为 $1-\gamma_z-\gamma_w$。提示:别忘了利用 $\alpha_s+\alpha_w+\alpha_z=1$ 的事实。解释这一事实。关于信号与行动之间的关系,这一事实告诉了我们什么?

2. 在 4.4 节的模型中,证明当行动是策略互补行动时 $(r>0)$,对于某个行为人来说,通过获取相比其他行为人更多或更少的公共信息来偏离一个对称均衡不是最优的。

3. Morris 和 Shin(1998)的大部分内容都在证明为什么具有异质信息的均衡是唯一均衡。简短总结一下他们是如何证明这一点的(用一段话)。

4. 在 Morris 和 Shin(1998)中,关于其他投机者的信号的不确定性如何影响了一次成功的攻击的概率?推导出一个比较静态分析,然后在直觉上讨论你的结论。

5. 利用 Morris 和 Shin(1998)，证明如果成功的投机是有利可图的，那么即使在最佳状态（$f(1) < e^* - t$）中且 k 是对投机或不投机无差异的投机者的信号，$\min(\theta^*, k+\varepsilon) = \theta^*$。

6. 假定一个行为人对一个相关信号的精确度的选择采取 $v = w + z$ 的形式，其中，w 和 z 是关于 s 的有相同精确度的信号，并且根据 4.4 节，w 是私人信号，z 是公共信号。效用由式(4.5)给出，并且行动是策略替代行动（$r < 0$）。什么水平的信号精确度构成了一个均衡呢？

注　释

① 该期望效用的计算就像行为人的后验信念在区间 $[x-\varepsilon, x+\varepsilon]$ 上均匀分布一样。式(2.5)所运用的贝叶斯法则表明，这一后验信念应该在区间 $[\max(0, x-\varepsilon), \min(1, x+\varepsilon)]$ 上均匀分布，因为先验信念是 $x \sim \text{unif}[0, 1]$。不过，为了避免一直要出现 max 和 min 运算符，Morris 和 Shin(1998)只考虑与先验信念的上下界至少相差 ε 距离的状态。换言之，$x \in [\varepsilon, 1-\varepsilon]$。

② 这里再次出现了这些是否为 θ 的后验分布的正确边界的问题。根据式(2.5)所运用的贝叶斯法则，上界应该是 $\min(\theta^*, k+\varepsilon)$。然而，如果我们进一步假定 $f(1) < e - t$，那么 $\min(\theta^*, k+\varepsilon) = \theta^*$。假设情况不是这样的。如果 $k+\varepsilon < \theta^*$，那么 $P(\theta < \theta^* \mid k) = 1$：中立投机者知道可能的最高状态并没有高到足以防止一次成功的投机攻击。如果一次投机攻击会以概率 1 成功，那么投机的期望效用 $e - f(1) - t$ 严格为正，这意味着 k 不可能是一个中立投机者的信号。这是一个矛盾。

第二部分

行动互补的信息选择

披露公共信息

　　虽然本书大多数模型关注了行为人获取多少信息，但本章考察的是向其他行为人披露多少信息的选择。通常，决定是否披露信息的行为人是寻求最大化社会福利的中央银行或政府统计机构。它们选择是否披露一条信息（或披露多少信息）给所有的市场参与者。

　　我们通常认为更多的信息会提升福利，因为这促进了有效的市场结果。但近来的文献质疑了这种传统的认知。本章考察了为什么披露信息可能会有社会成本的四个原因。披露的信息会被公开化这一事实很重要，因为公共信号不仅传递了关于未知状态的信息，还传递了关于其他行为人知道什么的信息。因此，披露公共信息会促进协调。一个潜在的问题是，在存在协调外部性的情形中，这会造成相对于社会最优水平的过度协调。另一个不利之处是，披露公共信息会打消行为人获取或传递私人信息的积极性。第三个问题是，更多的信息会使信念更加波动，从而使市场价格更加波动。最后一个问题是，当价格设定者有关于货币政策的完全信息时，该货币政策也许对实体经济活动就不再有任何影响。这通常被称作货币中性。在这些情形中，披露信息会剥夺中央银行的稳定经济波动的能力。本章考察了这些观点，并运用它们来构建对货币政策文献的广泛讨论：中央银行行长应该把自己知道的有关经济状态的一切披露给公众吗？

5.1 收益外部性和信息的社会价值

5.1.1 对公共信息的协调和过度反应

回想一下第 4 章中的外生信息二次项损失"选美"模型(参见 4.3 节)。最优行动是:

$$a_i = y + \frac{\alpha_w(1-r)}{1-\alpha_w r}(w_i - y) + \frac{\alpha_z}{1-\alpha_w r}(z-y) \tag{5.1}$$

请注意,私人信号 w_i 的值增大与公共信号 z 的值增大对最优行动的影响有何不同。如果 $r > 0$ 且私人信息和公共信息的相对精确度相同($\alpha_w = \alpha_z$),那么公共信号的值增大对行动的影响更大。私人信号的值增大对行动的影响会按比例减小($1-r$)。互补性越大,相对于公共信息,行为人越不关心私人信息。而且,因为 $\alpha_z/(1-\alpha_w r)$ 随着 r 递增,所以互补性越强,行为人的行动对公共信息越敏感。

一个公共信号携带两种类型的信息:一种信息有关状态 s,另一种信息则有关影响到平均行动 a 的其他人的信念。相反,一个私人信号告诉行为人的只是有关状态的信息,但没有任何有关其他人信念的信息。因此,当行为人想要协调他们的行动与其他人的行动($r > 0$)时,公共信号于此目的更有用,所以行为人赋予公共信号的权重更大。如果行为人想要采取不同于其他人的行动($r < 0$),那么赋予私人信息更大的权重会达到此目的。

5.1.2 Morris 和 Shin 的公共信息的社会成本

相对于私人信息,对公共信息的过度反应会使得额外的公共信息福利减少。这是 Morris 和 Shin(2002)的主要观点。为了得出该观点,我们需要对第 4 章的效用函数作一些改变,即在效用函数中增加一项:

$$U_i = -(1-r)(a_i - s)^2 - r(a_i - \bar{a})^2 + r\int_0^1 (a_j - \bar{a})^2 \mathrm{d}j \tag{5.2}$$

最后一项即新增加的项,仅取决于其他行为人采取的行动。由于每个行为人都微不足道,因而他不会影响最后一项中的积分值。因此,最后一项与行为人的决策问题无关。最优行动 a_i 与4.3节中的最优行动一致。最后一项的作用就是引入影响社会福利的收益外部性。

社会福利被定义为所有个人福利的积分：$W \equiv \int_0^1 U_i \, \mathrm{d}i$。当我们评估这个积分时，效用函数的第二项和第三项相互抵消：

$$W = -(1-r)\int_0^1 (a_i - s)^2 \, \mathrm{d}i \tag{5.3}$$

这告诉我们只有当行为人的行动更接近于状态 s 时，社会福利才会被改进。因此，协调提供了私人收益，但没有提供社会收益。在行为人的协调意愿与其采取接近 s 的行动的意愿相互权衡的程度上，协调是有社会成本的。这一洞见（协调是有社会成本的）是理解 Morris 和 Shin(2002) 的结论的关键。因为公共信息促进了协调，所以它最终也会减少社会福利。

将式(5.1)中的最优行动代入福利函数式(5.3)，并对行为人的私人信号求积分，得到：

$$W = -\frac{1-r}{(1-\alpha_w r)^2}\Big\{ (1-\alpha_w - \alpha_z)^2 (y-s)^2 + \alpha_w^2 (1-r)^2 \int_0^1 (w_i - s)^2 \, \mathrm{d}i $$
$$+ \alpha_z^2 (z-s)^2 \Big\}$$

接下来，利用先验信念 $(y-s)$ 的误差项与信号噪声 $(z-s)$ 和 $(w_i - s)$ 相互独立的事实，对 $(y-s)^2$ 和 $(z-s)^2$ 取期望值：

$$E[W] = -\frac{1-r}{(1-\alpha_w r)^2}\Big\{ (1-\alpha_w - \alpha_z)^2 \tau_y^{-1} $$
$$+ \alpha_w^2 (1-r)^2 \int_0^1 (w_i - s)^2 \, \mathrm{d}i + \alpha_z^2 \tau_z^{-1} \Big\}$$

将 $\tau_w^{-1} = \int_0^1 (w_i - s)^2 \, \mathrm{d}i$ 代入。该等式的证明留作习题。将相对精确度 α 替换为绝对精确度 τ，我们得到：

$$E[W] = -(1-r)\left(\frac{1}{\tau_y + (1-r)\tau_w + \tau_z}\right)^2 \left[\tau_y^2 \tau_y^{-1} + \tau_w^2 (1-r)^2 \tau_w^{-1} + \tau_z^2 \tau_z^{-1}\right]$$
$$E[W] = (1-r)\left\{ -\frac{\tau_y + (1-r)^2 \tau_w + \tau_z}{[\tau_y + (1-r)\tau_w + \tau_z]^2}\right\}$$

最后,取期望福利关于公共信息的精确度的偏导数:

$$\frac{\partial E[W]}{\partial \tau_z} = -(1-r)\left\{\frac{-\tau_y - (1-2r)(1-r)\tau_w - \tau_z}{[\tau_y + (1-r)\tau_w + \tau_z]^3}\right\} \tag{5.4}$$

当 $0 < r < 1$ 时,式(5.4)为正,当且仅当:

$$\frac{\partial E[W]}{\partial \tau_z} > 0 \Leftrightarrow \frac{\tau_y + \tau_z}{\tau_w} > (2r-1)(1-r) \tag{5.5}$$

这告诉我们,如果公共信息(既包括共同先验信念也包括公共信号,因为它们都是共同知识)是足够精确的,那么加入更多的公共信息会提高福利。进一步,当协调动机不是很强时($r < 0.5$),公共信息总是会提高福利。但在行为人有很强的协调动机,且现有的公共信息有许多噪声的情形中,增加公共信息的精确度会使得行为人赋予公共信息过多的权重。行为人以选择更加偏离真实状态的行动为代价,在平均行动上协调一致。因为社会福利与行动偏离真实状态的距离有关,所以在这些情形下公共信息具有社会成本。

5.1.3 私人信息也会有社会成本吗

如果有一个正的而非负的协调外部性,那么5.1.2节中的论证可以完全运用于私人信息。考虑如下效用函数:

$$U_i = -(1-r)(a_i - s)^2 - r\int_0^1 (a_j - \bar{a})^2 \mathrm{d}j \tag{5.6}$$

其中,$0 < r < 1$。其解释是,每个行为人只有一个使自己的行动尽可能接近未知状态 s 的动机,但当所有行为人的行动更加协调一致时,他自己也会获益。这产生了一个正的协调外部性。

假定每个行为人关于状态 s 均观察到一个精确度为 τ_x 的私人信号 x_i 和一个精确度为 τ_y 的公共信号 y。由于最优行动会是 $a_i^* = E_i[s] = (\tau_x x_i + \tau_y y)/(\tau_x + \tau_y)$,福利将是每个行为人关于 s 的信念的条件方差与这些信念的离散程度的加权和:

$$\int_0^1 U_i \mathrm{d}i = -(1-r)\frac{1}{\tau_x + \tau_y} - r\frac{\tau_x}{(\tau_x + \tau_y)^2} \tag{5.7}$$

请注意,这一表达式对于公共信息的精确度 τ_y 是严格递增的。这里的公共信息确定无疑是福利递增的,因为它帮助行为人选择更接近于 s 的行动并且更好地协调。

微分显示,如果 $\tau_x < (2r-1)\tau_y$,则 $\partial\left(\int U_i di\right)/\partial\tau_x < 0$。这意味着当私人信息相对于公共信息有噪声时,给予行为人更多的私人信息会减少福利。当行为人获得更多精确的私人信息时,他们会将自己的行动更多地基于私人信息,并最终采取彼此之间大不相同的行动。正是行动的离散程度减少了福利。

5.1.4 一个更一般的方法

Angeletos 和 Pavan(2007)将上述发现统一了起来。他们把经济体分成四种类型。在第一种经济体中,均衡在完全信息和不完全信息下均有效率,信息总是提升福利的。在第二种经济体中,行动在完全信息下有效率,而在不完全信息下过于协调一致。Morris 和 Shin(2002)就是这种情形。在这种类型的经济体中,公共信息会减少福利。在第三种经济体中,行动在完全信息下有效率,而在不完全信息下协调不足。这正是效用函数(5.6)所代表的情形。在这类经济体中,私人信息会减少福利。在第四种经济体中,即使在完全信息下行动也是无效率的,因为经济中有一些别的与信息不相关的扭曲。由于让经济更接近其充分信息下的状态不一定会增加福利,因而要么是更多的私人信息会使福利减少,要么是更多的公共信息会使福利减少。

Cornand 和 Heinemann(2008)与 Myatt 和 Wallace(2008)没有从不同类型的效用函数和社会福利函数入手,而是一般化了行为人能够观察到的信号的类型。Cornand 和 Heinemann(2008)考量了只对行为人的一个子集披露公共信号。他们发现,以最大精确度提供公共信息是社会最优的,但当出现协调外部性时,不将该公共信息披露给所有行为人也许是最优的。Myatt 和 Wallace(2008)考量了不完美相关的信号。由于每个信号都含有一些不能被分清的私人成分和公共成分,因而他们将这类信号理解为具有"有限清晰度"(limited clarity)的公告。他们的主要结论是,纯粹的私人信号或者纯粹的公共信号绝不是最优信号;能获得最优协调度的反而是有限清晰度。

5.1.5　中央银行透明度之辩

Morris 和 Shin(2002)得出的结论是,信息披露并不是绝对得好,这给中央银行行长们提出了很多问题。近来有许多人在争取让中央银行开放其决策过程,以接受更多的监督。赞成中央银行更透明的支持者们提出的理由是,开放可以协调公众对央行目标的预期,使得价格稳定目标更易达成。公共信息也许有社会成本这一结论则引得一部分人重新思考他们的立场,而让另一部分人发表意见为透明度辩护。

争论中央银行透明度的优点的文献正在迅速发展,我不可能在本书进行全面的介绍。这一文献中有一部分研究与 Morris-Shin 框架紧密相关。Svensson(2006) 采用了 Morris-Shin 模型,并校准了其中的一些参数,以适合与美国的价格设定有关的事实。他认为现有的公共信息有足够的精确度,进一步提高精确度会增进福利。Hellwig(2005)采用了标准的有微观基础的价格设定模型,并质疑了协调一致有害社会福利的观点。他证明,当价格设定协调一致的时候,商品的相对价格会被调整,从而商品得以有效的配置。如果协调一致有益于社会,那么更多的促进这种协调的公共信息也是有益于社会的。Angeletos 和 Pavan(2004)在一个不同的应用情形中证明,投资方面的协调一致能够提升福利,因此有关生产率的公共信息是有益于社会的。本章余下的各节内容概述了这一文献中其他类型的主要研究。

5.2　公共信息挤出了私人信息

公共信息也许有社会成本的另一个原因在于其抑制了私人信息的传递。尽管 5.1 节内容将外部性纳入行为人的收益,其论证基于信息外部性。该方法规定了信息被用于形成行动的方式,影响了其他行为人从这些行动中学习的能力。Amador 和 Weill(2011)证明,提高公共信息的精确度会让行为人在其行动中赋予公共信息更大的权重,而赋予私人信息更小的权重。由于所观察到的行动中有一些噪声,因而行动中私人信息的成分越少,其能提供的关于其他人知道什么私人信息的信息越少。但信息只有在行动揭示了观察者尚未了解的私人信息时才会被扩散,这样更多的公共信息最终使得行为人对情况了解得更少。简而言之,公共信息挤出了私人信息。

5.2.1 Amador 和 Weill(2009)

下面这个两期模型阐述了 Amador 和 Weill(2009)纳入一个无限期的连续时间模型中的效应。考虑一个用 i 表示的行为人连续统,行为人的收益取决于其在第 1 期和第 2 期的行动 a_{1i} 与 a_{2i} 以及一个未知的状态 x:

$$U = -(a_{1i} - x)^2 - (a_{2i} - x)^2 \tag{5.8}$$

先验信念是分散的。每个行为人在首次采取行动前会观察到 x 的一个精确度为 π_1 的私人信号 z_{1i} 和一个精确度为 Π_1 的公共信号 Z_1:

$$z_{1i} = x + w_{1i}, \, w_{1i} \sim \text{i.i.d.} \, N(0, \pi_1^{-1}) \tag{5.9}$$

$$Z_1 = x + W_1, \, W_1 \sim N(0, \Pi_1^{-1}) \tag{5.10}$$

在采取了首次行动之后,每个行为人在采取第二次行动之前会观察到关于第 1 期平均行动 $A \equiv \int a_{1i} \mathrm{d}i$ 的一个私人信号和一个公共信号:

$$z_{2i} = A + w_{2i}, \, w_{2i} \sim \text{i.i.d.} \, N(0, p^{-1}) \tag{5.11}$$

$$Z_2 = A + W_2, \, W_2 \sim N(0, p^{-1}) \tag{5.12}$$

由此,行为人的问题就是给定其第 1 期的信息集 $\{z_{1i}, Z_1\}$ 来选择 a_{1i} 以及给定其第 2 期的信息集 $\{z_{1i}, Z_1, z_{2i}, Z_2\}$ 来选择 a_{2i},以最大化式(5.8)。

均衡结果 当外生公共信号的精确度 Π_1 的提高降低了第 2 期的公共信号的精确度 Π_2 和私人信号的精确度 π_2 时,就产生了挤出效应。我们先来看关于 a_{1i} 的一阶条件,其产生了最优的第 1 期行动:

$$a_{1i}^* = E[x \mid z_{1i}, Z_1] = \frac{\pi_1 z_{1i} + \Pi_1 Z_1}{\pi_1 + \Pi_1} \tag{5.13}$$

为了求出 π_2 和 Π_2,我们需要知道第 1 期平均行动 A 的信息内容。对所有个体求 a_i 的积分并利用 $\int z_{1i} \mathrm{d}i = x$ 的事实,就得到:

$$A = \frac{\pi_1 x + \Pi_1 Z_1}{\pi_1 + \Pi_1} \tag{5.14}$$

请注意,由于公共信息的精确度提高了,第 1 期平均行动 A 变得对真实状态 x 的变化不太敏感(当 Π_1 上升时,$\partial A / \partial x$ 下降)。

将式(5.14)中的 A 代入式(5.11)时,就得到了内生私人信号为 $z_{2i} = (\pi_1 x + \Pi_1 Z_1)/(\pi_1 + \Pi_1) + w_{2i}$。 这个信号包含了有关 x 的信息,但其均值不是 x。由于行为人在观察到 z_{2i} 时知道 Z_1,因而他从信号 z_{2i} 中减去 Z_1,再除以 $\pi_1/(\pi_1 + \Pi_1)$,便得到了如下 x 的无偏信号:

$$\widetilde{z}_{2i} \equiv z_{2i} + \frac{\Pi_1}{\pi_1}(z_{2i} - Z_1) = x + \frac{\pi_1 + \Pi_1}{\pi_1} w_{2i} \tag{5.15}$$

这个信号的方差是 $\mathrm{var}[x \mid z_{2i}, Z_1] = \mathrm{var}[w_{2i}][(\pi_1 + \Pi_1)/\pi_1]^2 = p^{-1}(\pi_1 + \Pi_1)^2/\pi_1^2$。 由此,这个信号的精确度是:

$$\pi_2 = \frac{p\pi_1^2}{(\pi_1 + \Pi_1)^2} \tag{5.16}$$

同样,将式(5.14)中的 A 代入式(5.12)时,就得到了无偏公共信号为 $\widetilde{Z}_2 \equiv Z_2 + (\Pi_1/\pi_1)(Z_2 - Z_1)$,其精确度为:

$$\Pi_2 = \frac{P\pi_1^2}{(\pi_1 + \Pi_1)^2} \tag{5.17}$$

这里的关键结果是 Π_2 和 π_2 随着 Π_1 递减。换言之,初始公共信息越精确,后面的信号的精确度就越低。这就是挤出效应。之所以会产生这一效应,是因为拥有更精确的公共信息的行为人在选择其第 1 期的首次行动时,赋予其私人信息更低的权重。这使得第 1 期平均行动包含的信息更少。要看出其中的原因,不妨考虑一个第 1 期首次行动仅为公共信号 Z_1 的函数的极端情形。那么,观察 A 只会揭示 Z_1。但是行为人已经知道 Z_1,所以 A 或者 A 的任意有噪声的信号都不会揭示新的信息。当行动不是这么极端并传递了私人信息时,A 的有噪声的信号的信息含量会取决于行为人赋予了该私人信息多大的权重。一个更大的权重$\left(\text{更高的 } \dfrac{\pi_1}{\pi_1 + \Pi_1}\right)$提高了 z_{2i} 和 Z_2 的信噪比。相对于来自 w_{2i} 和 W_2 的噪声的规模,x 的变化越大,就越易被观察到。这样,当行为人在其第 1 期行动中赋予其私人信息更多的权重时,第 2 期的信号会传递更多的信息。

即使唯一的内生信号是公共信号 Z_2，也会存在挤出效应。那为什么还会有一个私人信号 z_{2i} 呢？这一信号的存在放大了未来各期的挤出效应。要看出这其中的原因，考虑下面最优的第 2 期行动：

$$a_{2i}^* = E[x \mid z_{1i}, Z_1, z_{2i}, Z_2]$$
$$= \frac{\pi_1 z_{1i} + \Pi_1 Z_1 + \pi_2 \tilde{z}_{2i} + \Pi_2 \tilde{Z}_2}{\pi_1 + \Pi_1 + \pi_2 + \Pi_2} \tag{5.18}$$

当行为人观察到第 3 期的内生信号时，也就知道了 Z_1 和 Z_2。第 2 期的平均行动会揭示新的信息，揭示的程度就是行为人赋予其外生私人信号 z_{1i} 和内生私人信号 z_{2i} 的权重。正如在第 1 期中，更精确的外生公共信息降低了赋予 z_{1i} 的权重，但现在也降低了赋予 z_{2i} 的权重。所以，更多的公共信息模糊了外生的和内生的私人信息。Amador 和 Weill(2011)在一个无限期模型中，能够证明放大了的挤出效应会强大到足以使更多的初始公共信息最终导致行为人拥有更少的总信息。这个结论颇有讽刺意味，即给予行为人更多的公共信息反而降低了他们对状态的了解。

Amador 和 Weill(2011)将这一机制嵌入了预付现金(cash-in-advance)模型，在该模型中，家庭可以观察到商品的价格但不能从货币供给冲击中理出生产率。当中央银行提供有关货币供给(或者有关生产率)的更精确的公共信息时，家庭的生产和购买决策就会更少地基于其私人信息，而更多地基于公共信息。这使得价格中的信息含量更少。

5.2.2 互补的公共信息和私人信息

尽管公共信息挤出了私人信息的观点在直觉上很有道理，但我们也可能得出相反的结论。在下面这个大致基于 Gosselin、Lotz 和 Wyplosz(2008)的例子的设定中，披露公共信息促进了私人信息的传递。

中央银行选择两个利率(即行动)a_1 和 a_2 来最大化一个二次社会福利函数，该模型旨在表达如下观点：在一个新凯恩斯主义模型中，最优的第 1 期利率 a_1 取决于未来的期望利率 $\bar{E}[a_2]$ 和期望通货膨胀率 $\bar{E}[s]$。由于经济在第 3 期会回到稳态，因而最优的第 2 期利率 a_2 仅取决于通货膨胀率 s。取二次型纯粹是为了易于处理。

$$U = U_1 + U_2,\text{其中}U_1 = -(a_1 - \bar{E}[a_2] - \bar{E}[s])^2, U_2 = -(a_2 - s)^2$$

$$(5.19)$$

其中，$\bar{E}$ 代表一个用 i 表示的行为人连续统的平均期望值。这些行为人不选择行动，而只是形成自己的预期。

行为人和中央银行运用贝叶斯法则来形成预期。没有人确切地知道 s，但每个人都观察到有噪声的信号。行为人被赋予信号 $x_i = s + \eta_i$，其中 $\eta_i \sim$ i.i.d. $N(0, \sigma^2)$。这意味着平均期望值是完全准确的：$\bar{E}[s] = s$。中央银行的信号为 $x_{CB} = s + \eta_{CB}$，其中 $\eta_{CB} \sim N(0, \sigma^2)$，$\eta_{CB}$ 和 η_i 相互独立。

关于中央银行的信号误差，行为人也有共同的先验信念。他们观察到 $y = \eta_{CB} + \eta_y$，其中 $\eta_y \sim N(0, \sigma_y^2)$。$y$ 与 η_{CB} 的均值为 0 这一共同知识一起导致了后验信念为 $E[x_{CB} \mid x_i, y] = x_i + y\sigma_y^{-2}/(\sigma_y^{-2} + \sigma^{-2})$。

除了这一先验信息，还有一个内生信号。在中央银行选择了 a_1 之后，行为人形成他们的预期，但在中央银行选择 a_2 之前，每个人观察到收益 U_1 的第 1 期的部分。

有信息披露的结果 假定中央银行在行为人形成预期之前公布了自身的信号。由中央银行的第 2 期行动的一阶条件，可知：

$$a_2 = E_{CB}[s] \qquad (5.20)$$

不妨猜测中央银行从观察第 1 期的收益中完全获知了 s，那么 $a_2 = s$。在这种情形下，行为人关于中央银行第 2 期行动的预期与第 2 期的冲击是一致的：$\bar{E}[a_2] = \bar{E}[s] = s$。因此，$U_1 = -(a_1 - 2s)^2$。中央银行由于知道自身会采取什么样的行动 a_1，因而可以通过求 U_1 的反函数来完全获知 s 的大小。这样，前面的猜测就被验证了。

中央银行由于知道 s，因而可以设定 $a_2 = s$，并保证 $U_2 = 0$。期望效用是：

$$E[U] = -(a_1 - \bar{E}[a_2] - \bar{E}[s])^2 \qquad (5.21)$$

因为 x_{CB} 是中央银行在其第 1 期的信息集的条件下对 s 的期望值，同时因为 $a_2 = s$，所以由 a_1 的一阶条件，可知 $a_1 = E_{CB}^1[\bar{E}[a_2] + \bar{E}[s]] = 2x_{CB}$。这样：

$$E[U] = -(2x_{CB} - 2s)^2 = -4\sigma^2 \qquad (5.22)$$

上述论证过程没有证明所猜测的解是唯一的。但 Gosselin、Lotz 和 Wyplosz(2008)确实证明了唯一性。其中的逻辑在于,如果中央银行直接告诉行为人 x_{CB} 有多大,行为人就没有理由使用他们的信号 y 来预测中央银行的信息 x_{CB}。通过阻止行为人使用 y,中央银行确保了 U_1 中只有一个未知变量。中央银行只要能够通过求 U_1 的反函数来获知 s,就会知道真实状态。

信息不透明的结果 如果中央银行没有披露其信号 x_{CB},那么行为人将使用自己的信号 y 来预测 x_{CB}。中央银行的最优行动采取与前面相同的形式:$a_2 = E[s \mid x_{CB}, U_1]$, $a_1 = E[\bar{E}[a_2] + \bar{E}[s] \mid x_{CB}]$。

推测中央银行的期望值 $E[s \mid x_{CB}, U_1]$ 是真实状态 s、行为人的信号 y 以及中央银行自身的信号 x_{CB} 的线性组合:

$$a_2 = \alpha_1 s + \alpha_2 x_{CB} + (1 - \alpha_1 - \alpha_2) y \tag{5.23}$$

那么,行为人 i 对 a_2 的预期是 $E[a_2 \mid x_i, y] = \alpha_1 x_i + \alpha_2 [x_i + y\sigma_y^{-2}/(\sigma_y^{-2} + \sigma^{-2})] + (1 - \alpha_1 - \alpha_2)y$。由此,中央银行的行动的平均期望值是 $\bar{E}[a_2] = \alpha_1 s + \alpha_2 [s + y\sigma_y^{-2}/(\sigma_y^{-2} + \sigma^{-2})] + (1 - \alpha_1 - \alpha_2)y$。和前面一样,状态的平均期望值是无偏的:$\bar{E}[s] = s$。

中央银行选择自身的第一个行动。将 $\bar{E}[a_2]$ 代入一阶条件,并利用 y 是两个零均值变量之和的事实,得到:

$$a_1 = (1 + \alpha_1 + \alpha_2) x_{CB} \tag{5.24}$$

中央银行第 1 期的效用为:

$$U_1 = -\left(\frac{\alpha_2 \sigma_y^{-2}}{\sigma_y^{-2} + \sigma^{-2}} \eta_{CB} + \left(1 - \alpha_1 - \frac{\alpha_2 \sigma^{-2}}{\sigma_y^{-2} + \sigma^{-2}}\right) \eta_y \right)^2 \tag{5.25}$$

该效用的实现值包含了很多信息。由此,中央银行将其转变为关于 η_{CB} 的无偏信号 $-U_1^{1/2}(\sigma_y^{-2} + \sigma^{-2})/(\alpha_2 \sigma_y^{-2})$。但该信号含有来自随机变量 η_y 的噪声。由于该信号同时取决于 η_{CB} 和 η_y,因而中央银行不能通过求其反函数来倒推其期望误差 $\eta_{CB} = x_{CB} - s$。这证明了为什么信息不透明会使得中央银行失去其了解真实状态 s 的能力。对式(5.23)中猜测解的验证与对 α_1 和 α_2 的求导留作习题。

对上述结论的解释是,当中央银行公开披露其信息时,该信息就消除了价格设定者预测银行知道什么信息的需求。因此,价格设定者将价格仅基于其有关基本面的信息,而不基于其有关中央银行信念的信息。这使得价格对于中央银行而言更加富含信息,而中央银行可以利用其中的信息来设定更好的政策。本质上,披露公共信息使得美联储的观察者转变成了通货膨胀的观察者。

5.2.3　私人信息使得公开披露更加富含信息

Duffie、Giroux 和 Manso(2010b)证明私人信息和公共信息也可以以另一种方式互补。在他们的设定中,一个行为人连续统被赋予有关随机变量 X 的信号,其中的信号噪声在各行为人之间是互相独立的。令这些初始信号的精确度为 σ_s^{-2}。行为人被随机选中来公开披露其后验信念。

当这样的公告是新信息的唯一来源时,行为人的学习就很缓慢。每条公告所披露的唯一新信息是公告者被赋予的私人信号。包含在公告者的后验信念中的任意其他信息必定来自一些以前的公告,这些以前的公告对于其他行为人而言不是新信息。当信号服从正态分布时,每一条公告将行为人的信念的精确度提高了 σ_s^{-2}。

现在假定私人碰面替代了公告。每个行为人与另一个随机选定的行为人以泊松率 λ 碰面。两个行为人每次碰面时,会把各自的后验信念披露给对方。Duffie、Giroux 和 Manso(2010b)证明,后验信念的分布以比率 λ 收敛于 X。

当既有私人碰面又有公告时,公告的信息内容就被加强了。当一个行为人先与其他行为人碰面交流信息,然后被选中公开其后验信念时,他就同时披露了其最初知道的信息以及其从其他人处获知的新信息。这样,公共信号中新信息的精确度就大于 σ_s^{-2}。这是另一种意义上的私人信息交流与公告的互补。

本章中采用的各种工具与 Duffie、Giroux 和 Manso(2010a)以及 Duffie、Malamud 和 Manso(2009)所提出的那些工具,对于研究信息通过随机碰面的行为人群体逐渐散布的许多问题很有用。这一情境与 Amador 和 Weill (2011)所讨论的情形类似。主要差别在于,Duffie、Malamud 和 Manso

(2009)中的行为人将其后验信念透露给彼此,并且总能提取出其他人知道的所有新信息。Amador 和 Weill(2011)中的行为人观察相互的行动,从中得出关于另一个行为人所知道的新信息的有噪声的信号。另一个行为人的行动的信噪比取决于该行为人知道多少公共信息。因此,在 Amador 和 Weill(2011)中,公共信息会使得行动的信息含量减少,而这一效应在 Duffie、Malamud 和 Manso(2009)中是不可能的。

5.3 更多的信息增加了价格波动性

要证明更多的信息增加了价格波动性,最简单的论证方式是,如果资产价值是平稳(stationary)的,越精确的信息会使得资产价值的期望值有更大的波动性。要看出这其中的原因,考虑一个拥有信息集 $\mathfrak{I}$ 并形成有关资产价值 v 的期望值的行为人:

$$v = E[v \mid \mathfrak{I}] \pm e \tag{5.26}$$

如果这个行为人的信念是无偏的,那么 $E[e] = 0$,而且 e 与 $E[v \mid \mathfrak{I}]$ 之间零相关。在上式两边取方差,得到 $\text{var}(v) = \text{var}(E[v \mid \mathfrak{I}]) + \text{var}(e)$。由于获得的信息越精确意味着预期误差的方差 $\text{var}(e)$ 越小,因而基于资产收益的无条件方差是外生的,要使得等号成立,越精确的信息就必须提高 $\text{var}(E[v \mid \mathfrak{I}])$。

这样,如果资产价格由一种资产的代表性投资者的期望值决定,那么给予该投资者更精确的信息(无论是公共信息还是私人信息)会提高资产价格的方差。如果投资者拥有异质信息,并且想让他们对资产的评估与其他投资者的评估紧密对应,上述效应会进一步被放大。那么,除了信息对信念波动性的简单效应,还有 5.1.1 小节中描述的 Morris-Shin 效应:更多的信息也会促进协调。运用和上面一样的论证过程,我们可以证明:有关平均估值的信息越精确,会使得关于平均估值的信念越有波动性。如果每个个体投资者想要其估值与资产的平均价值一致,那么 Morris-Shin 效应会放大资产价值估值中的波动性,从而也放大资产价格中的波动性。

5.4　公共信息使得货币中性

反对中央银行透明度的最早的一种说法是，透明化会使得货币政策失效（Cukierman and Meltzer，1986）。在许多具有共同知识的情形中，货币供给只会影响表示价格的货币单位。当价格调整以吸收货币供给冲击时，实际经济量保持不变（Lucas，1972）。为了让货币政策能够稳定经济中有一定作用，必须有某种摩擦来打破这一中性结果。货币经济学的大量文献假设该摩擦是一种信息不对称：价格设定者不知道中央银行选择多大的货币供给量。正是这种信息不对称使得中央银行的行动可以抑制经济活动的起伏。由于风险规避的行为人偏好更少的经济波动性，而信息不对称能让中央银行降低波动性，因而通过披露公共信息来消除这种信息不对称会有社会成本。

遵循这一洞见，Faust 和 Svensson（2002）等研究者指出，中央银行透明度并非一个 0 或 1 的选择。关于中央银行是该隐藏其货币供给选择或使之成为共同知识，还是该隐藏其通货膨胀目标，出现了更多有细微差别的问题。这一讨论把我们带离了信息选择主题，转而更加详细地讨论货币政策（对这类文献的调查，参见 Geraats，2002；Carpenter，2004）。第 6 章会探索使得货币非中性的非对称信息模型的运行机理。

5.5　更广泛的主题和未来研究的路径

上述理论提供了不少有关公共信息与私人信息之间重要差异的洞见，但最终没有解决如下问题：充分披露信息是政府或中央银行的最佳政策吗？这些理论提供了一些或赞成或反对的相互冲突的观点，缺少的是一种评价这些矛盾观点的方法。但相关理论文献为更多的应用研究提出了有趣的问题。例如，这些理论的可检验含义是什么？我们如何来测度公共信息和私人信息？我们会数一数报纸上的文章数量和联邦公开市场委员会（Federal

Open Market Committee，FOMC)文件的行数，会看债券风险溢价、期权价格或买卖差价吗？有关货币政策的信息是如何被传播的？是通过 Morris 和 Shin(2002)中的集中(centralized)渠道，还是通过 Amador 和 Weill(2011)所示的对其他人行为的分散性(decentralized)观察？或者如果我们能证明信息发布使得价格成了未来结果的更好预测指标，则传播机制也许不重要。这里出现一个明显的未来研究机会。只要你具备应用模型的知识，并能想出创造性的方法来对其予以量化，就可以试着评估这些相互冲突的效应。

但是，中央银行的信息披露政策不是本章给出的这些理性工具的唯一应用。一种应用表明公共信息可能是有害的：它促进了投机性货币攻击。还有一种应用考虑了相反情形，即协调行动是有益的，它展示了让其下属更偏重公共信息来引导他们协调一致的领导者，是如何能最大化企业价值的。

5.5.1　投机性货币攻击

Goldstein、Ozdenoren 和 Yuan(2011)提出了一个中央银行愿意承诺不观察公共信息的模型。如 5.1 节所述，公共信息由于鼓励具有社会成本的协调一致，因而是有害的。但在这个模型中，公共信息不是中央银行披露的信号，而是公众可以观察到而中央银行想要忽略的投机者的平均行动（即投机攻击的规模）。

该模型是 4.2 节所描述的 Morris 和 Shin(1998)货币投机模型的修正版。在 Morris 和 Shin(1998)的模型中，如果有足够大比例的投机货币交易者攻击货币，中央银行会放弃货币挂钩。投机货币交易者的比例取决于中央银行知道而投机者不了解的经济状态。而在 Goldstein、Ozdenoren 和 Yuan(2011)的模型中，中央银行不知道经济状态，也不知道投机者关于经济状态了解什么信息，因此，中央银行从投机者的行动中学习。

这是个一次性博弈。首先，中央银行和投机者都收到了有关基本面的随机状态的外生异质信息：中央银行只得到一个私人信号，而每个投机者获得一个私人信号和一个有关基本面的公共信号。其次，投机者决定是否攻击货币。中央银行观察到该攻击，之后决定是保留现有的汇率体制还是放弃该体制。

在这种情况下，一个协调动机被纳入最初的 Morris 和 Shin 问题，因为投机只在足够大的攻击使政府放弃货币挂钩时才有利可图。另一个新的协调动机来自中央银行从投机者的行动中学习这个事实。中央银行观察到一个大的货币攻击，就会推断，投机者必定已经观察到了表明经济基本面是弱的信号。这使得中央银行更倾向于放弃货币钉住，而这让攻击货币更加有利可图。由此，中央银行的学习产生了这样一种情形：大的投机性攻击通过改变中央银行信念这种方式来使攻击更加有利可图。如果中央银行能够承诺忽略投机攻击规模中所包含的信息，就能消除这一额外的互补性。当然，这不会是一个可信的承诺。在投机者选择了各自的行动之后，中央银行就可以选择利用自身可获取的所有信息。这是另一个使得公共信息的可获得性具有社会成本的机制。

5.5.2 一个基于协调的领导理论

反转 Morris 和 Shin(2002)中外部性的符号，能够使得私人信息而非公共信息具有社会成本。根据 Bolton、Brunnermeier 和 Veldkamp(2008)，行为人不能将协调的社会收益充分内在化。因此，一个引导行为人相对于私人信息更加偏重公共信息的领导者可以起到获得更好的协调一致结果的作用。

一个用 i 表示的行为人连续统具有如下效用：

$$\Pi_i = -(a_i - a_L)^2 - \int_0^1 (a_j - \bar{a})^2 \mathrm{d}j - (a_L - \theta)^2, \ i, j \in [0, 1] \bigcup \{L\}$$

$$(5.27)$$

上式等号右边第 1 项随着行为人的行动 a_i 与领导者的行动 a_L 之间的距离而递减。第 2 项是外部性：当所有行为人采取的行动进一步偏离平均行动 $\bar{a}$ 时，行为人的效用变差；由于每个行为人都无足轻重，他们自身的行动对该项的边际效应为 0。由此，当所有的行为人采取类似的行动时，他们自身会获益，但没有人有直接的激励来这样做。第 3 项表明行为人偏好由领导者采取接近于未知的最优行动 θ 的行动。

领导者的每个下属的最优行动是最小化效用函数式(5.27)中的等号右边第 1 项。这些下属忽略了第 2 项，因为他们每个人无足轻重，不会影响第 2 项。他们同样忽略了第 3 项，因为只有领导者的行动才会影响这一项。为了最小化效用函数式(5.27)中的等号右边第1项,这些下属设定 $a_i = E_i[a_L]$。 相反,领导者的行动最小化了第3项。领导者之所以忽略第1项,是因为该项始终为 $0(i = L)$。 同样,相对于 a_L 的选择,第2项也总是不变的。为了最小化第3项,领导者选择 $a_L = E_L[\theta]$。

领导者和每个下属行为人获得一个关于 θ 的私人信号并根据该信号形成自身的先验信念。领导者然后公开自己的信号 s_1(由于会促进协调,这样做总是最优的)。这一信息披露可以阐释为组织宣布发展方向。行为人运用贝叶斯法则,根据领导者的信号与自身的信号,选择自身的行动 a_i。最后,领导者在获得了一个额外的信号 s_2 后更新了自己的信念并选择了行动 a_L。由于这第二个信号,出现了协调问题:行为人在选择他们自己的行动 a_i 时并不知道 a_L。由此,行为人利用自己的私人信息来预测 s_2 以及 a_L。由于行为人的私人信号不同,因而 $a_i = E_i[a_L]$ 不同,这使得各行为人的行动不能得到完美协调。

在这种情形中,一个好的领导者能引导其下属把更多的权重放在其公开宣布的第一个信号 s_1 上,而把更少的权重放在他们自己的私人信号上。领导者如果能可靠地承诺减少自身的信号 s_2 的权重,就可以成为一个上述意义上的好的领导者。一个"果决"的领导者会坚信自身的第一个信号比真实情况还要精确,并由此赋予第一个信号相比第二个信号更大的权重。这样的领导者能够获取一个更有效率的协调程度。

5.6 习题

1. 在5.1节的模型中,证明 $E\left[\int_0^1 (w_i - s)^2 \mathrm{d}i\right] = \tau_w^{-1}$。

2. 在5.1节的模型中,如果自然从具有低方差的分布中抽取状态 s 并且该分布是共同知识,那么对于社会福利而言,这是好事还是坏事?在什么条件下成立?

3. 如果我们反转式(5.2)的最后一项即协调外部性的符号,那么会怎样?如果福利仍然是所有行为人的个人效用上的积分,关于公共信息的社会价值,我们可以从这个模型中得出什么结论? 考虑 $r > 0$ 的情形和 $r < 0$ 的情形。

4. 假定个人效用为

$$U_i = -(1-r)(a_i - s)^2 - r(a_i - \bar{a})^2 + (1-r)\int_0^1 (a_j - s)^2 \mathrm{d}j$$

其中,$r > 0$。

(1) 协调度是小于、大于还是等于社会有效水平?

(2) 如果福利仍然是所有行为人的个人效用上的积分,公共信息会减少福利吗?

(3) 私人信息会减少福利吗?

5. 在私人信息与公共信息之间存在互补性的模型(见 5.2.2 小节)中,证明式(5.23)中的设想解是一个有效解。求解作为模型方差参数的函数 α_1 和 α_2。

信息惯性和价格设定

宏观经济学中许多有关不完美信息和信息选择的研究工作是在价格设定模型的情境中进行的。在宏观经济学所面对的最基本的问题之一是，为什么货币政策似乎对经济有实际影响。在无摩擦模型中，价格通常与货币供给量成比例，所以货币只是决定了账户单位而非实际产出。换言之，这个问题是，为什么价格与货币供给量的协方差比标准模型所预测的低那么多？由于信息选择主导了选择变量（价格）与状态（货币供给量）之间的协方差，因而信息选择这一工具非常适合用于探讨上述问题。

本章通过描述一系列模型来展开。每个模型都建立在前一个模型的思想上。货币经济学的中心问题是货币供给量如何影响实际产出。Lucas (1972)开启了这个文献的研究，认为有关价格水平和货币供给等总体变量的不完美信息是关键所在。Lucas 模型的问题在于，该模型没有解释为什么产出对于货币供给量的变化有滞后反应。Woodford(2002)认为异质信息与价格设定中的协调动机结合在一起导致了价格中的惯性。由于货币供给量和价格水平会被经常公布，因而不完美的异质信息很可能是因为获得或加工这一公共信息有成本而产生的。Reis(2006)研究了更新信念有固定成本的模型的预测结果。但是那些不经常更新信念的企业不应该对任何冲击有迅速反应。不过它们似乎对企业特有的冲击反应激烈，只是对货币冲击没有什么反应。根据 Maćkowiak 和 Wiederholt(2009b)，企业的最佳做法是选择更多地了解企业特有的冲击而非货币冲击，因为企业特有的冲击会在企业的最优价格中产生更多的波动性。最后，Woodford（2008）将 Reis（2006）中的固定成本摩擦与 Maćkowiak 和 Wiederholt（2009b）中的理性疏忽摩擦一起纳入一个框架，以评价这两种摩擦的相对重要性。

尽管有关价格设定和货币政策的具体信息大多只会让这一领域的研究者感兴趣，本章中的所有模型仍会论述根据其他人的选择而做出的行动选择和信息选择的许多动态问题。相应地，本章探讨了超越货币经济学应用的两个大问题。问题♯1：为什么有些冲击重要，而有些冲击不重要？不同类型的冲击下，商品或者股票的价格、生产以及投资决策都会有不同反应。理性疏忽为这背后的原因提供一个可能的解释。问题♯2：为什么行动会呈现出惯性？投资者要花很长时间才会重新调整他们的资产组合。针对收入冲击，消费者要花很长时间来调整他们的消费。一些行业相比其他行业更多地滞后于经济周期。一种解释是，根据信息的类型或者根据行为人及其面临的冲击的性质，加工总体信息的激励也许会不同。

6.1 Lucas-Phelps 模型

原先的 Lucas（1972）的模型比这里给出的模型更丰富。在 Lucas（1972）的模型中，有叠代（overlapping generations）、更一般的效用函数、两个岛，还有由年老行为人拥有的货币供给量和在每个岛上劳作的年轻行为人数量这两方面的不确定性。但这个原模型很难处理。下面给出的简化模型放弃了一些微观基础，但会清晰描述行为人所面对的那类信息问题。

经济中有一个产品的连续统 i，每种产品都由唯一一个代表性生产者生产。每个生产者能将劳动 L_i 一对一地转换为产品 i 的产出 Y_i：

$$Y_i = L_i \tag{6.1}$$

效用是通过复合产品 C_i 的消费和劳动来定义的：

$$U_i = C_i - \frac{1}{\gamma}L_i^\gamma \tag{6.2}$$

其中，$\gamma > 1$。对产品 i 的总需求 Y_i^d 取决于总收入 Y、相对于消费价格总水

平 P 的产品 i 的价格 P_i，以及对于产品 i 的偏好的零均值随机冲击 z_i。构造符合产品 C_i，进而得出这一总需求：

$$Y_i^d = Y\left(\frac{P_i}{P}\right)^{-\eta} \exp(z_i) \tag{6.3}$$

所定义的总收入 Y 满足 $\ln(Y) \equiv \int_i \ln(Y_i)\,\mathrm{d}i$。对所有产品的总需求取决于实际货币供给量 M 和消费价格总水平 P：

$$Y = M/P \tag{6.4}$$

其中，所定义的消费价格总水平满足 $\ln(P) = \int_i \ln(P_i)\,\mathrm{d}i$。[①]最后，个体的预算约束为：

$$PC_i = P_i Y_i \tag{6.5}$$

均衡　均衡是最大化效用并满足预算约束的劳动 L_i 和消费选择 C_i，以及使供需相等的价格的集合。把预算约束式(6.5)和生产函数式(6.1)代入个体的效用函数式(6.2)，得到 $E[U_i] = E[P_i L_i/P] - (1/\gamma)L_i^\gamma$。其关于 L_i 的一阶条件得到劳动的最优选择为：

$$L_i = E\left[\frac{P_i}{P}\right]^{\frac{1}{\gamma-1}} \tag{6.6}$$

充分信息下的均衡价格　在充分信息条件下，我们可以放弃式(6.6)中的算子。为了简化这一分析，将其转化为对数形式。令小写变量代表对数值。例如，$l_i \equiv \ln(L_i)$。

式(6.6)中供给的对数为 $1/(\gamma-1)(p_i - p)$，式(6.3)中需求的对数为 $y - \eta(p_i - p) + z_i$。让这两个式子相等，整理后得到的均衡价格的对数为：

$$p_i = p + \frac{\gamma-1}{1+\eta(\gamma-1)}(y+z_i) \tag{6.7}$$

由于消费价格总水平的对数被定义为个体价格水平的对数的平均值，可得：

$$p = \int p_i\,\mathrm{d}i = p + \frac{\gamma-1}{1+\eta(\gamma-1)}(y+0) \tag{6.8}$$

两边都减去 p 得到总产出水平的对数为 $y = 0$，这意味着总产出水平 Y 总是

为 $e^0 = 1$。利用总需求函数式(6.4),也可得到 $M = P$。简而言之,货币是中性的。即使大的货币供给量也只会影响价格,而不会影响产出。

不完全信息下的均衡价格　使货币有实际效应的关键假设是,行为人不知道消费价格总水平。个体在选择生产多少或工作多久时,能看到自己产品的价格的对数 p_i,但消费价格总水平的对数 p、货币供给量的对数 m 以及产品特有的需求冲击 z_i 均不可观察。他们认为这些冲击服从正态分布:$m \sim N(E[m], V_m)$,$z_i \sim N(0, V_z)$。如果 p 是 m 和 z_i 的线性函数,那么 p 会服从一个无条件(不以观察到 p_i 为条件)的正态分布:即对于某些值 $E[p]$ 和 V_p,$p \sim N(E[p], V_p)$。在开始生产后,消费价格总水平和货币供给量就被公布了,因此消费者的需求可以基于 p 和 m。

除了有限信息假设外,这一模型的许多其他版本还作了一个简化假设:确定性等价(certainty equivalence)。行为人在选择他们的最优劳动供给时,会形成一个预期 $E_i[p_i - p] \equiv E[p_i - p \mid p_i]$,然后会像这个预期是真的一样来对待它。由于充分信息下的最优劳动供给的对数即式(6.6)的对数为 $1/(\gamma - 1)(p_i - p)$,因而最优劳动供给的对数的确定性等价为:

$$l_i = \frac{1}{\gamma - 1} E_i[p_i - p] \tag{6.9}$$

对该式的解释是,当行为人认为他们产品价格的对数的相对水平值$(p_i - p)$很高时,他们会越努力地工作。由于当货币很多时,大多数行为人会观察到自己产品的价格很高,因而货币有实际效应。但每个行为人不能区分自己产品的价格高是由于自己产品的相对价格高,还是由于消费价格总水平高。因此,行为人认为每种情况都有可能。如果他们预期的产品价格的对数的相对水平值提高,他们会更努力地工作,这会增加产出。

由供给的对数即式(6.9)和需求的对数相等,决定了均衡价格。需求与充分信息模型中的一样,即式(6.3)的对数。用式(6.4)的对数来替代其中的 y,得到:

$$\frac{1}{\gamma - 1}(p_i - E_i[p]) = m - p - \eta(p_i - p) + z_i \tag{6.10}$$

请注意,这里得到 p 和 p_i 之间的线性关系,其中噪声 $m + z_i$ 为正态分布。由于正态分布变量的贝叶斯法则也是一个线性关系,因而 $E_i[p]$ 也会是线性的。这样,p_i 必定等于 p 的线性函数加上噪声。换言之,存在一些系数 a 和 b,使得 $p_i = a + bp + \epsilon_i$,其中,$\epsilon_i \sim N(0, V_e)$。由于我们知道 p 总是个体价格水平的对数的平均值,因而 $p = \int p_i \mathrm{d}i = a + bp + 0$。这只对 $a = 0$ 和 $b = 1$ 时的消费价格总水平成立。这样:

$$p_i = p + \epsilon_i, \; \epsilon_i \sim N(0, V_e)$$

这个式子很有用,因为它告诉我们个体产品的价格是消费价格总水平的无偏信号。

接下来,运用贝叶斯法则将个体产品价格中包含的这一信息,连同消费价格总水平,就可以得出条件期望值 $E_i[p]$。正如第 2 章所述,条件期望值(后验信念)是先验信念与信号的加权和,其中的权重是各自的相对精确度。所以:

$$E_i[p] = \frac{V_e}{V_p + V_e} E[p] + \frac{V_p}{V_p + V_e} p_i \tag{6.11}$$

下一步是替换劳动供给方程式(6.9)中的 $E_i[p]$。定义 $\alpha \equiv V_e/(V_p + V_e) \cdot 1/(\gamma - 1)$,合并同类项后,得到:

$$l_i = \alpha(p_i - E[p]) \tag{6.12}$$

在 i 上求平均值,得到总生产量 $\left(\int_i l_i \mathrm{d}i = y \right)$,利用总需求关系 $y = m - p$,得到:

$$m - p = \alpha(p - E[p]) \tag{6.13}$$

在上式两边求无条件期望值,我们就得到 $E[m] - E[p] = 0$。这样,$E[p] = E[m]$。无条件期望价格水平等于期望货币供给量。这与充分信息模型中的结论一致。当 m 和 p 已知时,我们有 $m = p$。

用 $E[m]$ 替换式(6.13)中的 $E[p]$,整理后,我们可以将消费价格总水平表示为期望货币供给量和实际货币供给量的函数:

$$p = \frac{\alpha}{1+\alpha} E[m] + \frac{1}{1+\alpha} m \tag{6.14}$$

这反映了通货膨胀可以源自货币政策 m 的变化,也可以源自货币政策期望值 $E[m]$ 的变化思想。

产出取决于实际货币供给量与期望货币供给量之间的差距。再次利用总需求关系 $y = m - p$,得到:

$$y = \frac{\alpha}{1 + \alpha}(m - E[m]) \tag{6.15}$$

$m - E[m]$ 项体现了意外的货币供给:实际货币供给量与期望货币供给量之间的差距。Lucas-Phelps 模型的主要结论是:意外的货币供给使得产出上升。这一点很重要,因为这会让货币政策真的在经济活动中发挥作用,产生实际效应。

6.2 产生惯性的方法

由于描述了货币政策能如何被用来管理实际经济,因而 Lucas 的岛屿模型的结论很重要。这些结论呈现了附加预期的菲利普斯曲线的理念——即当通货膨胀率(或货币增长率)高于预期时,经济产出会高于趋势水平。Lucas 的解释有这样一个问题,就是一旦生产者开始生产并转变为消费者,他们就会看到所有公布的价格。如果在 $t + 1$ 期会知道 t 期的消费价格总水平,那么货币政策的实际效应只有一期那么长。然而,根据数据,货币政策对产出的效应在货币冲击发生的六个季度后达到最大,在十个季度后仍有峰值效应大小的三分之一(Woodford,2002)。

当然,有人也许会对 Lucas 模型中的期间长度有不同看法。但是,每天金融市场价格和每个季度由政府机构公布的信息都会传递信息,这让我们很难维护在事实发生了两年多后,消费价格总水平信息还不可获知的观点。

Woodford(2002)认为,有关消费价格总体水平的公共信息很容易获取。这里的摩擦在于,企业无法加工其观察到的所有信息。企业可以免费观察到信息,但要弄明白信息的含义,并利用信息来设定其产品的价格则需要一些脑力,而这种被称为信息能力的脑力是稀缺的。这种有限的信息加工能力被模型化为每个企业关于经济状态所获得的有噪声的外生信号,其信号噪声独立于其他企业的信号。这个有噪声的信号会告知企业当前时期和过去时期的经济状态，从而信念会逐渐收敛于真实情况。

Woodford 对 Lucas 模型还作了另一个重要改动：他在收益结构中引入了互补性。这让企业有激励协调价格设定。要有效协调，企业需要预测其他企业的信念。了解其他企业知道什么信息会是一个比了解外生状态变量的值缓慢得多的过程。这是因为高阶信念相比一阶信念要不确定得多（见 4.1 节）。这一缓慢的更新过程使货币政策冲击能产生长久的效应。我们来分析 Woodford(2002)模型的简化版，其中，log GDP 是一个随机游走过程。

有一个用 i 表示的企业连续统。每个企业的最佳做法是，选择其价格 p_{it} 来最大化自身的期望利润。Woodford(2002)证明，一个标准的利润最大化目标函数可以用下面的二阶效用函数来近似表示：

$$U = E_{it}[\bar{u} - r(p_{it} - p_t)^2 - (1 - r)(p_{it} - q_t)^2] \tag{6.16}$$

其中，$p_t \equiv \int p_{it} \mathrm{d}i$ 和 q_t 分别是 t 期的消费价格总水平的对数和名义 GDP 的对数，E_{it} 代表企业 i 基于自身 t 期的信息集的期望值。参数 r 刻画了价格设定中互补性的程度。r 越大，消费价格总水平相对于基本面冲击就越重要，价格设定中的互补性就越强。

名义 GDP 的对数是一个具有已知的漂移(drift) g 和未知的新息(innovation) u_t 的随机游走过程：

$$q_t = g + q_{t-1} + u_t, \ u_t \sim N(0, \sigma_u^2) \tag{6.17}$$

最后，每个企业在每一期获得的信息是当前名义 GDP 的一个有噪声的信号：

$$z_{it} = q_t + v_{it} \tag{6.18}$$

其中，在所有个体之间和各期中，$v_{it} \sim \mathrm{i.i.d.} N(0, \sigma_v^2)$。更高的信息加工能力对应于更低的 σ_v。

刻画模型的解 最优化的一阶条件显示 $p_{it} = rE_{it}[p_t] + (1 - r)E_{it}[q_t]$。如果我们对所有的企业求平均值，我们就得到作为平均信念 $\bar{E}_t[p_t]$ 和 $\bar{E}_t[q_t]$ 的函数的消费价格总水平：

$$p_t = r\bar{E}_t[p_t] + (1-r)\bar{E}_t[q_t] \tag{6.19}$$

该模型描述了一种具有异质期望的协调博弈。正如在 4.1 节中所述,总体行动(此处为 p_t)可以被描述为高阶期望的无穷和。为了证明这一点,不断递归替换式(6.19)等号右边的 p_t,得到 $p_t = \sum_{k=1}^{\infty}(1-r)r^{(k-1)}q_t^{(k)}$,其中,上标 (k) 代表第 k 阶平均期望。例如,$q_t^{(1)} = \bar{E}_t[q_t]$ 是关于 q_t 的平均信念,而 $q_t^{(2)} = \bar{E}_t[q_t^{(1)}]$ 是关于 q_t 的平均信念的平均信念,依此类推。采用无穷求和在处理上会很棘手。Morris 和 Shin(2002)通过猜测避开了这一问题,并接着验证了企业的对称策略。Woodford(2002)则猜测 q_t 和 p_t 是充分状态变量,并且它们服从线性运动定律(law of motion)。

定义 $x_t \equiv [q_t\, p_t]'$ 为状态变量的一个 2×1 向量。那么所设想的线性运动定律为:

$$x_{t+1} = c + Mx_t + mu_{t+1} \tag{6.20}$$

其中,未知的系数是 $c(2\times 1)$、$M(2\times 2)$、$m(2\times 1)$,而 u_{t+1} 是式(6.17)中 GDP 的变化。

请注意,式(6.18)和式(6.20)构成了一个卡尔曼滤波的观测值和状态方程。利用式(2.8),我们可以将行为人 i 对 t 期状态 x 的期望值表示为:

$$E_{it}[x_t] = c + ME_{i(t-1)}[x_{t-1}] + k_t(z_{it} - E_{it}[q_t]) \tag{6.21}$$

其中,k_t 是卡尔曼增益。将该期望值对行为人求积分,并利用信号 z_{it} 均值为 q_t 的事实,得到平均期望值为:

$$\bar{E}_t[x_t] = c + M\bar{E}_{t-1}[x_{t-1}] + k_t(q_t - \bar{E}_t[q_t]) \tag{6.22}$$

请注意,卡尔曼增益在行为人之间是相同的,因为我们已经假设所有行为人具有相同的先验信念和信号方差。

下一步就要求解向量 c 和矩阵 M 中的未知系数:$c(1) = g$,$M(1,1) = 1$,$M(1,2) = 0$。前面我们已经知道,x_t 有两行,一行代表 GDP,一行代表消费价格总水平。因此,式(6.22)有两行,我们可以将其分别写出来。GDP 的对数是一个随机游走过程的假设[即式(6.17)]告诉我们,式(6.22)的第一行的系数为:$\bar{E}_t[q_t] = g + \bar{E}_{t-1}[q_{t-1}] + k_t(1)(q_t - \bar{E}_t[q_t])$。其第二行为:$\bar{E}_t[p_t] = c(2) + M(2,1)\bar{E}_{t-1}[q_{t-1}] + M(2,2)\bar{E}_{t-1}[p_{t-1}] + k_t(2)(q_t - $

$\bar{E}_t[q_t]$)。为了求得这些未知系数,将这两个表达式代入式(6.19)替换 $\bar{E}_t[q_t]$ 和 $\bar{E}_t[p_t]$,得到

$$
\begin{aligned}
p_t = &r[c_2 + M(2,1)\bar{E}_{t-1}[q_{t-1}] + M(2,2)\bar{E}_{t-1}[p_{t-1}]] \\
&+ (1-r)[g + \bar{E}_{t-1}[q_{t-1}]] + [(1-r)k_t(1) \\
&+ rk_t(2)][q_t - \bar{E}_t[q_t]]
\end{aligned} \tag{6.23}
$$

上式等号右边的常数项必定等于 c_2。q_t 的系数为 $M(2,1) = (1-r)k_t(1) + rk_t(2)$。最后,余下的项必定为 $M(2,2)p_{t-1}$。替换 $M(2,2)$ 中的 $M(2,1)$,整理后得到 $M(2,2) = 1 - (1-r)k_t(1) - rk_t(2)$。由于存在求解这一方程组的系数,Woodford(2002)的猜测得到了验证。

最后一步是求解卡尔曼增益 k_t。为此,利用卡尔曼滤波公式(2.9)和(2.10),代入前面 M 的解。这样就得到了由关于两个未知变量,即卡尔曼增益 k_t 与后验方差 Σ_t 的两个方程构成的方程组。其解的形式为:$M(2,1) = 1/2[-\gamma + (\gamma^2 + 4\gamma)^{1/2}]$,其中,$\gamma \equiv (1-r)\sigma_u^2/\sigma_v^2$。我们已经知道,$M(2,1)$ 是平均价格对 GDP 的敏感度。关键结论是,这一敏感度随着定价的互补性程度 r 递减。这意味着,价格中的互补性越大,价格对 GDP 新息的敏感度就越低($M(2,1)$下降),价格取决于前一期价格的程度就越高($M(2,2)$上升)。换言之,产生惯性的方法是行动中的互补性与异质信息的混合。

6.3 价格设定中的漫不经心

"漫不经心"(inattentiveness)这个词会被用于刻画企业能偶然间观察到整个事件历史的模型。就像一个价格设定者对需求或货币新息一无所知,直到有一天拿到一份报纸才充分更新了自己对于过去和现在的世界状态的认知。根据 Mankiw 和 Reis(2002),信息是随机出现的,出现时间遵循一个泊松过程。Gabaix 和 Laibson(2002)与 Reis(2006)引入了信息选择;信息更新有成本,企业则选择何时承担这一成本。

众所周知,具有信息选择的动态模型很难求解。"漫不经心"方法通过在企业每次决定学习时,无关乎过去的学习而简化了这一问题。使用这样的

一种学习方法,即获取信息意味着完全了解所有过去冲击的实现值这种学习方法,实际上是一种截短状态空间的方式。漫不经心方法同样提供了一种描述行为人的信息的简明方法。行为人获得信息的最后一天总结了每一个信息集。

下面这个改自 Reis(2006)的模型建立在第 5 章的二次损失模型基础上。[②] 和以前一样,行动(这里指价格设定)中的协调动机蕴含着信息获取中的协调动机。这里产生了额外超出了 Woodford(2002)所给出的惯性。这一额外效应源自,当企业偏离完美信息时,任何企业获取信息的价值会减少。当企业减少获取信息时,其产品的价格也会变得更有黏性。

模型 时间是离散和无限期的。有一个用 i 表示的测度为 1 的企业连续统。每个企业的目标是最小化其损失函数:

$$E = \{ \sum_{t=0}^{\infty} \beta^t [(p_t^i - p_t^*)^2 + D_t^i C] \} \tag{6.24}$$

其中,p_t^i 代表企业 i 在 t 期的价格的对数,$D_t^i \in \{0, 1\}$ 是企业获取信息(更新)的决策,p_t^* 是一个具有完全信息的企业会设定的未知的随机目标价格,$\beta \in (0, 1)$ 是企业的贴现率,$C > 0$ 是获取信息的成本。

和垄断竞争下的新凯恩斯主义模型一样,目标价格是:

$$p_t^* = (1 - r) m_t + r p_t \tag{6.25}$$

其中,m_t 是 t 期的名义需求的对数,$m_t - p_t$ 是真实需求的对数,$p_t = \int_0^1 p_t^i \mathrm{d}i$ 是价格对数的平均值,$r > 0$ 刻画了价格设定中的策略互补性或实际刚性。为简化起见,我们假设需求服从随机游走过程,其新息 $\varepsilon_t \sim \mathrm{i.i.d.} N(0, \sigma^2)$:

$$m_t = m_{t-1} + \varepsilon_t \tag{6.26}$$

信息选择 如果企业 i 在 $\hat{\tau}$ 期最后一次更新信息,那么该企业会带着一个包含了从最开始直到(包含)$\hat{\tau}$ 期的需求实现值的信息集 $I_{\hat{\tau}} = \{m_\tau\}_{\tau=0}^{\hat{\tau}}$ 进入 t 期。如果企业在当前时期更新($D_t^i = 1$),则企业的信息集包含了所有直到当期的需求实现值:$I_t = \{m_\tau\}_{\tau=0}^{t}$。 如果企业没有在 t 期更新信息($D_t^i = 0$),那么企业的信息集是 $I_{\hat{\tau}}$;企业没有观察到有关状态的任何新信息,包括消费价格总水平等内生变量。这里的思想是,企业总是能看到价格,但利用价格来推断需求，或者重新计算企业自身的最优价格要花费成本。

下面的符号描述了总体的信息选择。在 t 期，令 $\lambda_{t,\hat{\tau}}$ 表示在 $\hat{\tau} \leqslant t$ 期最后一次更新的企业的测度，$\Lambda_{t,\hat{\tau}} \equiv \Sigma_{\tau=\hat{\tau}}^{t} \lambda_{t,\tau}$ 表示在在 $\hat{\tau}$ 期和 t 期之间进行了最后一次更新的企业的测度。令 $D_{t,\hat{\tau}} \in [0,1]$ 表示更新选择：在 $\hat{\tau}$ 期最后一次更新的企业会在 t 期更新的概率。$\{\lambda_{t,\hat{\tau}}\}$ 被递归定义为 $\lambda_{t,\hat{\tau}} = (1-D_{t,\hat{\tau}})\lambda_{t-1,\hat{\tau}}$，$\hat{\tau} < t$；拥有最新信息的企业的测度为 $\lambda_{t,t} = \sum_{\tau=0}^{t-1} D_{t,\tau}\lambda_{t-1,\tau}$。

均衡 将所有其他企业的选择视为给定，均衡就是每个企业 i 的信息选择序列 $\{D_t^i\}$ 和使式(6.24)最大化且关于 i 的信息集可测度的价格 $\{p_{i,t}\}$。

价格与间接效用 式(6.24)关于价格的一阶条件表明，在 $\hat{\tau}$ 期最后一次更新的企业 i 将其价格设定为 t 期的期望目标价格：$p_t^i = E(p_t^* \mid I_{\hat{\tau}}) = (1-r)E(m_t \mid I_{\hat{\tau}}) + rE(p_t \mid I_{\hat{\tau}})$。由于需求是一个随机游走过程，因而 $E(m_t \mid I_{\hat{\tau}}) = m_{\hat{\tau}}$。那么，我们可以猜测并验证价格也是随机游走过程，即 $E(p_t \mid I_{\hat{\tau}}) = p_{\hat{\tau}}$。如果是这样，所有企业的价格的平均值是在 $\hat{\tau}$ 期最后一次更新了信息的企业的期望目标价格的加权和：$p_t = \Sigma_{\tau=0}^{t} \lambda_{t,\tau} E(p_t^* \mid I_\tau) = \Sigma_{\tau=0}^{t} \lambda_{t,\tau}[(1-r)m_\tau + rp_\tau]$。递归依次替换 p_τ，得到的平均价格是所有过去需求变化的加权和：

$$p_t = \sum_{\tau=0}^{t} \frac{\Lambda_{t,\tau}(1-r)}{1-r\Lambda_{t,\tau}}\varepsilon_\tau \qquad (6.27)$$

这一结果的证明留作习题。

将该结果代入式(6.25)，可知目标价格过程为 $p_t^* = \sum_{\tau=0}^{t} \frac{1-r}{1-r\Lambda_{t,\tau}}\varepsilon_\tau$。

在 $\hat{\tau}$ 期最后一次更新的企业设定价格为 $E(p_t^* \mid I_{\hat{\tau}}) = \sum_{\tau=0}^{\hat{\tau}} \frac{1-r}{1-r\Lambda_{t,\tau}}\varepsilon_\tau$。这些企业的每期期望损失取决于最后一次更新以来所有的需求变化：

$$L_{t,\hat{\tau}} = E[E(p_t^* \mid I_{\hat{\tau}}) - p_t^* \mid I_{\hat{\tau}}]^2 = \sum_{\tau=\hat{\tau}+1}^{t} \left(\frac{1-r}{1-r\Lambda_{t,\tau}}\right)^2 \sigma^2 \quad (6.28)$$

离企业最后一次更新信息的时间越长，企业在当期更新的激励就越高。因此，均衡可以用临界日期来刻画：在 $\hat{\tau} < \tau_t^*$ 期最后一次更新的企业会在 t 期更新，而那些在 $\hat{\tau} > \tau_t^*$ 期最后一次更新的企业发现不更新信息量严格最优的。

信息选择中的互补性　当价格是策略互补（$r > 0$）时，在信息获取（更新）中存在互补性。当价格是策略替代（$r < 0$）时，则在信息获取（更新）中存在替代性。静态模型中的这一一般原理（见 4.4 节）在动态价格设定中再次出现。信息互补性很重要，因为这会产生价格调整中的时滞，建立价格设定模型的目的就是要解释这个现象。

为了更好地理解信息更新的互补性的起源，不妨考虑企业不更新信息时的每期损失，即式（6.28）。对于任意 $\tau = \hat{\tau} + 1, \cdots, t$，当且仅当 $r > 0$，$\partial L_{t, \hat{\tau}} / \partial \Lambda_{t, t-\tau} > 0$。如果价格是互补的，自从某一企业最后一次更新信息以来出现的冲击被越多的企业了解，该企业不了解这一冲击的每期损失就越高。这就是更新决策中的互补性：其他企业更新的时间离当期越近，在当期不更新的某一企业要承担的成本就越高。

更新中的互补性延迟了价格调整。为了阐明这一点，我们接下来考虑这一信息更新博弈的一个均衡。这一特定均衡一直是以前研究工作的焦点（Reis, 2006）。在该均衡中，更新决策是交错进行的（staggered），这意味着所有企业在固定的 T 期后更新，但每一期只有 $1/T$ 比例的企业更新。即如果 $\tau < t - T$，那么 $\lambda_{t, \tau} = 0$ 且 $\Lambda_{t, \tau} = 1$，但是如果 $t - T < \tau \leqslant t$，那么 $\lambda_{t, \tau} = 1/T$ 且 $\Lambda_{t, \tau} = (t-\tau+1)/T$。因此，在 $\hat{\tau}$ 期最后一次更新的企业在 t 期的单期损失为：

$$
L_{t, \hat{\tau}} = \begin{cases} \sigma^2 \sum\limits_{v=1}^{t-\hat{\tau}} \left(\dfrac{1-r}{1-rv/T} \right)^2, & \hat{\tau} > t - T \\ L_{t, \hat{\tau}+1} + \sigma^2, & \hat{\tau} \leqslant t - T \end{cases} \tag{6.29}
$$

互补性（$r > 0$）通过两个渠道造成了价格调整中的延迟。首先，因为许多别的企业的价格是基于旧信息的，那些更新信息了的企业会缓和自身对新近信息的反应。这就是 Woodford（2002）所识别的效应，见本章的式（6.27）。其次，互补性减少了信息获取的频率。当式（6.29）中的 $L_{t, \hat{\tau}}$ 随着 r 递减时，这一效应就会出现。当价格互补性使得企业缓和其对新信息的反应时，拥有旧信息所产生的损失会更小。当其他企业延迟更新时，这一损失会进一步下降。更新信息不太频繁的企业的价格中有更多的惯性。

更一般地，互补性和协方差是相互强化的。信息越不完全，平均价格和需求的协方差就会减小。当该协方差减小时,需求的新息中包含的有关平均价格变化的信息会更少。如果需求新息对于协调价格设定不那么有用,企业更新关于需求的信息的激励就会减少。如果企业减少信息更新,价格和需求的协方差会进一步下降。这种反馈效应是不完全信息价格设定模型的一个关键特征,这一特征使其能更好地匹配数据中的价格惯性。

6.4　价格设定的理性疏忽模型

下面这个改自 Maćkowiak 和 Wiederholt(2009b)的模型与上一节的漫不经心模型有类似的目标函数。不过,这个模型采用了一种不同的学习方法。企业不再选择何时学习并更新有关过去所有冲击实现值的信息,而是持续观察有关两个随机变量(即总体变量和企业特有变量)的有噪声的信息流。其中的学习是选择在每种冲击上配置多少注意力。我们首先来探讨一个局部均衡模型,然后研究 Maćkowiak 和 Wiederholt 是如何把其中的机制嵌入一般均衡模型的。

模型　在每个 t 期,企业 i 选择自身的价格来最大化其期望利润 π:

$$\max_{P_{it}} E\big[\pi\big[P_{it},\ \bar{P}_t,\ Y_t,\ Z_{it}\big]\ \big|\ s_i^t\big] \tag{6.30}$$

利润取决于企业自身的价格 P_{it}、其他企业的价格的平均值 $\bar{P}_t$、总体状态(总体产出)Y_t 以及企业特有的冲击(生产率)Z_{it}。利润的期望值以企业的信息集 s_i^t 为条件,这个信息集是企业直到 t 期所观察到的所有信号的序列。

Maćkowiak 和 Wiederholt 解出了模型的稳态。然后,他们用相对于稳态的对数偏离值重新表述了目标函数。例如,$x = \ln X_t - \ln X^{\text{steady state}}$,现在的利润函数为 $\hat{\pi} = \pi(P^{ss}e^{p_{it}},\ P^{ss}e^{\bar{p}_t},\ Y^{ss}e^{y_t},\ Z^{ss}e^{z_{it}})$。接下来,他们围绕稳态对目标函数进行了二阶泰勒逼近。他们证明由一阶条件可得,最优价格是:

$$p_{it} = E\left[\bar{p}_t - \frac{\pi_{PY}}{\pi_{PP}}y_t - \frac{\pi_{PZ}}{\pi_{PP}}z_{it}\ \middle|\ s_i^t\right] \tag{6.31}$$

其中,$\pi_{ij} \equiv \partial^2\pi/\partial i\partial j$,$\pi_{PP} < 0$。请注意,定价规则中平均价格的系数为正。

这是价格设定中的协调动机。

Maćkowiak 和 Wiederholt 把这个最优价格重新表示为分成两项的形式。第一项 $\Delta_t \equiv \bar{p}_t - \dfrac{\pi_{PY}}{\pi_{PP}} y_t$ 是对总体条件的利润最大化反应。第二项是对特质 (idiosyncratic) 条件的最优反应:

$$p_{it} = E\left[\Delta_t - \frac{\pi_{PZ}}{\pi_{PP}} z_{it} \,\bigg|\, s_i^t\right] \tag{6.32}$$

最后,由于没有设定充分信息最优价格 p_{it}^* 而造成的期望损失为一个二次型(因为二阶泰勒逼近):

$$EL = \frac{|\pi_{PP}|}{2} E\left[(p_{it} - p_{it}^*)^2\right] \tag{6.33}$$

企业最小化这一期望损失。假设总体冲击和企业特有冲击为白噪声过程,其均值都为 0,方差分别为 σ_Δ^2 和 σ_z^2。

信息选择　企业每一期都会获得关于总体冲击和企业特有冲击的信号。总体信号和企业特有信号彼此不相关,信号误差在各企业之间也不相关:

$$s_{1it} = \Delta_t + \epsilon_{it} \tag{6.34}$$

$$s_{2it} = z_{it} + \psi_{it} \tag{6.35}$$

其中,$\epsilon_{it} \sim N(0, \sigma_\epsilon^2)$,$\psi_{it} \sim N(0, \sigma_\psi^2)$。信号噪声在各行为人中相互独立的假设意味着所有的信号都是私人信息。如 4.6 节所述,这确保了一个唯一的均衡。

企业所选择的是这两类信号的精确度。这一选择的约束条件是信号的互信息和两个随机冲击。我们记得熵(互信息)约束限制了冲击的后验方差—协方差矩阵相对其先验方差—协方差矩阵的行列式(见 3.2 节)。由于冲击 z 和 Δ 是相互独立的,因而它们的方差—协方差矩阵是对角矩阵,其行列式是方差的积。因此,熵(信息能力)约束可表示为:

$$\frac{\hat{\sigma}_\Delta^{-2}\,\hat{\sigma}_z^{-2}}{\sigma_\Delta^{-2}\,\sigma_z^{-2}} \leqslant e^{2K} \tag{6.36}$$

另外一个约束是信号方差不能为负。这意味着后验方差总是比先验方差稍微小一点。

信号精确度的每个选择会一对一地映射到关于两个冲击的后验信念精确度的选择：$\hat{\sigma}_{\Delta}^{-2} = \sigma_{\Delta}^{-2} + \sigma_{\epsilon}^{-2}$，$\hat{\sigma}_{z}^{-2} = \sigma_{z}^{-2} + \sigma_{\psi}^{-2}$。这样，信息选择问题可以被表示成对后验方差的选择问题：在式（6.36）、$\hat{\sigma}_{\Delta}^{2} \leqslant \sigma_{\Delta}^{2}$ 和 $\hat{\sigma}_{z}^{2} \leqslant \sigma_{z}^{2}$ 的约束下，选择 $\hat{\sigma}_{\Delta}^{2}$ 和 $\hat{\sigma}_{z}^{2}$ 来最小化式（6.33）。

最优注意力配置　将最优价格式（6.31）代入目标函数式（6.33），并利用 $E[(\Delta_t - E[\Delta_t \mid s_{1it}, s_{2it}])^2] = \hat{\sigma}_{\Delta}^{2}$ 和 $E[(z_{it} - E[z_{it} \mid s_{1it}, s_{2it}])^2] = \hat{\sigma}_{z}^{2}$ 的条件，得到：

$$EL = \frac{|\pi_{PP}|}{2}\left(\hat{\sigma}_{\Delta}^{2} + \left(\frac{\pi_{PZ}}{\pi_{PP}}\right)^2 \hat{\sigma}_{z}^{2}\right) \tag{6.37}$$

由于期望损失随着两个条件方差都是递增的，因而信息能力约束将始终为紧约束。用信息能力约束式（6.36）替换出 $\hat{\sigma}_{z}^{-2}$，得到的单变量最优化一阶条件为：

$$\frac{|\pi_{PP}|}{2}\left(1 - \left(\frac{\pi_{PZ}}{\pi_{PP}}\right)^2 \frac{e^{-2K}\sigma_{\Delta}^{2}\sigma_{z}^{2}}{\hat{\sigma}_{\Delta}^{4}}\right) = 0 \tag{6.38}$$

在最优注意力配置下，关于总体冲击的信念的后验精确度与先验精确度之比为：

$$\frac{\hat{\sigma}_{\Delta}^{-2}}{\sigma_{\Delta}^{-2}} = \left|\frac{\pi_{PP}}{\pi_{PZ}}\right| e^{K} \frac{\sigma_{\Delta}}{\sigma_{z}} \tag{6.39}$$

如果这个比率不小于 1 且不大于 e^{2K}，那么它当然就是唯一的解。如果这个比率小于 1，则后验方差会比先验方差大。这意味着企业忘记（forget）信息：在观察到信号之后，相比没有观察到信号之前，企业对 Δ 的了解更少了。我们不允许企业选择以这种方式忘记信息。如果这个比率大于 e^{2K}，那么这个企业获得的信息会比其信息能力所允许的更多。如果这个比率在 1 与 e^{2K} 之间，则企业特有冲击的相应条件方差为 $e^{-2K}\sigma_{\Delta}^{2}\sigma_{z}^{2}/\hat{\sigma}_{\Delta}^{2}$。

对解的解释　当 $\hat{\sigma}_{\Delta}^{-2}/\sigma_{\Delta}^{-2}$ 这个比率为其最小值 1 时，那么没有注意力会被配置给总体冲击 Δ。这个比率的值越大，意味着有更多的注意力被配置给总体冲击。

最优注意力配置既取决于利润函数的特征，也取决于总体冲击和企业特有冲击的无条件方差。利润对价格与企业特有冲击之间的互动越敏感，π_{PZ} 就越高。这使得投入更多的注意力给总体冲击的价值下降，并会提高总体冲击的最优后验方差 $\hat{\sigma}_\Delta^2$。相反,这使得投入更多的注意力给企业特有冲击会更有价值,并会降低 $\hat{\sigma}_z^2$。这并不奇怪,但的确有助于解释是什么因素决定了注意力配置。当总体冲击有更高的无条件波动性时,投入更多的注意力在总体冲击上也是最优的。由此,企业会想要把更多的注意力放在那些其价格对之更敏感的冲击和波动性更大的冲击上。

这个模型提出的价格设定中有多少惯性的问题,最终是一个实证问题。因此,Maćkowiak 和 Wiederholt 根据名义总体需求冲击的波动性和企业特有冲击的波动性(由企业价格变化的平均幅度来测度)的大小,校准了其中的随机过程。他们还校准了偏好参数,以匹配货币理论文献中所采用的价格敏感度。他们发现,企业最优应配置其 94% 的注意力在企业特有冲击上。配置给总体冲击的注意力寥寥无几的主要原因在于,企业特有冲击的波动性大约是总体冲击波动性的 10 倍。

因为价格设定者把如此少的注意力放在总体冲击上,所以价格不会与总体冲击高度共变。因此,货币政策对价格有非常少的同期效应。当处理新信息的速度较慢时,货币政策对价格的影响是渐进的。

更一般的结论是:在最优行动有多重随机冲击的情况下,企业会趋于把更多的注意力放在波动性更大的冲击上。这使得企业的行动似乎对企业所处环境中更加细微的变化毫无反应。

生产经济中的注意力配置　货币经济学家之所以想理解什么使得价格对总体货币冲击缺乏反应是因为,正是这种缺乏反应才使得货币政策对产出和消费有实际效应。为了量度这些效应,Maćkowiak 和 Wiederholt(2009a)将上述框架从一个具有外生总产出的局部均衡扩展至一个一般均衡。家庭选择消费和工资,企业选择劳动投入和设定价格。家庭和企业都只观察到关于总体技术冲击、货币政策(利率)冲击和企业特有生产率冲击的有噪声的信号。企业放在货币冲击上的注意力最少,放在生产率冲击上的注意力较多,而把最多的注意力放在了微观水平的冲击上。和前面一样,这一结果来自每种冲击的校准后的相对波动性。企业特有的冲击和个体特有的冲击的波动性最大,其次是总体生产率的波动性,最后是货币政策的波动性。

把理性疏忽纳入一个一般均衡模型会产生许多问题。例如,如果产出未知,那么行为人不能同时选择消费和储蓄。他们可以选择其中之一,另外一个就是余数。还有一个问题是,均衡价格所揭示的信息如何被纳入信息约束中。Maćkowiak 和 Wiederholt 没有用每种冲击的先验方差和后验方差来表示信息流约束,而是限制了行动中包含的有关最优的充分信息行动的信息量。例如,假定一个企业选择价格 p 和劳动产出 l。给定有关经济状态的充分信息,企业会选择 p^* 和 l^*。那么,这样的约束会限制互信息 $\mathfrak{T}(\{p, l\}, \{p^*, l^*\})$。这一约束代表了与信号精确度上的约束一致的物理学习过程。如果行动所基于的信息是包含有关真实状态的信息的任意一种信号,那么互信息 $\mathfrak{T}$ 会增多。这样,这一约束包含了所有来自外生信号和市场价格等内生信号的信息的效应。因为从市场价格中学习需要信息能力,上述模型无须引入使市场价格有噪声的冲击来产生信息异质性。信息流限制确保了所有企业提取的都是有噪声的异质信息,即使这一信息来自价格等公共信号。

这里的关键结果是,货币政策的变化会产生迟滞的驼峰型消费和产出反应,这也是和实证一致的。尽管 Maćkowiak 和 Wiederholt 部分地为模型提供了解析解,但主要结果本质上是数值解(更多的细节,参见 Maćkowiak and Wiederholt,2009a)。

6.5 价格是状态依存的还是时间依存的

信息选择模型在货币经济学中的贡献之一是提出了如下争论:价格是针对经济状态的变化作出调整的(状态依存)还是定期调整的(时间依存)。状态依存价格调整模型的一个例子是,更新价格具有固定调整成本或者"菜单成本"。在这样的模型中,企业是否更新其价格的决定取决于企业的状态变量,特别是取决于企业的当前价格与其最优价格之间的差距。时间依存价格调整模型的一个例子是,企业每隔 T 期更新价格。这常常被称为 Calvo (1983)定价。

状态依存定价的问题在于,这总体价格中几乎不会产生刚性。Golosov 和 Lucas(2007)证明,即使每一期只有很少的企业调整价格,总体价格也会对状态的变化迅速作出调整,因为作价格调整的企业正是那些价格需要很大调整的企业。在时间依存模型中，这一选择效应（selection effect）会减轻，因为当调整最有价值时，企业却没有选择调整价格，而只到了时间才对价格予以调整。

然而，有许多人因为 Calvo 定价缺乏微观基础而加以反对。如果某个刚好发生的事件会使不调整价格的代价高昂，那企业为什么还会要等到规定的时间才调整其价格呢？一些与 Reis（2006）类似的漫不经心式的模型试图为 Calvo 一类的模型提供微观基础。对于 Calvo 模型受到的批评，Reis 的回应是，当需要作大的价格调整的事件发生时，企业也许因为没有关注而不作反应。企业之所以没有把注意力放在市场事件上，是因为注意力也是有成本的。

在一些类似于 Woodford（2002）与 Maćkowiak 和 Wiederholt（2009b）的关于理性疏忽的模型中，存在企业能对之作出反应的持续的信息流。因此，相比时间依存模型，这些模型更像状态依存模型。但是不完美信息减少了价格对状态的依赖度。由于不完美信息减轻了选择效应，这些模型产生了不容忽视的价格刚性。如果企业不知道自己设定的价格偏离最优价格有多远，那么一些应该调整价格的企业不会调整价格，一些调整了价格的企业作出的调整很小（这一点也可参见 Moscarini，2004）。

货币经济学中有关信息摩擦的一些近期研究工作试图将状态依存和时间依存并入一个框架。同漫不经心模型一样，在 Woodford（2008）中，企业面临获取完美信息并更新自身价格的固定成本。而对于两次价格更新之间的状态，漫不经心的企业没有获得任何信息；正如那些理性疏忽的企业，这些企业每一期都会获得新的有噪声的信号。状态依存模型和时间依存模型是 Woodford 的模型的两种极限情况。当每一期观察到的信号完全精确时，Woodford 的模型就变成简单的具有价格调整的固定成本的菜单成本模型，这就是状态依存。当信号没有包含信息时，则企业是否更新价格的决策就只取决于自其上一次更新价格以来的时期数，这就是时间依存。校准这样的模型会让我们知道哪一个假设更接近事实。

理性疏忽与漫不经心的混合模型 在 Woodford（2008）所构造的模型中，企业选择获取多少信息，而非如何配置自身的注意力。如同 Reis（2006）企业可以在每个离散时期支付一个固定成本，来观察有关经济的当前状态和过去状态的完美信息。但与 Maćkowiak 和 Wiederholt(2009b)中一样，在两次价格更新之间，企业可以观察到有关状态的有噪声的信息流。这旨在体现如下观点：调整价格和监督经济以便知道何时调整，都是需要成本的。

Woodford 用价格缺口(price gap)x，即企业所选择的价格与完全信息下的最优价格之间的差异，来刻画这个问题。企业的先验信念是 $x \sim f(x)$。在每一期，企业都会观察到一个关于 x 的信号 s。s 和 x 的互信息表示为 $I(s, x)$。企业可以选择信号 s 的精确度。信号越精确，具有不变边际成本 θ 的互信息 I 就越高。这是 Woodford(2008)模型的理性疏忽部分。

企业运用贝叶斯法则，利用其信号 s 来更新自己关于 x 的信念。然后，企业对是否调整价格作出选择。调整选择变量为 $\delta(s)$，如果价格调整，该变量取值为 1，如果价格不调整，则该变量取值为 0。如果企业调整其价格，则企业会获得有关 x 的当前(和过去)值的完美信息。这是 Woodford(2008)模型中的漫不经心部分。

企业的目标函数为更新收益减去更新成本 $L(x)$。更新收益是企业支付更新成本、更新价格并设定价格缺口为零时的企业价值减去价格缺口为 x 时的企业价值。这样，企业选择 $I(s, x)$ 和 $\delta(s)$ 来最大化其目标函数：

$$E[\delta(s)L(x)] - \theta I(s, x) \tag{6.40}$$

上式第一项是一个积，因为如果企业更新价格并设定 $\delta(s) = 1$，则其只会获得收益 $L(x)$。

Woodford 证明，最优政策是获取一个仅取两个值的信号 $(s \in \{0, 1\})$，并利用一个只要信号为 1 就选择是否更新 $(\delta(s) = s)$ 的更新函数。给定这些特点，企业面临的问题是自身需要多精确的信号。信号的精确度用函数 $\Lambda(x)$ 表示，给定真实状态为 x，该函数给出了 $s = 1$ 的概率。Woodford 称此为风险率函数(hazard function)，因为这是企业会决定充分更新自身信息并将价格重设为最优的充分信息价格的概率。

为了求解这个最优风险率函数，我们需要用 $\Lambda(x)$ 来表示互信息 I。为了表示互信息，我们首先需要知道状态 x 以信号 s 为条件的概率。这一条件(后验)概率由贝叶斯法则给出：

$$f(x \mid s = 0) = \frac{f(x)(1 - \Lambda(x))}{1 - \bar{\Lambda}},$$

$$f(x \mid s = 1) = \frac{f(x)\Lambda(x)}{\bar{\Lambda}}$$

$$(6.41)$$

其中，$\bar{\Lambda}$ 是观察到 $s = 1$ 的先验概率：$\bar{\Lambda} \equiv \int \Lambda(x) f(x) \mathrm{d}x$。

在 3.2 节中我们已经知道，变量 $x \sim f(x)$ 的熵是 $H(x) = -E[\ln f(x)]$，条件熵是 $H(x \mid y) = -E[\ln f(x \mid y)]$。因此，$x$ 的以信号 s 为条件的熵是 $H(x \mid s) = -\bar{\Lambda}E[\ln f(x \mid s = 1)] - (1 - \bar{\Lambda})E[\ln f(x \mid s = 0)]$。最后，互信息是熵减去条件熵，见式(3.1)。将期望值 $E[\ln f(x)]$ 用积分 $\int \ln(f(x)) f(x) \mathrm{d}x$ 来替代，并对条件熵作相同的替代，得到：

$$I(s, x) = -\int \ln(f(x)) f(x) \mathrm{d}x + \bar{\Lambda} \int \frac{f(x)\Lambda(x)}{\bar{\Lambda}} \ln\left(\frac{f(x)\Lambda(x)}{\bar{\Lambda}}\right) f(x) \mathrm{d}x$$

$$+ (1 - \bar{\Lambda}) \int \frac{f(x)(1 - \Lambda(x))}{1 - \bar{\Lambda}} \ln\left(\frac{f(x)(1 - \Lambda(x))}{1 - \bar{\Lambda}}\right) f(x) \mathrm{d}x$$

$$(6.42)$$

我们可以将积的对数写成对数的和，然后两两消去所有的 $\ln(f(x))$ 项。在一个积分下对余下的各项进行合并同类项，得到：

$$I(s, x) = \int \left[\Lambda(x)\ln\left(\frac{\Lambda(x)}{\bar{\Lambda}}\right) + (1 - \Lambda(x))\ln\left(\frac{1 - \Lambda(x)}{1 - \bar{\Lambda}}\right)\right] f(x) \mathrm{d}x$$

接下来，将上面的两个对数比率项分解成对数的差。同样，将对四个加项的积分写成四个积分的和。请注意，$-\ln(\bar{\Lambda})$ 和 $-\ln(1 - \bar{\Lambda})$ 不随 x 变动，因此可以从积分中提出，四项中两项变为 $-\ln(\bar{\Lambda})\int \Lambda(x) f(x) \mathrm{d}x = -\ln(\bar{\Lambda})\bar{\Lambda}$ 和 $-\ln(1 - \bar{\Lambda})\int (1 - \Lambda(x)) f(x) \mathrm{d}x = -\ln(1 - \bar{\Lambda})(1 - \bar{\Lambda})$。这样：

$$I(s, x) = \int \Lambda(x)\ln(\Lambda(x)) f(x) \mathrm{d}x + \int (1 - \Lambda(x))\ln(1 - \Lambda(x)) f(x) \mathrm{d}x$$

$$- \bar{\Lambda}\ln(\bar{\Lambda}) - (1 - \bar{\Lambda})\ln(1 - \bar{\Lambda})$$

将上式的前两项并入一个积分中并对该合并项加以处理。再次利用熵的概念，我们知道这一合并项就是信号 s 以风险率函数 $\Lambda(x)$：$E[\ln(p(s=0\mid\Lambda(x)))+\ln(p(s=1\mid\Lambda(x)))]=-H(s\mid\Lambda(x))$ 为条件的熵。同样，上式的最后两项是信号 s 以先验概率 $\bar{\Lambda}$ 为条件的熵，该条件熵就是 $H(s\mid\bar{\Lambda})$。

将互信息代入企业的目标函数式(6.40)，并利用 $\Lambda(x)$ 是概率 $\mathrm{Prob}[\delta(s)=1\mid x]$ 的事实，就得到企业的最大化问题为：

$$\max_{\Lambda(x)}\int[\Lambda(x)L(x)-\theta H(s\mid\Lambda(x))]f(x)\mathrm{d}x+\theta H(s\mid\bar{\Lambda})\quad(6.43)$$

Woodford 证明，一阶方法刻画了这一问题的唯一全局解。在每一个有正测度（$f(x)>0$）的状态 x 中，目标函数关于 Λ 的一阶导数必须为 0：

$$\left(L(x)-\theta\frac{\partial H(s\mid\Lambda(x))}{\partial\Lambda(x)}\right)f(x)+\theta\frac{\partial H(s\mid\bar{\Lambda})}{\partial\bar{\Lambda}}\frac{\partial\bar{\Lambda}}{\partial\Lambda(x)}=0,$$

$$\forall x\ 使得\ f(x)>0\quad(6.44)$$

简单求导后，得到 $\partial H(s\mid\Lambda(x))/\partial\Lambda(x)=\ln(\Lambda(x)/(1-\Lambda(x)))$ 和 $\partial\bar{\Lambda}/\partial\Lambda(x)=f(x)$。由于我们现在考察的是 $f(x)>0$ 的状态，因而我们消去 $f(x)$ 项，将最优风险率函数表示为：

$$\ln\left(\frac{\Lambda(x)}{1-\Lambda(x)}\right)=\ln\left(\frac{\bar{\Lambda}}{1-\bar{\Lambda}}\right)+\frac{L(x)}{\theta}\quad(6.45)$$

由此条件，我们可以求得最优理性疏忽程度。该模型的特点之一是，由于调整价格允许企业获得完美信息下的定期调整，因而企业没有什么激励配置太多注意力给 x。

Woodford 继续描述了在一个动态模型中，如何从过去的信号中内生得到先验信念 $f(x)$。他还在垄断竞争企业的一个均衡模型中将收益函数 $L(x)$ 与经济基本面联系起来。

对该模型进行校准后，可以得出价格相对货币政策变化的比较接近真实的惯性程度。对于小的冲击，这些结论类似于时间依存模型所预测的结果。其中的原因在于，一些价格远离最优价格（$|x|$ 很大）的企业不知道这一点。由于信息摩擦，这样的企业的价格有黏性，这意味着它们不会对货币环境中的变化作出反应。

6.6 更广泛的主题和未来研究的路径

本章中探讨的机制,特别是协调动机与异质信息之间的互动,可用于解释总体行动表现出惯性的许多情形。

消费惯性与过度敏感性　一个标准的理性预期永久收入假设(permanent income hypothesis,PIH)模型不能解释有关消费者行为的两个实证谜题。第一个谜题是过度消费平滑性:总消费增长要比美国数据所显示的短期总收入增长平滑得多,也比永久收入假设所预测的要平滑得多。第二个谜题是过度敏感性:当冲击被预测到时,总消费实际上比永久收入假设所预测的要更敏感。

Luo(2008)证明,一个理性疏忽模型可以解释这些事实。行为人具有二次方效用函数,并且其收入面临永久(随机游走)冲击和临时(移动平均)冲击。行为人观察不到收入,但能获得关于收入的有噪声的信号。

其主要结论是,较小的信息加工能力在短期内会减弱消费对永久收入冲击和临时收入冲击的反应,但在长期内会放大这一反应。我们目前已多次看到,不完美信息使得行动与未观察到的状态变量关系不大,因此,短期反应会被减弱。而那些有高收入但没有提高其消费的行为人会积累财富,会让这些行为人在未来时期有更高的消费,所以长期反应被放大了。

资产价格对某些冲击的不敏感性　与商品价格一样,股票价格吸纳某些种类的消息很慢,吸纳别的信息则很快。Hong、Stein 和 Yu(2007)举了亚马逊股票价格的例子。亚马逊的股价最初主要对关于其网站点击量的信息有反应,而对盈余公告毫无反应,即使盈余公告似乎与未来股利更加相关。在储蓄—消费问题中,减税与等额退税对消费行为的影响似乎有所不同。在公司债市场,投资者对公司债的评级下降比对评级上调反应更大。诸如此类的现象也许能用一个注意力配置模型来解释。Maćkowiak 和 Wiederholt(2009b)告诉我们,波动性越大的变量越值得关注。这一效应可以表现为动态的再配置效应:对预期有更高波动性的变量,企业会紧密追踪并快速反应。当预期到一个变量会相对固定不变时,该变量的值的变化也许不会影响企业行为,因为企业选择将注意力配置给其他变量了。

类似地,会存在私人信息不影响总体行动,但公共信息会影响的情形。例如,某些新闻故事在其首次被发表时不会影响一只股票的价格,但当其后来被发行量更大的出版物转载时却会影响这只股票的价格(Huberman and Regev,2001)。Reis(2006)强调的一个效应是,当企业想要协调时,获取更接近于共同知识的信息的激励,要强于获取大多数其他人不会选择去观察的信息的激励。

资产市场中对近期消息的过度反应 在 6.2 节中我们看到协调动机与异质信息合并在一起是如何成为惯性的潜在来源的。其中的观点是,如果你想采取接近于其他人所选行动的行动(如设定价格),你就会对公共信息做出更大反应(相对于私人信息)。当企业只是偶尔获得更新的信息时,旧的信息更接近于公共信息。只有那些在新事件发生后就已更新了自身信息集的企业,才会知道更新的信息。因此,企业会把更多的权重放在旧的更公共的信息上,这使得企业的行动变化缓慢。

但是,如果行动中的策略动机的特征是替代性而非互补性,那会怎样呢?第 7 章将证明投资决策的特征就是这种替代性。如果企业想要采取不同于其他企业的选择的行动,企业就会想要更加看重私人信息而更少看重公共信息。当企业只是偶尔获得更新了的信息时,则更新一些的信息中有更多的私人信息。这样,更加看重更新的信息是最优的。这一逻辑也许可以解释为什么在资产市场中存在过度波动性。

评级机构 本章中的工具也可以被用来提出规范性问题。例如,一家评级企业有大量的资产要评估,但只有有限的信息加工资源来对这些资产进行再评估。它应该对哪些有待再评估的资产收集更多的相关信息呢?如果评级机构遵循这一最优再评估程序,企业能采取操纵这一过程的行动吗?当企业的绩效很差时,企业可以进行投资来最小化其被再评估的可能性吗?而当企业的绩效很强时,企业可以进行投资来最大化其被再评级的可能性吗?一个让企业重新设定评级而非价格的与本章模型类似的框架可用来回答上述问题。

监督和道德风险 理性疏忽模型和漫不经心模型的另一个应用是,重新思考在应用微观经济学和公司金融中出现的有关最优监督的问题。例如,如果一个经理必须监督许多不同的业务,他会如何在这些业务之间配置他的注意力呢？这个经理的薪酬计划会如何影响他的配置选择？

再论中央银行透明度 在第 5 章中提出的主要问题是，中央银行或其他政府主管部门是否应该公开披露信息？Morris 和 Shin（2002）认为，如果协调产生私人收益而非公共收益，那么由公共信息促成的太多协调能够减少福利。根据 Amador 和 Weill（2011），当行为人知道许多公共信息时，他们的行动就会揭示很少的私人信息，其他人从观察他们中获得的新的信息也会很少。

本章引入的信息选择不是由政府作出的，而是由设定价格的企业作出的选择。政府的信息披露也会与企业的信息选择相互影响而产生另一个支持不公开公共信息的理由。其中的观点是，公共信息会妨碍信息获取。如果拥有公共信息的行为人会减少私人信息的获取，那么总体信息会受损，社会福利也会变差。

6.7 习题

1. 证明式（6.27）中的结论。猜想价格 p_t 是过去的货币供给变化 $\epsilon_{t-\tau}$ 的线性组合。然后使用式（6.25）和式（6.26）来验证该猜想，并求解待定系数。

2. 假定所有企业在数期前更新其信息，但在那之后再也没有企业更新信息。这是一个均衡吗？将当前价格表示成需求新息（innovations）的函数。

3. 如果最近有更多的企业在制订计划，这会如何影响一个企业不制订计划而受到的损失？提示：将你的答案表示成偏导数。

4. 证明如果 $r > 0$，且所有企业选择在偶数期更新信息，那么任何给定的企业都会严格偏好在偶数期而非奇数期更新信息。

5. 验证 Maćkowiak 和 Wiederholt（2009b）中最优价格的表达式［即式（6.31）］。

6. 现在假设企业根据 Maćkowiak 和 Wiederholt（2009b），在线性信息处理约束下处理信息。这个新模型的解是什么？请详细解释。

注　释

① 直接这样设定需求,显然是一种简化。关于这种形式的总需求的微观基础模型,参见 Lorenzoni(2009)。

② 这个二次目标函数来自对一个微观基础模型的二阶逼近。Ball 和 Romer (1990)从第一性原理中得出了该价格设定模型。Hellwig 和 Veldkamp (2009)的技术性附录证明,该文的微观基础在信息有成本的情形中得出了相同的目标函数。

第三部分

行动可替代性下的信息选择

信息选择与投资选择

　　资产的什么特征使得其收益值得被了解？最早的一些具有多个行为人的信息获取的均衡模型是关于资产市场的。这些基本模型不仅为金融市场而且为生产经济中的信息选择问题提供了一个有用的建模框架。

　　前几章侧重于行动体现为协调动机的情形，本章我们开始探讨策略替代性的情形。这也许是经济学中更加常见的情形，因为它是从价格在配置商品时所起的作用中自然出现的：行为人通常更喜欢买别人不愿买的产品（或资产），因为别人想要的产品会更贵。正如 4.4 节的模型所示，这使得信息获取也是策略替代的。

　　投资选择也在另一个方面不同于前面的模型。在信息获取中，设定哪个价格或者采取哪一个行动的选择不会产生任何规模经济。有了投资后，选择更多地投资于某一资产会使得了解该资产的收益更有价值。不过，为了确保本章重点讨论策略替代性，我们将把规模经济的讨论放到第 8 章。

　　7.1 节探讨 Grossman 和 Stiglitz(1980) 中的单一资产一般均衡模型。在该模型中，投资者选择是否获取一个关于风险资产的信号。替代性表现为：当获取某一信号的投资者越多，获取该信号的价值越少。7.2 节构建了一个有多种风险资产的均衡模型框架。投资者拥有异质信息，但他们不能选择信息。7.3 节在上述框架下引入了信息选择。这时，替代性再次出现。因为投资者更倾向于买价格降低的低需求资产，所以他们也更倾向于了解其他人了解更少的资产。因此,事前相同的投资者会选择了解不同的资产,并由此持有不同的资产组合。这些资产组合与标准的资产组合理论所描述的多元化资产组合不同。这样,在一个投资选择模型中引入信息选择会改变资产组合理论的基本结论。7.4 节考察了均衡模型中基于熵的信息约束可能采取的各种形式。

7.1 具有信息选择的单一资产模型

Grossman 和 Stiglitz(1980)构建了一个在具有一种风险资产的禀赋经济中信息获取的理性预期均衡模型。信息选择是离散的。投资者选择是否获取信号。关键结果是,当更多的投资者选择观察该信号时,信号的价值下降。许多后来的研究工作都建立在这一框架上。

模型 这是一个静态模型,我们可以将其分成 3 期。在第 1 期,每个投资者 i 可以选择是($L_i = 1$)否($L_i = 0$)购买一个信号。在第 2 期,投资者观察到信号和均衡价格,并选择投资多少无风险资产 m_i 和风险资产 q_i。在第 3 期,两种资产的收益与投资者的效用实现。

用 i 表示事前相同的投资者连续统,其具有如下期望效用:

$$U_i = -E_i\left[e^{-\rho(W_i - cL_i)}\right] \tag{7.1}$$

其中,W 是期末财富,cL 代表获取信息的货币成本。有两种资产,一种提供无风险收益 r,另一种支付有风险的收益 $f = \theta + e$。有风险的收益的第一项是行为人可以了解的部分,$\theta \sim N(\bar{\theta}, \sigma_\theta^2)$,观察 θ 的成本为 c。第二项则不可知:$e \sim N(0, \sigma_e^2)$。这两部分彼此独立。

无风险资产的价格是 1(计价单位),风险资产的价格为 p,在均衡中内生决定。

每个行为人拥有 m_i^0 单位无风险资产和 q_i^0 单位风险资产的禀赋。风险资产的总禀赋为 $\bar{x} + x = \int q_i^0 di$。禀赋的第二项是随机的,$x \sim N(0, \sigma_x^2)$。随机的资产供给这一假设可以起到两个相关的作用:防止价格完美显示资产的真实收益,防止行为人拒绝交易(Milgrom and Stokey,1982)。有许多不同方式对该假设进行了解释，包括：非理性噪声交易者的存在，随机禀赋冲击或交易者冲击，对流动性资产的需求。[①]这样，每个行为人的预算约束为：

$$m_i + pq_i = m_i^0 + pq_i^0 \tag{7.2}$$

其中，m_i 和 q_i 是行为人选择持有的无风险资产和风险资产的份额。期末财富来自无风险资产和风险资产的收益的总和：$W_i = rm_i + fq_i$。用预算约束替换掉其中的 m_i，则期末财富是 $W_i = r(m_i^0 + pq_i^0) + (f - pr)q_i$。

有噪声的理性预期均衡 Grossman 和 Stiglitz 所使用的均衡概念如下：给定先验信息，行为人选择是否购买信息（$L_i \in \{0, 1\}$）来最大化预期效用式(7.1)。给定行为人购买的信息以及在实现的均衡资产价格中所包含的信息，行为人选择其资产组合投资（m_i 和 q_i）来最大化其期望效用。

这一均衡概念让人觉得有些反直觉，因为风险资产的价格实现值会取决于行为人的资产需求。行为人怎么会知道这一价格，并在形成自己的需求时运用该价格呢？这一均衡概念的依据之一是试错理念；需求和价格反复调整直至收敛。得到这一均衡的另一机制是菜单拍卖。假定一个连续统的行为人递交了一份价格菜单，以及他们在每一价格上愿意购买的数量，即他们递交了一个需求函数 $q_i(p)$。然后一个拍卖人以市场出清价格卖出每一份风险资产。价格和相应的配置与有噪声的理性预期均衡一致。

求解模型 我们首先来求解第 2 期的投资选择问题，然后倒推出在第 1 期观察到信号的价值。替换掉 W，然后取效用函数的期望值，该期望值以投资者 i 的信号（如果这个投资者购买了一个信号）和风险资产的价格为条件：

$$U_i = -E_i[\exp(-\rho q_i(f - pr))]\exp(-\rho r(m_i^0 + pq_i^0))\exp(\rho c L_i)$$

在第 2 期，$\exp(-\rho r(m_i^0 + pq_i^0))$ 项和 $\exp(\rho c L_i)$ 项是正的常数，因为信息选择 L_i 已经作出了。它们不会影响最大化问题，只是信息选择会影响作为期望值 E_i 的条件的信息集。余下的 $\exp(-\rho q_i(f - pr))$ 项是对数正态分布变量，因为价格乘以无风险利率 pr 是已知的，且 f 服从正态分布。如果行为人 i 认为 f 的均值为 $E_i[f]$，方差为 $V_i[f]$，那么效用中的对数正态分布项的条件均值为：

$$-E_i[\exp(-\rho q_i(f - pr))] = -\exp\left(-\rho q_i(E_i[f] - pr) + \frac{\rho^2}{2}q_i^2 V_i[f]\right)$$

$$\tag{7.3}$$

这些计算强调了指数函数偏好（也被称为不变绝对风险厌恶，constant absolute risk aversion，CARA）的一些有用特征。首先，这些偏好在基于信息的模型中行得通，因为取一个正态分布随机变量的指数函数的期望值在分析上是可行的。其次，初始财富无关紧要。穷人和富人看待同样的赌局（gamble）的方式相同，都想持有相同数量的风险资产。这使我们没必要去追踪异质性。尽管对于这种形式的效用函数，和对无界的正态分布收益的想法有许多反对意见，但求解大多数其他假设集下的模型在分析上会很难操作，在计算上也颇有挑战。[②]

第 1 步：求解资产组合与价格　从要解决的最后一个问题即资产组合问题开始，然后倒推。假定投资者 i 认为，以其在投资时期所知道的一切为条件，$f \sim N(E_i[f], V_i[f])$。

q_i 的一阶条件为 $-\rho(E_i[f] - pr) + \rho^2 V_i[f] q_i = 0$。整理后得到如下最优资产组合：

$$q_i = \frac{1}{\rho} V_i[f]^{-1}(E_i[f] - pr) \tag{7.4}$$

对无风险资产的购买 m_i 则使得满足预算约束。请注意，上述解并没有排除对风险资产或无风险资产的负头寸（即卖空）。

到这里，我们可以去掉下标 i，并只考虑两种类型的投资者，即知情投资者（informed，I）和不知情投资者（uninformed，U）。知情投资者是那些已支付成本来观察 θ 的投资者，但因为他们不知道 e，所以他们仍然不确切知道资产收益是多少。不知情投资者不知道 θ 或 e，两类投资者都会观察到资产价格 p。

对于知情投资者和不知情投资者而言，一阶条件式（7.4）均成立。这两类投资者之间的差异是其 f 的条件期望值和方差。在式（7.4）中代入正确的后验均值与方差，就得到知情投资者的资产需求 q^I：

$$q^I = \frac{1}{\rho} \sigma_e^{-2}(\theta - pr) \tag{7.5}$$

对于不知情投资者而言，其资产需求 q^U 更复杂，因为他们从观察资产价格 p 中对 θ 有所了解。与此同时，资产价格受到不知情投资者对资产的需求的影响。这是一个不动点问题。我们需要联合求解 p 和 q^U。

第 2 步：决定风险资产的价格　　风险资产的价格由市场出清条件决定：

$$\lambda q^I + (1-\lambda)q^U = \bar{x} + x$$

我们运用"猜测并验证"的求解方法。这里的假说是，价格是 θ 和 x 的线性函数：对于某些系数 A、B 和 C，$p = A + B\theta + Cx$。利用这一价格函数，我们可以通过这一价格求出风险资产的需求，并可以将这些需求函数代入市场出清条件，然后求解待定系数来验证假设。

对于不知情投资者，采用正态分布变量的贝叶斯更新公式——式（2.3）和式（2.4）——来将先验信念 $\theta \sim N(\bar{\theta}, \sigma_\theta^2)$ 和来自价格的信号 $(p-A)/B \sim N(\theta, (C/B)^2\sigma_x^2)$ 合并在一起。后验方差是：

$$\sigma_{\theta|p}^2 \equiv \text{var}[\theta \mid p] = (\sigma_\theta^{-2} + ((C/B)^2\sigma_x^2)^{-1})^{-1}$$

后验均值是：

$$\hat{\mu} \equiv E[\theta \mid p] = \sigma_{\theta|p}^2 \left(\sigma_\theta^{-2}\bar{\theta} + \frac{1}{(C/B)^2\sigma_x^2}\frac{p-A}{B} \right)$$

由于 θ 和 e 是相互独立的，f 的条件方差是条件方差之和 $\sigma_{\theta|p}^2 + \sigma_e^2$。在式（7.4）中代入 f 的条件均值和方差以替换掉 $E_i[f]$ 和 $V_i[f]$，得到不知情投资者的最优资产组合：

$$q^U = \frac{\hat{\mu} - pr}{\rho(\sigma_{\theta|p}^2 + \sigma_e^2)} \tag{7.6}$$

最后将式（7.5）和式（7.6）这两个需求函数分别以 λ 和 $(1-\lambda)$ 为权重加起来，并令之等于 $\bar{x} + x$。整理后得到的表达式是 x 和 θ 的线性函数。x 和 θ 均只出现一次，并且它们关于 p 是可加的。其他的都是常数系数。这验证了对于线性价格规则的猜测。系数 A、B 和 C 可以通过待定系数来求解。

平均而言，知情投资者的需求更大。知情投资者和不知情投资者的收益的条件期望值相同，即 $E[\hat{\mu}] = \theta$，但知情投资者的条件方差更低：$\sigma_e^2 < \sigma_{\theta|p}^2 + \sigma_e^2$。条件方差越低，意味着对具有正的期望回报的资产的需求更高。换言之，投资者更愿意对风险较小的资产持有更大的头寸。这一点会相当重要，因为这意味着，平均而言，更高的信息需求会增加资产需求，并提高资产的均衡

价格。

第 3 步:决定信息的价值 既然我们知道每一类投资者持有多少风险资产,我们就可以比较知情投资者和不知情投资者的期望效用。这告诉我们信息多有价值。为了求期望效用,我们运用迭代期望法则,分三步进行:首先,以信号和资产价格为条件;其次,仅以资产价格为条件;最后,取仅依赖于先验信息的无条件期望值 $E[e^{-\rho W}] = E[E[E[e^{-\rho W} \mid E[f], p] \mid p]]$。

为了简化这些表达式,我们将忽略投资者的效用函数中的常数。令 $U^U = E[e^{-\alpha(f-pr)}]$ 代表不知情投资者的期望效用,U^I 代表知情投资者的期望效用。

不知情投资者的期望效用 不知情投资者形成了一个关于 f 的仅以先验信息和资产价格 p 为条件的后验信念。这样,以 $E[f]$ 和 p 为条件的期望值与仅以 p 为条件的期望值相同。

以 p 为条件的收益的不确定性为 $V[f \mid p] = \sigma_e^2 + \sigma_{\theta|p}^2$。令 $\hat{\mu} \equiv E[f \mid p]$。我们已经知道,对数正态分布变量的均值是相应正态分布变量的均值的幂再加上其一半的方差。运用这一规则,得到不知情投资者的期望效用为 U^U:

$$E[U^U \mid p] = -\exp\left(\frac{-(\hat{\mu}-pr)^2}{\sigma_e^2 + \sigma_{\theta|p}^2} + \frac{1}{2}\left(\frac{\hat{\mu}-pr}{\sigma_e^2 + \sigma_{\theta|p}^2}\right)^2 (\sigma_e^2 + \sigma_{\theta|p}^2)\right)$$

合并同类项,得到:

$$E[U^U \mid p] = -\exp\left(-\frac{1}{2}\frac{(\hat{\mu}-pr)^2}{\sigma_e^2 + \sigma_{\theta|p}^2}\right)$$

还有一个关于 p 的我们尚未求的期望值。事实证明我们不必求。

知情投资者的期望效用 令 U^I 代表减去信息成本之前的知情投资者的期望效用。为了求对数正态分布变量的均值,运用同一法则后得到:

$$E[U^I \mid \theta, p] = E[e^{-\frac{1}{2}(\theta-pr)^2 \sigma_e^{-2}}] \tag{7.7}$$

其中,知情投资者的条件均值是 θ 而非 $\hat{\mu}$,条件方差是 σ_e^2。

接下来是在信号 θ 的实现值而非价格 p 的实现值上求期望值。这是一个二次正态的指数的期望值。7.6 节详细给出了计算这类期望值的一般公式并证明:

$$-E\left[e^{-\frac{1}{2}(\theta-pr)^2\sigma_e^{-2}}\right] = -\sqrt{\frac{\sigma_e^2}{\sigma_e^2+\sigma_{\theta|p}^2}}\exp\left(-\frac{1}{2}\frac{(\hat{\mu}-pr)^2}{\sigma_e^2+\sigma_{\theta|p}^2}\right)$$

请注意,上式等号右边第二项是不知情投资者的期望效用 $E[U^U|p]$(乘以 -1)。

因此,两种效用间的差即信息的价值为:

$$E[U^I\mid p]-E[U^U\mid p] = \left(\sqrt{\frac{\sigma_e^2}{\sigma_e^2+\sigma_{\theta|p}^2}}-1\right)E[U^U\mid p]$$

第4步:对信息的均衡需求 由于所有的投资者事前是相同的,每个投资者必定在学习或不学习之间无差异。接下来我们把信息成本加总起来,并给出求解在总体中知情投资者所占比例 λ 的无差异条件。

上一个表达式是减去信息成本之前的信息的价值。信息成本是乘积形式的:效用函数式(7.1)可被重写成 $U_i = -E[e^{-\rho W_i}]e^{\rho c L_i}$。由于对于知情投资者,$L_i = 1$,对于不知情投资者,$L_i = 0$,因而减去信息成本之后的净信息收益为:

$$\left(\sqrt{\frac{\sigma_e^2}{\sigma_e^2+\sigma_{\theta|p}^2}}e^{\rho c}-1\right)E[U^U\mid p]$$

在均衡中,这一净信息收益必定为 0,因为这会使得投资者事前在知情与不知情之间是无差异的。由于对于任意有限水平的财富,$E[U^U\mid p]\neq 0$,因而这个无差异条件意味着:

$$\sqrt{\frac{\sigma_e^2+\sigma_{\theta|p}^2}{\sigma_e^2}} = e^{\rho c} \tag{7.8}$$

我们知道,这个条件让我们能求出选择获取信息的投资者的占比。知情投资者的占比 λ 是从何处进入均衡条件的呢?它是通过 $\sigma_{\theta|p}^{-2} = \sigma_e^{-2} + ((C^2/B^2)\sigma_x^2)^{-1}$ 来进入的,因为价格中资产供给冲击的权重 C 随着 λ 递减,信号的权重 B 随着 λ 递增。Grossman 和 Stiglitz(1980)从未求出 λ 的显示解。他们只是利用这中间的关系来讨论信息需求的性质。

我们从 Grossman 和 Stiglitz(1980)中学到了什么? 信息的价值,和有信息的收益方差与没有信息的收益方差的比率的平方根有关。收益水平、财富、无风险利率等无关紧要。风险厌恶之所以重要也只是因为它决定了支付信息成本的效用成本。

另一个重要发现是策略替代性再次出现了：越多人获取信息，这一信息的价值就越小。当 λ 增大时，价格中 θ 上的权重（系数 B）提高。换言之，价格具有更多的信息内容：$\sigma_{\theta|p}^2$ 下降。如果不购买信息时收益的变动减小，那么信息的价值就会下降。Grossman 和 Stiglitz(1980，第 105 页)称此为"市场传播信息的效率与获取信息的激励之间的基本冲突"。

7.2 多种资产与外生信息

考虑一个与 Grossman-Stiglitz 类似，但有多种风险资产的情形。和前面一样，市场价格不完美地加总了信息。我们考虑的不再是选择自身信息的行为人，而是具有信息禀赋的个体。但他们被赋予的信息是异质性的。每个人对于自身信息的均值和方差都有自己的先验信念。Admati(1985)利用该设定提了一些问题，例如，更精确的私人信息会对资产价格有什么影响？

假设存在一个行为人的连续统。在一个静态模型中，行为人被赋予关于资产收益的异质信号。他们将这些信号与来自均衡价格的信息合并在一起，以形成他们的最优投资选择。最后，他们观察到资产收益，并从最终财富中获得效用。

和前面一样，偏好是指数函数型的：$U_i = E_i[-e^{-\rho_i W_i}]$，其中，$\rho_i$ 是行为人 i 的风险厌恶，W 是行为人的最终财富。存在 N 种风险资产，其收益为 $N \times 1$ 向量 f。这些收益是外生且未知的。还有一种收益为 $r > 1$ 的无风险资产。预算约束与上一节中一样，只是现在是向量形式：$W_i = (W_{0i} - q_i'p)r + q_i'f$，其中，$W_{0i}$ 是初始财富，q_i 是行为人 i 选择持有的资产数量的 $N \times 1$ 向量，p 是风险资产价格的 $N \times 1$ 向量。

行为人 i 有关于资产收益的外生给定的先验信念：$f \sim$ i.i.d.$N(\mu_i, \Sigma_i)$。风险资产的供给是随机的 $\bar{x} + x$，其中，$x \sim N(0, \sigma_x^2 I)$。

和上一节中一样，均衡是有噪声的理性预期均衡。

求解资产组合和价格 首先我们来重写偏好的表达式并代入预算约束。财富的期望值部分只是一个常数乘子。这个乘子可以去掉，因为最大化一个函数乘以一个正的常数会产生同样的最优选择。这个简化的目标函数是：

$$U_i = E_i \big[-e^{-\rho_i q_i'(f-pr)} \big] \tag{7.9}$$

尽管在这个模型中投资者没有选择观察任何信息，但他们获取了价格中所包含的信息。假定价格是真实的资产收益 f 和资产供给冲击 x 的线性函数。我们可以把该线性函数写为具有未知的系数 $A(N \times 1)$ 以及 $(N \times N)$ 矩阵 B 和 C：

$$rp = A + Bf + Cx \tag{7.10}$$

（当我们最后求解该系数时，我们将验证这个猜测的线性函数实际上是一个均衡。）这意味着 $B^{-1}(rp - A) = f + B^{-1}Cx$。由于供给冲击向量 x 被假设为一个零均值的正态分布随机变量，因而这是一个关于资产收益 f 的无偏信号。令 $s(p) \equiv B^{-1}(rp - A)$ 代表这个信号。信号噪声 $B^{-1}Cx$ 具有方差—协方差矩阵 $\sigma_x^2 B^{-1}C(B^{-1}C)'$。令 Σ_p 代表方差。

贝叶斯法则告诉我们如何将先验信念和价格中的信息合并在一起形成后验信念。投资者 i 会有后验信念 $f \sim N(\hat{\mu}_i, \hat{\Sigma}_i)$，其中：

$$\hat{\Sigma}_i = (\Sigma_i^{-1} + \Sigma_p^{-1})^{-1} \tag{7.11}$$

$$\hat{\mu}_i = \hat{\Sigma}_i \big[\Sigma_i^{-1} \mu_i + \Sigma_p^{-1} s(p) \big] \tag{7.12}$$

这提出了以下疑问：价格中含有什么信息？$s(p)$ 和 Σ_p 所基于的未知系数 A、B 和 C 是什么？结果我们发现这取决于投资者的资产需求。而资产需求又取决于信念，信念又是由价格中包含的信息而部分地决定的。换言之，这是个不动点问题。为了解这一问题，我们令 $s(p)$ 和 Σ_p 视作给定的，来求解投资需求，得出均衡价格，然后用待定系数法求出 $s(p)$ 和 Σ_p。

对式（7.9）取关于 q_i 的一阶条件，得到投资者 i 的最优资产组合。给定后验信念 $f \sim N(\hat{\mu}_i, \hat{\Sigma}_i)$，该最优资产组合为：

$$q_i = \frac{1}{\rho_i} \hat{\Sigma}_i^{-1}(\hat{\mu}_i - pr) \tag{7.13}$$

为了求出资产价格，运用市场出清条件。对于资产的需求必须等于供给：$\int q_i di = x + \bar{x}$。代入式（7.13）以替换掉资产需求 q_i，代入式（7.12）以替换掉

$\hat{\mu}_i$，得到：

$$\int \frac{1}{\rho_i} \hat{\Sigma}_i^{-1} \{ \hat{\Sigma}_i [\Sigma_i^{-1} \mu_i + \Sigma_p^{-1} s(p)] - pr \} \mathrm{d}i = x + \bar{x}$$

接下来，我们定义两个符号。第一个符号是行为人的初始精确度以其风险容忍度加权的平均值 $\psi \equiv \int \frac{1}{\rho_i} \Sigma_i^{-1} \mathrm{d}i$，第二个符号是风险厌恶的调和平均值 $\bar{\rho} \equiv \left(\int \rho_i^{-1} \mathrm{d}i \right)^{-1}$。利用均值 μ_i 中的异质性与方差 Σ_i 和风险厌恶 ρ_i 中的异质性不相关的事实，我们可以把市场出清条件改写为：

$$\psi \int \mu_i \mathrm{d}i + \frac{1}{\bar{\rho}} \Sigma_p^{-1} s(p) - \int \frac{1}{\rho_i} \hat{\Sigma}_i^{-1} \mathrm{d}i pr = x + \bar{x}$$

由于所有投资者的信念围绕真实收益 f 独立同分布，而且式（7.11）表明 $\hat{\Sigma}_i^{-1} = \Sigma_i^{-1} + \Sigma_p^{-1}$，因而上述市场出清条件就变为：

$$\psi f + \frac{1}{\bar{\rho}} (\Sigma_p^{-1} s(p) - \Sigma_p^{-1} rp) - \psi rp = x + \bar{x} \tag{7.14}$$

最后代入 $s(p)$ 和 Σ_p 以求解价格 p，并运用待定系数法来求解 A、B 和 C。我们已经知道 $s(p) = B^{-1}(rp - A)$ 且 $\Sigma_p = \sigma_x^2 B^{-1} C (B^{-1} C)'$，将这两个表达式代入式（7.14），求出 rp，并通过待定系数得到下列解：

$$\begin{aligned} A &= -\bar{\rho}(\bar{\rho}\psi + \Sigma_p^{-1})^{-1} \bar{x} \\ B &= I \\ C &= -\psi^{-1} \end{aligned} \tag{7.15}$$

A 是无条件期望回报，它等于风险厌恶乘以一个合成的"平均"行为人的后验信念。该平均行为人的信息集是所有行为人的信号的均值，其精确度是所有行为人的精确度的均值。如果风险厌恶对于所有行为人是一样的，那么 $A = -\rho \hat{\Sigma}_a^{-1} \bar{x}$，其中，$\hat{\Sigma}_a^{-1} \equiv \int \hat{\Sigma}_i^{-1} \mathrm{d}i$。

C 是价格对资产供给冲击的敏感度。合成的"平均"行为人起初越不确定（$\hat{\Sigma}_a$ 很高），供给的增加就越能降低一种资产的价格。

解释结论 什么资产会有较高的价格（由此收益率较低）呢？行为人面

临较少不确定性（Σ_a 很低）的资产应该有较高的价格，因为对于风险厌恶的投资者而言，风险小一些的资产更有价值。数量不那么多的资产 $\hat{\mu}_i$（$\bar{x}$ 很小）的价格会较高，因为稀缺性提高了该资产的价格。相反，数量较多的资产需要有较低的价格来引导平均投资者持有更多的该资产，以便其市场得以出清。具有较小的资产供给冲击（σ_x^2 很小）的资产会有更高的价格，因为其价格会揭示更多的信息。这使得平均投资者更加了解这些资产的真实价值。有关收益的信息越多，资产对于投资者的风险就越小，投资者对该资产的估值就更高。

投资者想要持有什么样的资产呢？我们已经知道 $q_i = \dfrac{1}{\rho_i}\hat{\Sigma}_i^{-1}(\hat{\mu}_i - pr)$。因此，投资者想要持有的是他们看好的资产（$\hat{\mu}_i$ 较高），他们非常了解的资产（$\hat{\Sigma}_i^{-1}$ 较高），以及有高收益的资产（pr 较低）。

关于唯一性的注解　我们尚未排除掉其他可能的非线性均衡价格函数。就我所知，还没有人证明过解是唯一的。对此，我们该做些什么呢？什么也不用做，记住这一点就好了。当然，如果你正在寻找一个难题来处理，并且你有相应的工具，那么求证该解是否唯一是一个值得解答的有用问题。

计算期望效用　为了在下一节分析信息选择，我们需要了解得自每个信息集的期望效用。先来计算以价格为条件的期望效用。观察到价格之后，f 就是唯一的随机变量：$f \sim N(\hat{\mu}_i, \hat{\Sigma}_i)$。利用对数正态分布变量的期望公式，可以得到：

$$E[U \mid p, \hat{\mu}_i] = E[-e^{-\rho_i q_i'(f - pr)} \mid \hat{\mu}_i, p]$$

$$= -\exp\left[-\rho_i q_i'(\hat{\mu}_i - pr) + \frac{\rho_i^2}{2}q_i'\hat{\Sigma}_i q_i\right] \quad (7.16)$$

代入 q_i 的表达式，整理后得到：

$$E[U \mid p, \hat{\mu}_i] = -\exp\left[-\frac{1}{2}(\hat{\mu}_i - pr)'\hat{\Sigma}_i^{-1}(\hat{\mu}_i - pr)\right] \quad (7.17)$$

由于幂算子是一个单调递增函数，因而上式等同于最大化 $\dfrac{1}{2}(\hat{\mu}_i - pr)'\hat{\Sigma}_i^{-1}(\hat{\mu}_i - pr)$。

7.3 具有信息选择的多种资产模型

我们先从上一节的模型开始,然后在投资选择之前,增加一个信息选择环节。7.1 节中的 Grossman 和 Stiglitz(1980)模型能够预测有多大比例的投资者会选择购买一个给定信号,而在本节的模型中,投资者在不同信号之间作选择。③ 投资者能获取固定量的信息(他们有固定的信息能力),并且他们可以选择了解哪些资产的信息(如何配置他们的信息能力)。我们已经得出在后验信念为任意 $\hat{\mu}_i$ 和 $\hat{\Sigma}_i$ 的设定中,一个投资者可以获得的期望效用有多大。接下来,我们将此期望效用作信息选择问题中的目标函数。

在该模型中,投资者在形成自身的资产组合时会考虑三条信息。首先,每个投资者的先验信念为 $f \sim N(\mu_i, \Sigma_i)$。其次,正如 Admati(1985)所示,价格也包含信息,从而 $E[f \mid p] = f + e_p$,其中,$e_p \sim N(0, \Sigma_p)$。最后,行为人会选择观察一个关于每种资产的收益的信号向量 $\eta = f + e_\eta$,其中,$e_\eta \sim N(0, \Sigma_\eta)$。投资者 i 的后验均值和方差即 $\hat{\mu}_i$ 和 $\hat{\Sigma}_i$ 包含所有这三条信息。和前面一样,我们假定资产收益和信号噪声是相互独立的,从而 Σ 和 Σ_η 是对角矩阵。

模型设定 当一个投资者选择其信号分布时,他不知道自身的信号实现值会是多少。因此,他的后验信念 $\hat{\mu}_i$ 也是不确定的。为了计算无条件期望效用,我们需要对式(7.17)中的 $\hat{\mu}_i$ 取期望值。这是平方正态分布变量的指数的期望值。7.6 节详细给出了计算这一期望值的公式,并证明这一期望值为:

$$E[U] = -(|\Sigma| / |\hat{\Sigma}|)^{-1/2} \exp\left\{ -\frac{1}{2} E[\hat{\mu}_i - pr]' \Sigma^{-1} E[\hat{\mu}_i - pr] \right\}$$

$$(7.18)$$

幂算子 E 是无条件的。它只基于投资者的先验信念中的信息。在投资者选择获取什么信号的时期 1,这是投资者知道的全部信息。信号选择不会影响这一无条件期望值。信号选择也不会系统性地影响 $\hat{\mu}$,因为投资者预计信号不会影响他们对资产收益率的看法:$E_i[\hat{\mu}] = \mu_i$。信号选择也不会影响

价格,因为某一投资者只是一个投资者连续统中的一员。因此,投资者会选择信号来最大化式(7.18)中的第一项,即$(|\Sigma|/|\hat{\Sigma}|)^{-1/2}$。

有两个约束决定了投资者会如何选择其信号。第一个约束是信息能力约束。如 3.2 节所述,这个约束的形式为先验信念与先验信念加上信号之间的互信息的上界:

$$|\Sigma^{-1}+\Sigma_\eta^{-1}| \leqslant e^{2k}|\Sigma^{-1}| \qquad (7.19)$$

在前面 $\Sigma^{-1}+\Sigma_\eta^{-1}$ 是后验信念的精确度,但现在不是了,因为后验信念也包含从价格中推断的信息。

第二个约束是无遗忘约束(no-forgetting constraint):

$$\Sigma_\eta,半正定 \qquad (7.20)$$

没有这个约束,投资者为了获得关于另一个变量的更精确的信号,会选择忘掉关于某一变量的知识。

简化假设:独立资产,独立信号　　假定 Σ 和 Σ_η 是对角矩阵,那么它们的逆矩阵也是对角矩阵,并且这些逆矩阵的和与积也是对角矩阵。因此,$\hat{\Sigma}$ 也会是对角矩阵。为了求解这个具有相关资产的模型,只要采用 3.8 节的方差分解工具即可。更多的详情见 7.7 节。

7.3.1　专业化的好处

为了求解最优学习策略,第一步是证明目标函数是凸函数。这一凸性表明了收益递增,而正是收益递增带来了专业化的好处。

在一个与此类似的多元最优化问题中,目标函数的二阶导数不能决定该问题是否为凸。要在每个选择变量上均为凸,该问题必定有一个正的加边海森矩阵(bordered Hessian matrix)。④ 这个海森矩阵算起来非常麻烦。建立凸性的最简单方式是将问题表述为:效用是选择变量上的可加可分效用,并且约束是一个简单和约束。如果一个问题具有这些特征并且其效用函数在每个选择变量上都有正的二阶导数,那么它就是一个凸问题,并且因此有一个角点解。为了得到这种形式的问题,让我们取目标函数的对数,并在约束条件的等号两边取对数。令 $\Sigma(j)$ 代表任意矩阵 Σ 的第 j 个对角线元素。然后对变量作一个变换。令 $x_j = \ln(\Sigma^{-1}(j)+\Sigma_\eta^{-1}(j))$,从而 $\Sigma_\eta^{-1}(j)=$

$\exp(x_j) - \Sigma^{-1}(j)$。问题就变为：

$$\max_{\{x_j\}_{j=1}^N} \sum_{j=1}^N \ln(\Sigma_p^{-1}(j) + \exp(x_j))$$

$$\text{s.t.} \quad \sum_{j=1}^N x_j < 2K - \ln(\mid \Sigma \mid)$$

$$x_j \geqslant \ln(\Sigma^{-1}(j)), \ \forall j$$

目标函数关于 x_j 的二阶导数为 $(\Sigma_p^{-1}(j)\exp(x_j))/(\Sigma_p^{-1}(j) + \exp(x_j))^2$，其对于每种资产 j 总为正。

这表明投资者会运用他们的所有信息能力来了解一种资产。如果他们专注于资产 j 的信息，那么相关信号的精确度可以在式(7.19)中对所有 $j' \neq j$ 设定 $\Sigma_\eta^{-1}(j') = 0$ 来求得。由此得出的信号精确度为 $\Sigma_\eta^{-1}(j) = \Sigma^{-1}(j)(e^{2k} - 1)$。

7.3.2　相同投资者持有不同资产组合

要求解上述模型，接下来一步就是要决定每个投资者了解的是哪一种资产的信息。假定一个投资者了解资产 j 的信息，则他的期望效用为：

$$U_1 \propto \prod_{j'=1}^N (\Sigma^{-1}(j') + \Sigma_p^{-1}(j')) \frac{\Sigma^{-1}(j)e^{2k} + \Sigma_p^{-1}(j)}{\Sigma^{-1}(j) + \Sigma_p^{-1}(j)}$$

由于乘积项对于所有资产都是一样的，因而最大期望效用来自对具有最高学习指数(learning index)的资产的学习。该学习指数被定义为

$$\mathcal{L}_j = (\Sigma^{-1}(j)e^{2k} + \Sigma_p^{-1}(j))/(\Sigma^{-1}(j) + \Sigma_p^{-1}(j)) \tag{7.21}$$

上述学习指数有两个重要特征。其一，该学习指数随着 $\Sigma_p^{-1}(j)$ 递减。合并式(7.15)与 Σ_p 的解，可得到 $\Sigma_p^{-1} = \sigma_x^{-2} \hat{\Sigma}_a^{-1} \hat{\Sigma}_a^{-1}$。由于 $\hat{\Sigma}_a^{-1}$ 是行为人的信息精确度的平均值，因而价格所包含的信息的精确度随着平均投资者的后验信念的精确度递增。这样，当许多投资者了解资产 j 的信息时，$\hat{\Sigma}_a(j)$ 和 $\Sigma_p^{-1}(j)$ 上升，学习指数 $\mathcal{L}_j$ 下降。这就是信息选择中的策略替代性。

其二，该学习指数随着 $\Sigma^{-1}(j)$ 递增。因此，投资者更愿意了解他们最初就更为了解的资产的信息。如果投资者最初对于 $\Sigma^{-1}(j)$ 的不同值具有异质信念，那么拥有关于资产 j 的更精确的初始信息的投资者会更加可能去了解该资产。这一效应就构成了 Van Nieuwerburgh 和 Veldkamp(2009)所提出

的本国偏好(home bias)理论的基础。

均衡信息配置 在所有投资者选择要获取什么信息的时候,他们都是相同的。因此,如果他们选择了解不同资产的信息,那么他们在任何人所了解的每一种资产之间必定是无差异的。否则,有人就可以通过改变自己的信息选择来提高自身的效用。

因此,我们可以将均衡信息配置描述为每个投资者都会采取的同一混合策略。该策略就是将所有的信息能力以概率 $\pi(j)$ 投入于一种资产 j: $\Sigma_\eta^{-1}(j) = \Sigma^{-1}(j)(e^{2k} - 1)$。这一策略决定了信号精确度的平均水平 $(\Sigma_\eta^a)^{-1}$,而其反过来又决定了 Σ_p 和学习指数集 $\mathcal{L}$。最优化要求如果 $\pi(j), \pi(k) > 0$,则 $\mathcal{L}_j = \mathcal{L}_k$。

资产组合配置 上述结论对于资产组合配置意味着什么呢?基于每个投资者的信息,某一投资者的资产组合就如 Admati 的模型式(7.13)所述。该资产组合可以被分解成每个毫无信息能力的投资者会持有的多元化基准资产组合 $q^{\text{div}} = \dfrac{1}{\rho} \Sigma^{-1}(\mu - pr)$,以及由于学习而持有的额外 q^{learn} 份额的资产 j。q^{learn} 是随机的,因为它取决于投资者的信号的实现值。其期望值是:

$$E[q^{\text{learn}}] = \frac{e^{2k} - 1}{\rho \Sigma_j}(\mu_j - p_j r) \tag{7.22}$$

其中,j 是投资者最优了解的资产。这样,当事前相同的投资者去了解不同的资产(j 不同)时,他们也会持有不同的资产组合。

这是一个有用的结果,因为观察到的资产组合多元化程度并不高,对标准投资理论提出了挑战。一个所有投资者均持有相同资产的均衡模型一定是一个所有投资者均持有市场组合的均衡模型。否则,资产市场不会出清。这样,多元化不足之谜换言之就是,为什么看起来相似的投资者彼此之间会持有如此不同的资产组合。一个兼具学习—投资的模型可以对这些差异作出解释。

7.4 解释均衡中的信息约束

在均衡模型中,价格是信息的一个额外来源。这就产生了这样的信息应该如何被纳入信息约束的问题。模型解释中的微小差异会极大地改变结果。在本节中,我们考虑其他形式的信息约束以及由它们所得出的最优学习策略和资产组合。

7.3 节中的模型在无遗忘约束和信息能力约束中均没考虑价格中的信息。无遗忘约束要求信号的方差—协方差矩阵 Σ_η 为半正定矩阵。信息能力约束式(7.19)限定了先验信念与先验信念加上私人信号之间的差距。对其的解释是,投资者在从价格中学习时,不会用尽其能力。但他们还是会从价格中学习($\hat{\mu}$ 和 $\hat{\Sigma}$ 仍然包含价格信息)。对任何投资者可行的信号集并不取决于价格中包含了多少信息。换言之,满足信息能力约束式(7.19)的矩阵集 Σ_η 不依赖于 Σ_p。这种建模方法避免了当一个投资者获取信号的能力取决于市场价格,而市场价格反过来又取决于其他投资者已经了解到的信息时会出现的外部性。

另一种让每个投资者的可行信息集独立于其他投资者的信息选择的建模方法,则限定了先验信念 Σ 与后验信念 $\hat{\Sigma}$ 之间的差距。为了处理均衡价格中所包含的信息,这种建模方法有效地保证了投资者的信息能力。但是,在均衡模型中采用类似的无遗忘约束($\hat{\Sigma}^{-1}(j) \geqslant \Sigma^{-1}(j)$, $\forall j$)不能阻止投资者遗忘价格中的信息,而只能阻止他们遗忘其先验信念中的信息。投资者为了满足自身的预算约束必须观察资产价格,但他们不必使用资产价格中的信息来推断每一种资产的收益。有人也许会认为这样的行为人不理性。但是投资者也许看到一个价格,却并没有花时间来搞清楚该价格包含什么信息。这样一种约束可以被解释为,对从观察到的信息中得出逻辑推断的能力的约束。

另一种形式的无遗忘约束禁止投资者遗忘或者忽略来自其先验信念或价格中的信息:$\hat{\Sigma}^{-1}(j) \geqslant \Sigma^{-1}(j) + \Sigma_p^{-1}(j)$, $\forall j$。在这种建模方法下,其他投资者的信息选择改变了可获取的信号集合。假定其他投资者会提高他们的信息能力 K。这会使得价格更加富含信息。如果信息能力约束为了从价格中获知信息向投资者收费,那么价格的信息含量越大,配置给信号的剩余信息处理能力就越低。这种其他投资者的信息能力越大,某一投资者能学到的信息越少的想法不是很符合直觉。

另一种形式的信息能力约束是将价格中的信息看作先验信息:$|\hat{\Sigma}^{-1}| \leqslant e^{2k}$

$|\Sigma^{-1} + \Sigma_p^{-1}|$。这种建模方法的问题在于会产生互补性。如果专业化有好处,那么投资者会进一步了解已熟知的资产。如果许多投资者去了解有关资产 j 的信息,那么资产 j 的价格会向其他投资者揭示许多有关其收益 f_j 的信息。有关 f_j 的更精确的信息会使得其他投资者也想要了解资产 j。Mondria(2010)证明,这组假设会产生多重均衡。特别地,总会存在一个价格完美揭示了信息的均衡($\Sigma_p^{-1} = \infty$),这使投资者的后验信念可以是无限精确的($\hat{\Sigma}^{-1} = \infty$)。

一个无差异结果　这三种不同的建模方法得出了一个令人吃惊的结果:投资者在信息处理能力的任意配置之间无差异。由于式(7.18)中的指数项仅包含投资者视为给定的变量并且为正,那么最大化该目标函数就等价于最大化 $-(|\Sigma|/|\hat{\Sigma}|)^{-1/2}$。由于 Σ 是外生的,这进一步等价于最大化 $|\hat{\Sigma}|$。但是如果信息处理能力约束限制了 $|\hat{\Sigma}|$,那么耗尽信息处理能力的每一种信息配置会得出相同的期望效用。换言之,行为人偏好有更大的信息能力而非更小的信息能力,但关于如何配置则无差异。

结果　给定一个 $|\hat{\Sigma}| \geqslant K$ 形式的信息能力约束,一个具有 CARA 效用 $E[-\exp(-\rho W)]$ 的投资者在其信息能力的任意配置之间无差异。

这个结果很有用,因为我们可以用它来论证,几乎任何资产组合都是某个理性信息选择的结果。另一方面,这不是一个很容易验证的理论,因为它的预测非常含糊。请注意,7.3 节中的模型没有产生无差异,因为其信息能力约束式(7.19)没有限制 $\hat{\Sigma}$,反而限制了 $\Sigma^{-1} + \Sigma_\eta^{-1}$。

无差异的出现除了和信息选择中的策略替代性有关之外,更多地与效用成本和信息规模收益的好处有关。因此,我对无差异的讨论将在第 8 章中展开。这里的要点是,在表述信息能力约束的不同方式中,投资者对于要了解什么信息其实并无差异,即使是在一个均衡模型中。

7.5　更广泛的主题和未来研究的路径

基于本章中的观点和模型已经做出了不少研究工作。这一节先描述一些已有的研究,然后再介绍一下未来研究方向。

基于 Grossman 和 Stiglitz（1980）的研究　　Verrecchia（1982）与 Hellwig（1980）扩展了这类模型，允许行为人选择其信号的精确度。更近一些的相关研究则有，Peress（2004）利用信息成本解释了股市的有限参与，Peress（2010）考察了风险分担与信息生产之间的权衡。Garcia 和 Vanden（2005）与 Kacperczyk、Van Nieuwerburgh 和 Veldkamp（2009）利用信息获取建立了一个有关共同基金的作用的理论。

还有一些研究推翻了信息获取结果中的策略替代性。例如，Barlevy 和 Veronesi（2000）与 Breon-Drish（2011）使用了非正态分布的冲击。这使得价格在一些区间是平均信念的很平的函数，而在另一些区间是平均信念的很陡的函数。如果更多的行为人在一个更平的价格函数上获取结果，那么价格中的信息含量会更少。如果价格揭示了更少的信息，那么获取私人信息会变得更有价值。Li 和 Yang（2008）则采用了另一种机制。他们考虑了一个更丰富的模型，在该模型中，投机者没有什么先验信息但能够获取额外信息，消息灵通的企业家可以在投资于金融资产与投资于实物资产之间进行选择。在这种设定中，当投机者获取了更多信息时，他们会驱使企业家离开金融市场，并使得价格水平中的信息含量减少。

另一支始于 Wang（1993）的相关文献，采用具有长期资产（long-live asset）的设定，并算出了均衡资产价格。这些模型中的行为人拥有异质信息。求解这一设定中的信息选择是一个有待研究的领域。

关于市场微观结构的文献与本书介绍过的研究不太一样，因为前者通常不使用由竞争市场决定均衡资产价格的模型，而是设定有一个协调交易的做市商（如 Kyle，1985），并且将更多的注意力放在价格动态上。市场微观结构文献有一个共同之处，即大部分内容都在讨论信息摩擦（对于相关的市场微观结构研究的回顾，参见 O'Hara，1995 或 Brunnermeier，2001）。那些自身交易会对价格有影响的大投资者的存在则是本章框架不能处理之处。Bernhardt 和 Taub（2005）基于 Kyle（1985）提出的框架，构造了一个具有大的战略投资者的多种资产模型。

应用：本国偏好（home bias）　　在行动具有策略替代性的设定中，行为人想要得到不同的信息集。这一动机会导致他们放大信念中一些小的初始差异。如果每个投资者最初拥有更多关于其本国资产的信息而且想要其信息集尽可能与其他投资者的信息集不同,那么他会更多地了解那些自己对之有最初的信息优势的资产。更了解某一资产会减少该资产的风险,并使得持有该资产更加合意(风险调整的收益上升)。Van Nieuwerburgh 和 Veldkamp(2009)构建了一个具有该逻辑的模型来解释为什么投资者在其股票资产组合中会给其本国资产更大的权重,这一现象被称为本国偏好。

在连续时间中的应用 Huang 和 Liu(2007)利用一个有一种风险资产和一个投资者的连续时间信息选择模型,考察了信息获取与风险资产的持有数量或交易数量之间的相互影响。尽管他们称其学习方法为"理性疏忽",但该方法是一个定期更新的过程,更类似于我们所称的漫不经心的学习方法。

Abel、Eberly 和 Panageas(2007)利用了一个存在信息更新成本和风险资产存量调整成本(如经纪人佣金)的连续时间信息选择模型。借用有关有成本的资本调整文献中的工具,他们刻画了最优资产组合规则,并证明小的信息成本会产生相当大的资产组合惯性。

应用:资产定价 在一个均衡模型中,当平均投资者更加了解某一资产时,该资产的风险和期望回报就会下降。由于信息获取系统地改变了资产的期望回报,因而没有考虑信息选择的模型会有系统性的定价误差。Van Nieuwerburgh 和 Veldkamp(2009)认为,该理论有助于解释资本资产定价模型(capital asset pricing model, CAPM)的预测误差。

在一个异质信息模型和一个标准的资本资产定价模型中,资产的期望回报均与其 Beta 系数和市场收益成比例。但这两个模型中的 Beta 系数是不同的。资本资产定价模型的 Beta 系数是 $R_{it} - r = \alpha + \beta_{CAPM}^i (R_{mt} - r)$ 的最小平方估计值的系数,它刻画了资产 i 的收益与市场收益之间的无条件关系。学习模型得到的 Beta 则是以平均投资者的信息为条件的。

根据 Admati(1985),资产价格和收益就是代表性投资者认为收益服从 $N(E_a[f], \hat{\Sigma}_a)$ 分布的经济中的资产价格和收益:$E_a[f]$ 是平均期望值,$\hat{\Sigma}_a$ 是知情异质投资者的调和平均协方差。以这些平均信念为条件的矩可以用一个下标 a 来注明。

结果 如果市场收益被定义为 $f_m = \sum_{k=1}^{N} (\bar{x} + x_k) f_k$,市场回报为 $R_m =$

$f_m(\sum_{k=1}^{N}(\bar{x}+x_k)p_k)^{-1}$，且资产 i 的回报为 $R_i = f_i/p_i$，那么资产 i 的均衡价格可以被表示为 $p_i = \dfrac{1}{r}(E_a[f_i] - \rho\mathrm{cov}_a[f_i, f_m])$。均衡回报为 $E_a[R_i] - r = \beta_a^i(E_a[R_m] - r)$，其中，$\beta_a^i \equiv \mathrm{cov}_a[R_i, R_m]/\mathrm{var}_a[R_m]$。

与资本资产定价模型的预测值相比，平均投资者对之了解更多的资产应该有更低的 Beta 系数，因此也就有更低的回报。要知道这是为什么，请注意 $\beta_{\mathrm{CAPM}} = \mathrm{Corr}[R_i, R_m]\mathrm{std}(R_i)/\mathrm{std}(R_m)$，$\beta_a = \mathrm{corr}[R_i, R_m]\mathrm{std}_a(R_i)/\mathrm{std}_a(R_m)$。其中的相关项（correlation terms）是相同的，因为学习不会改变相关性结构，只会减少标准差。如果平均投资者对资产 i 的了解与对市场中所有其他资产的了解一样多，那么其中的标准差之比也是相同的，即无论有没有学习都相同。但是，如果平均投资者更了解资产 i，那么 $\mathrm{std}_a(R_i)/\mathrm{std}_a(R_m)$ 会减小，即对于资产 i，$\beta_a^i < \beta_{\mathrm{CAPM}}^i$。

未来的研究方向：金融业的产业组织　对于有关金融市场中信息获取的诸多理论的一种阐释是，这些理论刻画了资产组合经理（中介）决定要了解哪些资产的信息。但这会产生一个问题：个人投资者应该通过多个专业化的资产组合经理来多元化其资产组合吗？投资者将其投资集中于某个经理，也许与投资服务的有效定价有关。如果资产组合经理打算出售信息，那么信息转售会削减利润。为了避免信息的转售，中介通常会管理投资者的资产组合。在一个竞争均衡中，基金经理会提供数量折扣来诱使投资者更多地投资于他的基金（Admati and Pfleiderer, 1990）。数量折扣使得投资于许多不同基金会有成本。如果资产组合管理服务的竞争性定价诱使投资者投资于更少的基金，则最优多元化不足会再次出现。

Admati 和 Pfleiderer(1986)是这条研究路径上最早的一篇文章。他们得出了一个出售垄断信息的垄断者的最优价格和数量策略。要记住的一个区别是：在直接出售信息（出售简讯）与间接出售信息（出售资产组合管理服务）之间存在差异。直接出售信息对于投资者能运用该信息交易多少份额的某一资产不加限制。简讯不能被仅售给那些会基于简讯所含的信息交易有限份额资产的投资者。这不是法定的或可执行的。间接的信息销售按资产组合管理下的每单位资产来定价。资产组合经理能够限定其基金规模，由此限定了任意一条指定的专有信息下交易的资产份额数量。Admati

和 Pfleiderer(1990)探讨了上述区分及其对于信息销售的含义。

7.6 附录:计算期望效用

资产组合选择模型中的财富是资产收益与每种资产的购买数量的乘积。通常,收益是正态分布变量。当资产组合选择取决于所观察到的信息,且事先不知道该信息时,投资数量也是一个随机变量,并且通常也服从正态分布。由此,财富是正态分布变量(也被称为 Wishart 变量)的二次函数。为了计算期望指数(CARA)效用,我们需要取这个二次正态型(quadratic normal)的指数函数的期望值。

一个正态分布变量的多元二次型的指数函数的均值的一般公式为:

$$E[e^{z'Fz+G'z+H}] = |I-2\Sigma F|^{-1/2}\exp\left[\frac{1}{2}G'(I-2\Sigma F)^{-1}\Sigma G+H\right] \quad (7.23)$$

单一风险资产:Grossman-Stiglitz 情形 知情投资者的期望效用的 $\theta-pr$ 项是一个基于价格 p 中的信息的随机变量。其均值为 $\hat{\mu}-pr$,方差为 $\text{var}[\theta\mid p] = \sigma_{\theta\mid p}^2$。期望效用式(7.7)是一个二次正态型的指数函数的期望值。为了利用式(7.23),随机变量的均值必须为 0。零均值随机变量是 $\theta-\hat{\mu}$。将式(7.7)改写为 $\theta-\hat{\mu}$ 的二次型,得到系数:

$$F = -\frac{1}{2}\sigma_e^{-2}$$

$$G' = -(\hat{\mu}-pr)\sigma_e^{-2}$$

$$H = -\frac{1}{2}(\hat{\mu}-pr)^2\sigma_e^{-2}$$

$$\Sigma = \sigma_{\theta\mid p}^2$$

利用式(7.23),得到:

$$E[U^I\mid p] = -\left|I-2\sigma_{\theta\mid p}^2\left(-\frac{1}{2}\right)\sigma_e^{-2}\right|^{-1/2}\exp\left[\frac{1}{2}(\hat{\mu}-pr)^2\sigma_e^{-4}(I+\sigma_{\theta\mid p}^2\sigma_e^{-2})^{-1}\right.$$

$$\left.\times\sigma_{\theta\mid p}^2-\frac{1}{2}(\hat{\mu}-pr)^2\sigma_e^{-2}\right]$$

请注意,如果我们将 $\left(I + 2\sigma_{\theta|p}^2 \left(\frac{1}{2}\right)\sigma_e^{-2}\right)^{-1}$ 的分子和分母均乘以 σ_e^2,就

会得到 $\left(I + 2\sigma_{\theta|p}^2 \left(\frac{1}{2}\right)\sigma_e^{-2}\right)^{-1} = \dfrac{\sigma_e^2}{\sigma_e^2 + \sigma_{\theta|p}^2}$,则:

$$E[U^I \mid p] = -\left(\frac{\sigma_e^2}{\sigma_e^2 + \sigma_{\theta|p}^2}\right)^{1/2} \exp\left[\frac{1}{2}(\hat{\mu} - pr)^2 \sigma_e^{-2}\left(\sigma_e^{-2}\frac{\sigma_e^2}{\sigma_e^2 + \sigma_{\theta|p}^2}\sigma_{\theta|p}^2 - 1\right)\right]$$

消去 $\sigma_e^2\sigma_e^{-2}$,得到:

$$E[U^I \mid p] = -\left(\frac{\sigma_e^2}{\sigma_e^2 + \sigma_{\theta|p}^2}\right)^{1/2} \exp\left[\frac{1}{2}(\hat{\mu} - pr)^2 \sigma_e^{-2}\left(\frac{\sigma_{\theta|p}^2}{\sigma_e^2 + \sigma_{\theta|p}^2} - \frac{\sigma_e^2 + \sigma_{\theta|p}^2}{\sigma_e^2 + \sigma_{\theta|p}^2}\right)\right]$$

合并分子中的同类项,并且注意 $\sigma_{\theta|p}^2 - \sigma_{\theta|p}^2 = 0$,得到:

$$E[U^I \mid p] = -\left(\frac{\sigma_e^2}{\sigma_e^2 + \sigma_{\theta|p}^2}\right)^{1/2} \exp\left[\frac{1}{2}(\hat{\mu} - pr)^2 \sigma_e^{-2}\left(\frac{-\sigma_e^2}{\sigma_e^2 + \sigma_{\theta|p}^2}\right)\right]$$

由于 $\sigma_e^{-2}(-\sigma_e^2) = -1$,因而:

$$E[U^I \mid p] = -\left(\frac{\sigma_e^2}{\sigma_e^2 + \sigma_{\theta|p}^2}\right)^{1/2} \exp\left[-\frac{1}{2}\frac{(\hat{\mu} - pr)^2}{\sigma_e^2 + \sigma_{\theta|p}^2}\right]$$

局部均衡中的多种风险资产　我们从投资者视资产价格 p 为给定的一个模型开始。只有资产收益和信号是随机的。

代入预算约束 $W = rW_0 + q'(f - pr)$ 后,CARA 效用的无条件期望值为:

$$E[U] = -E[\exp(-\rho(rW_0 + q'(f - pr)))]$$

由于 r 和 W_0 不是选择变量而是乘积性常数,我们可以将之去掉而不改变最大化问题。代入式(7.13)中的最优资产组合并消去分母和分子中的 ρ,得到:

$$E[U] = -E[\exp(-(\hat{\mu} - pr)'\hat{\Sigma}^{-1}(f - pr))]$$

运用迭代期望定律,我们分两步取期望值。首先,我们以所有信号为条件,计算 f 上的期望值。收益 f 的均值为 $\hat{\mu}$,方差为 $\hat{\Sigma}$。利用对数正态分布变量的均值的计算公式来计算 f 上的期望值,得到:

$$E[U] = -E\left[\exp\left(-\frac{1}{2}(\hat{\mu} - pr)\hat{\Sigma}^{-1}(\hat{\mu} - pr)\right)\right]$$

然后在未知的后验信念 $\hat{\mu}$ 上第二次求期望值。$\hat{\mu}$ 的均值为 μ, 方差为 $\Sigma-\hat{\Sigma}$。然而, 这不再是一个对数正态分布变量了, 因为 $\hat{\mu}$ 是以平方的形式出现的。这是一个 Wishart 变量。为了计算其期望值, 用零均值变量 $\hat{\mu}-\mu$ 改写该目标函数是有用的:

$$E[U] = -E\Big[\exp\Big\{ -\frac{1}{2}\big[(\hat{\mu}-\mu)'\hat{\Sigma}^{-1}(\hat{\mu}-\mu) + 2(\mu-pr)'\hat{\Sigma}^{-1}(\hat{\mu}-\mu) $$
$$+ (\mu-pr)'\hat{\Sigma}^{-1}(\mu-pr) \big] \Big\} \Big]$$

对一个 Wishart 变量式 (7.23) 的期望指数运用该公式, 得到:

$$E[U] = -\Big| I - 2(\Sigma-\hat{\Sigma})\Big(-\frac{1}{2}\hat{\Sigma}^{-1}\Big) \Big|^{-1/2}$$
$$\times \exp\Big\{ \frac{1}{2}(\mu-pr)'\hat{\Sigma}^{-1}\Big(I - 2(\Sigma-\hat{\Sigma})\Big(-\frac{1}{2}\hat{\Sigma}^{-1}\Big)\Big)^{-1}$$
$$\times (\Sigma-\hat{\Sigma})\hat{\Sigma}^{-1}(\mu-pr) - \frac{1}{2}(\mu-pr)'\hat{\Sigma}^{-1}(\mu-pr) \Big\}$$
$$= -| I + (\Sigma\hat{\Sigma}^{-1}-I) |^{-1/2}$$
$$\times \exp\Big\{ \frac{1}{2}(\mu-pr)'\hat{\Sigma}^{-1}((I+(\Sigma\hat{\Sigma}^{-1}-I))^{-1}(\Sigma\hat{\Sigma}^{-1}-I)-I)(\mu-pr) \Big\}$$

合并同类项后, 期望效用就简化为式 (7.18)。

一般均衡中的多种风险资产　在一般均衡模型中, 均衡资产价格在时期 1 未知但与 $\hat{\mu}$ 相关, 因为它们都与真实资产收益 f 有关。将后验信念写为先验信念和信号 $\eta = f+e$ 的函数, 其中, e 是信号误差, 用来自式 (7.15) 的 $A+f+Cx$ 替代 pr, 我们得到 $\hat{\mu}-pr = \hat{\Sigma}(\Sigma^{-1}\mu + \Sigma_\eta^{-1}(f+e)) - A - f - Cx$。其有均值 $-A$ 和先验方差 $(\hat{\Sigma}\Sigma_\eta^{-1}-I)\Sigma+CC'\sigma_x^2$。将该均值和方差代入, 并遵循前述步骤, 得到期望效用。

期望均值—方差效用　效用的另一个共同形式是期望均值—方差效用:

$$U_1 = E_1\Big[\rho E_2[W] - \frac{\rho^2}{2}V_2[W] \Big] \qquad (7.24)$$

最优资产组合与指数函数 (CARA) 效用下的最优资产组合相同。代入预算约束和最优资产组合后, 时期 1 的目标函数就变为:

$$E[U] = \rho W_0 r + \frac{1}{2} E_1 \big[(\hat{\mu} - pr)' \hat{\Sigma}^{-1} (\hat{\mu} - pr) \big] \tag{7.25}$$

其中，E_1 指无条件期望值（仅以先验信息为条件），E_2 是以选择该资产组合的时候已知的所有信息为条件的期望值。

第二项是非中心卡方分布的均值。非中心卡方分布的均值的一般形式是：如果 $z \sim N(E[z], \text{var}[z])$，那么：

$$E[z'z] = \text{trace}(\text{var}[z]) + E[z]' E[z] \tag{7.26}$$

为了应用该公式，定义 $z \equiv \hat{\Sigma}^{-1/2} (\hat{\mu} - pr)$。

在局部均衡中，$E_1[z] = \hat{\Sigma}^{-1/2} (\mu - pr)$，$V_1[z] = \hat{\Sigma}^{-1} (\Sigma - \hat{\Sigma}) = \hat{\Sigma}^{-1} \Sigma - I$。

将该均值和方差代入式(7.26)，并乘以 $1/2$，得到 $U_1 = \rho W_0 r + \frac{1}{2} Tr (\hat{\Sigma}^{-1} \Sigma - I) + \frac{1}{2} E [\hat{\mu} - pr]' \hat{\Sigma}^{-1} E [\hat{\mu} - pr]$。

在一般均衡中，与上一节中一样，$E_1[z] = - \hat{\Sigma}^{-1/2} A$，$V_1[z] = (\Sigma_\eta^{-1} - \hat{\Sigma}^{-1/2}) \Sigma + CC' \sigma_x^2$。

7.7 附录：相关资产

令 $\Sigma = \Gamma \Lambda \Gamma'$。我们限制行为人只能选择具有相同的风险因子结构的信号，这意味着信号与后验信念具有相同的特征向量。由此，我们可以把后验信念写成 $\hat{\Sigma} = \Gamma \hat{\Lambda} \Gamma'$。代入最优资产组合选择后，目标函数为：

$$\max_{\hat{\Sigma}_i} E \big[(\hat{\mu}_i - pr)' \hat{\Sigma}_i^{-1} (\hat{\mu}_i - pr) \big]$$

$$\max_{\hat{\Lambda}_i} E \big[(\hat{\mu}_i - pr)' \Gamma \hat{\Lambda}_i^{-1} \Gamma' (\hat{\mu}_i - pr) \big]$$

请注意，$\Gamma' (\hat{\mu}_i - pr)$ 是一个 $n \times 1$ 向量，$\hat{\Lambda} - i^{-1}$ 是一个对角矩阵，整个表达式是一个标量。因此，我们可以把该标量改写为所有风险因子 j 上的和：

$$\max_{\hat{\Lambda}_i(j, j)_{j=1}} \sum_j \frac{E \big[(\Gamma'_j (\hat{\mu}_i - pr))^2 \big]}{\hat{\Lambda}_i(j, j)} \tag{7.27}$$

其中，Γ_j 是 $n \times n$ 矩阵 Γ 的第 j 列，$\hat{\Lambda}_i(j, j)$ 是行为人 i 的后验特征值矩阵的第 j 个对角线元素。这就是当我们决定学习什么时会采用的目标函数。

我们的学习约束限定了行列式 $|\hat{\Sigma}^{-1}|$ 的取值。由于一个半正定矩阵的行列式是其特征值的积，对于某个常数 c，我们可以将约束改写为 $\prod_j \hat{\Lambda}(j, j)^{-1} \leqslant Kc$。

7.8　习题

1. 在 Grossman 和 Stiglitz(1980) 的模型中，对于一个知情投资者，令 μ 和 σ^2 为其收益的先验均值和方差，$\hat{\mu}$ 和 $\hat{\sigma}^2$ 为其收益的后验均值和方差。后验信念的以先验信息为条件的方差 $V[\hat{\mu}]$ 是什么呢？换言之，投资者对于他在观察到自己的信号 θ 后的信念是什么有多不确定？

2. 在具有信息选择的多种风险资产中，来自时期 2 的最优风险资产组合的收益的均值和方差 $E_2[q'(f - pr)]$、$V_2[q'(f - pr)]$ 是什么？

3. 在具有信息选择的多种风险资产中，来自时期 1 的最优风险资产组合的收益的均值和方差 $E_1[q'(f - pr)]V_1[q'(f - pr)]$ 是什么？

4. 证明如果行为人具有相同的先验信念，则在 7.2 节的模型中，价格仍会采取 $pr = A + Bf + Cx$ 的形式，而非 $B \neq I$。

5. 在 7.2 节的模型中，每个行为人都有一个条件独立的先验信念向量 μ_i，这意味着 $\mu_i - f$ 在行为人之间是相互独立的。如果每个行为人都有一个条件独立的共同先验信念 $f \sim N(\mu, \Sigma)$ 以及许多异质信号 $s_i \mid f \sim N(f, \Phi_i)$，结果会如何呢？给出此时均衡价格的表达式。它与文中的表达式有何不同？

6. 均值方差目标函数下的信息选择：求解效用为 $-E_1\{\ln[E_2(\exp(-\rho W))]\}$ 的模型。假定资产收益和信号在资产之间是相互独立的。

（a）从式(7.17)开始，对之取自然对数。其期望值就是投资者选择信息时的目标函数。

（b）取 7.7 节中最后一个目标函数在时期 1 的期望值，未知变量是后验信念 $\hat{\mu}$ 和价格 p。请注意，尽管 7.7 节中卡方的公式是正确的，但其将 p 视为已知变量。在你取期望值之前,你需要在式(7.14)和式(7.15)中代入 p 的表达式。

(c) 如果你在后验信念 $\hat{\Sigma}$ 的行列式的约束和无遗忘约束式(7.20)下最大化这一目标函数,你得到的是内点解还是角点解?

(d) 描述最优注意力配置。

注 释

① 具有禀赋冲击的模型,参见 Biais、Bossaerts 和 Spatt(2010),均衡价格中有噪声的生产经济的模型,参见 Uhlig(1990)。

② 关于收益冲击有其他分布假设的模型,参见 Muendler(2005)。具有不变相对风险厌恶(constant relative risk aversion,CRRA)偏好和对数正态分布收益的信息选择模型,参见 Van Nieuwerburgh 和 Veldkamp(2010)。

③ 本节构建了一个类似于 Van Nieuwerburgh 和 Veldkamp(2009)的均衡模型,而其中的偏好与 Van Nieuwerburgh 和 Veldkamp(2010)所探讨的相似,但其中的信息约束与这两篇文章均不相同。

④ 对于加边海森矩阵以及内点最优(interior optimum)的二阶充要条件的讨论,参见 Chiang(1984,第 381 页)。

8

信息的规模收益

前边几章探讨了均衡模型,在这些模型中,行动方面的策略动机会在信息获取方面产生相同策略动机的均衡模型。当企业想要设定与其竞争者的价格相类似的价格时,只要其竞争者获取更多的信息,该企业就也会获取更多的信息。当投资者更愿意买其他投资者不想要的资产时,他们会让自己的信息集尽可能不同于其他投资者的信息集。本章的主题与此不同。事实上,本章末会证明,即便行动具有替代性,规模收益仍能如何产生信息选择的互补性。

本章中探讨的主题是信息的规模收益。这是说,当经济规模扩大,所有投入和禀赋翻倍时,信息的价值也更高。例如,信息在资产组合问题中有规模收益,因为信息既可以用来评估一份资产,也可以用来评估许多份额的该资产。当一个决策者拥有更多份额的某资产时,有关该资产的收益的信息就会更有价值。

规模收益使得信息的经济学在几个重要方面不同于实物产品的经济学。首先,它能在投资者同时选择获取风险资产的多少信息以及持有多少风险资产的问题中,产生对专注某资产(specialization)的意愿。8.1节系统考察了何种投资和信息选择问题会产生规模收益递增,并由此得出角点解。当一个投资者能获知不只一种风险资产的信息时,规模收益递增表明他应该只获取单一资产的信息(或者在相关资产的情况下,了解资产收益的简单线性组合)。由此,信息中的规模收益能够产生专业化的好处。为了解释这一点,8.2节重新考察了来自第 7 章中的多重(n 种)资产的信息和投资选择问题,只是改用局部均衡。从中得出的结论是,即使不存在策略动机,当资产收益相互独立时,投资者也会想要通过了解一种资产的收益来进行专业化。

信息的规模收益的第二种形式是,信息的发现成本高而复制成本低。在一个均衡模型中,这一特征会产生信息获取中的互补性。如果一条信息的第一份复制信息比其第一百份复制信息昂贵得多,那么就会有激励去买已经有人在买的信息,因为这样的信息会便宜很多。8.3节证明,当行为人获取了其他行为人所获取的信息时,这会导致他们采取类似的行动。这样的模仿行为很像协调博弈的结果。然而,即使当行动中没有协调动机时,也会出现上述模仿行为。由此,规模收益会使得信息获取模型能够解释仅有产品生产的模型难以解释的结果。

信息由于其非竞争性而与实物产品有本质区别。发现信息的固定成本很高,而复制信息的成本很低。这一洞见让增长理论在 20 世纪八九十年代得到复兴(如 Romer, 1990),因为有思想生产的模型与仅有产品生产的模型截然不同,同样这一洞见也可以用于获取和生产信息的模型。

8.1　实际投资中的规模收益(单一资产)

Wilson(1975)考察了一个具有二次方技术的一般投资问题,并证明其如何能产生信息的规模收益递增。这是个单一行为人问题,其中没有策略互动。因而,Wilson 利用了二次—正态模型作为工具,来证明引入信息获取为何不能达到标准的竞争性均衡。

偏好是均值—方差型的。均值—方差偏好来自具有正态分布随机变量的指数函数偏好。例如,如果 y 服从正态分布,ρ 是一个参数,则 $-E[\exp(-\rho y)] = -\exp(-\rho E[y] + \rho^2/2V[y])$。请注意,最大化这一目标函数意味着最小化 $E[\exp(-\rho y)]$。而且,由于指数转换是一个单调递增函数,因而最小化某一变量的指数与最小化该变量本身是一样的。因此,有许多情形下最大化问题都采取了如下函数形式:

$$U(y) = E[y] - \rho/2V[y] \tag{8.1}$$

其中，y 是产出，ρ 是风险厌恶程度。

产出是以生产率 A 和一个我们称之为资本 k 的投入生产的。资本如果不被用于有风险的生产，则会被用于回报率为 r 的无风险投资：

$$y = Ak - rk \tag{8.2}$$

生产率取决于对技术 α 的选择以及该技术与未知的最优技术 θ 的距离：

$$A = a[1 - (\alpha - \theta)^2] \tag{8.3}$$

行为人可以获取有关 θ 的信息。他们被赋予的先验信念是 $\theta \sim N(\mu, \phi^{-1})$。行为人选择要获取多少信号，每个信号的获取成本为 c。这些信号服从分布 $s \sim N(\theta, \phi_s^{-1})$。因此，一个观察到 n 个信号 $s_1, \cdots, s_n$ 的行为人的后验信念具有如下均值和精确度：

$$\hat{\mu} = \frac{\phi\mu + \phi_s \sum_{j=1}^{n} s_j}{\phi + n\phi_s} \tag{8.4}$$

$$\hat{\phi} = \phi + n\phi_s \tag{8.5}$$

均衡是最大化 $U(y) - nc$ 的 α、k 和 n。

求解模型　我们先来计算一个观察到 n 个信号的行为人的产出均值和方差，然后我们可以求出他想要获取多少信号：

$$E[y] = ak[1 - E[(\alpha - \theta)^2]] - rk$$

为了计算该期望值，我们需要知道最优的 α。关于 α 的一阶条件是 $2ak(\alpha - E[\theta]) = 0$。[①]其解是 $\alpha = E[\theta]$。因此，式(8.1)中的期望项是 $E[(E[\theta] - \theta)^2] = \mathrm{var}[\theta \mid s_1, \cdots, s_n] = \hat{\phi}^{-1}$。这样：

$$E[y] = ak[1 - \hat{\phi}^{-1}] - rk \tag{8.6}$$

接下来，我们计算产出的方差：

$$\mathrm{var}[y] = a^2 k^2 E[(\alpha - \theta)^4 - E[(\alpha - \theta)^2]^2] - 0$$

$$\mathrm{var}[y] = a^2 k^2 E[(E[\theta] - \theta)^4 - (\hat{\phi}^{-1})^2]$$

上式等号右边第一项是一个正态分布变量的四阶中心矩，它最后总是方差平方的 3 倍：

$$\text{var}[y] = a^2 k^2 (3\hat{\phi}^{-2} - \hat{\phi}^{-2})$$
$$\text{var}[y] = 2a^2 k^2 \hat{\phi}^{-2} \tag{8.7}$$

将 $E[y]$ 和 $V[y]$ 的表达式代入式(8.1)，得到期望效用为：

$$U(y) = ak[1 - \hat{\phi}^{-1}] - rk - \frac{\rho}{2} 2a^2 k^2 \hat{\phi}^{-2} \tag{8.8}$$

请注意，如果信息没有足够精确($\hat{\phi}^{-1}$ 太大)，那么正的产出并非最优。并且，基于最优生产时，在生产或信息中均没有规模收益递增。目标函数式(8.8)关于资本 k 和信息精确度 $\hat{\phi}$ 均为凹函数。

有关最优产出规模的一阶条件是：

$$a[1 - \hat{\phi}^{-1}] - r - 2\rho a^2 k \hat{\phi}^{-2} = 0$$
$$k = \hat{\phi}^2 \frac{a - r - a\hat{\phi}^{-1}}{2\rho a^2}$$

将 k 反过来代入效用 U，得到：

$$U = \frac{1}{4\rho a^2} [\hat{\phi}(a - r) - a]^2$$

将 $\hat{\phi}$ 替代为 $\phi + n\phi_s$，上式可被写成所获取的信号个数 n 的函数。那么，$U(y(n), n) - cn$ 是时期 1 的目标函数。该目标函数是关于 n 的凸函数，因为它是 $\hat{\phi}$ 的二次型。这意味着信息获取没有一个内点解：要么完全不获取信息，要么获取无限量的信息。

这里的关键是生产与信息获取之间的反馈。保持产出不变，信息的收益为凹函数。同样，保持信息不变，生产的收益为凹函数。但是，行为人了解的信息越多，他想要生产的产出就越多，他生产的产出越多，信息就变得越有价值。越多的产出使得信息越有价值的结果就是信息的规模收益递增。获取更多的信息使额外的信息更有价值的结果阐明了信息价值的凸性。规模收益是产生凸性的关键。这正是 Wilson(1975) 所探讨的模型之一。Wilson 在该文中还列出了一系列出现了规模收益递增和没有出现规模收益递增的例子。这些例子为何种模型假设能产生类似于前面给出的角点解提供了很棒的直觉。

这里的实质是,能产生规模收益递增的,要么是可加性学习方法下的风险厌恶(这里给出的例子),要么是熵学习方法下的风险中性。

Wilson 的结论是,我们应该担心得出规模收益递增的模型,因为凸值函数自身是不能得出竞争性结果的。通常,如果具有规模收益递增,一个企业就会生产所有产品。但是如果你能对行动集加以限制,例如,限制最大的可行生产规模,那么一个竞争均衡结果也许仍会存在。这一结果不同于实物产品情形中标准结果,这一点很有用,因为这意味着信息选择模型有潜力解释标准模型所无法解释的数据特征。

8.2 专业化的好处(N 种资产)

在 8.1 节中,投资者只需了解一种风险。因为规模收益递增,对于该风险,一个投资者要么什么都不了解,要么什么都想了解。本节引入了多种风险。每个投资者自己选择要了解哪种风险或哪些风险。规模收益递增使得信息的价值为凸函数:投资者越了解某一种风险,额外信息的边际价值就越高。这样,如果投资者开始了解某一特定风险,那么越了解就越会有价值。因此,他会一直了解该风险,直到自己的信息能力被用尽。换言之,规模收益递增使得该投资者的学习具有专业化特征。

由于这个单一投资者模型的结果类似于第 7 章中的均衡模型式(7.3)的结果,有人可能会想知道求出其均衡有什么意义。在这个单一投资者模型中,了解某一资产的投资者会在资产组合中持有更多该资产,看上去似乎分散化不足。在均衡中,每个投资者想要专门投资于同一资产就是有可能的。如果情况真的是这样,所有投资者最后对每一种资产都会拥有同样精确的信息。资产需求必须等于资产供给。因此,信息选择是否合理解释了资产组合多元化不足的问题,取决于投资者是否决定了解一个均衡模型中的同类风险。

此外,专业化背后的逻辑在这两个模型中是不同的。单个投资者会进行专业化投资是因为他持有越多的某一资产,对他而言了解该资产就越有价值。但是,投资者越了解某一资产,其风险就越低,因而也越有吸引力。投资与信息获取是相互强化的活动，由此导致了规模收益递增。而均衡模型中的一个投资者会想要使自己的信息集尽可能不同于平均投资者的信息集，从而他自己可以买到其他人不会买的更低价的资产。投资者尽可能多地了解某一种资产是使自己的信息集尽可能差异化的方式。

单一投资者的局部均衡模型就是用来阐明专业化有好处这一直觉的。与 Van Nieuwerburgh 和 Veldkamp(2009)一样，我们采用了理性疏忽文献中的信息的熵测度。投资者有固定数量的学习能力（他们可以将其信念的熵减少特定数量），对于 N 种风险资产，在选择每种资产各投资多少以前，他们会选择对于每种资产的收益观察多精确的信号。

模型设定 考虑一个能获取关于外生未知的资产收益 $N \times 1$ 向量 f 的信息的投资者。他被赋予先验信念 $f \sim N(\mu, \Sigma)$。在时期 1，这个投资者选择其关于 f 的信号的精确度。换言之，他选择了一个正态分布的方差，他会从这个正态分布中抽取关于资产收益 f 的一个 $N \times 1$ 信号向量 η。在时期 2，这个投资者观察到信号并投资。令 $E_1[\cdot]$ 和 $V_1[\cdot]$ 代表仅以先验信念为条件的均值和方差，令 $E_2[\cdot]$ 和 $V_2[\cdot]$ 代表以来自先验信念和信号的时期 2 的信息为条件的均值和方差。同样，令 U_1 和 U_2 代表以时期 1 和时期 2 的信息集为条件的期望效用。

在时期 1，该投资者选择一个关于资产收益的信号的方差矩阵 Σ_η（精确度），以风险厌恶度 ρ 在财富 W 上的最大化期望的均值—方差效用：

$$U_1 = E_1\left[\rho E_2[W] - \frac{\rho^2}{2}V_2[W]\right] \tag{8.9}$$

在时期 2，该投资者将根据其信号 $n \mid f \sim N(f, \Sigma_\eta)$ 与其先验信念，运用贝叶斯法则，来得到资产收益的后验均值和后验方差，即 $\hat{\mu}$ 和 $\hat{\Sigma}$：

$$\hat{\mu} \equiv E_2[f] = (\Sigma^{-1} + \Sigma_\eta^{-1})^{-1}(\Sigma^{-1}\mu + \Sigma_\eta^{-1}\eta) \tag{8.10}$$

$$\hat{\Sigma} \equiv V_2[f] = (\Sigma^{-1} + \Sigma_\eta^{-1})^{-1} \tag{8.11}$$

然后，这个投资者选择购买的风险资产数量向量 q，以最大化 $U_2 = \rho E_2[W] - \frac{\rho^2}{2}V_2[W]$。现在，我们先将此效用函数视为给定。我们将在本节后面部分探讨其基础。由于该投资者在观察到其信号后形成其资产组合,因而 $\hat{\mu}$ 和 $\hat{\Sigma}$ 是决定投资者资产组合选择的条件均值和条件方差。

资产组合选择　在给定信息集下,投资者会选择他愿意持有的每一种资产的数量的 $N \times 1$ 向量 $q \equiv [q_1, \cdots, q_N]'$。该投资者将无风险回报 r 和资产价格的 $N \times 1$ 向量 $p \equiv [p_1, \cdots, p_N]'$ 视为给定。在作出相关选择时,他受到的预算约束为:

$$W = W_0 r + q'(f - pr) \tag{8.12}$$

简化假设:独立资产,独立信号　假定 Σ 和 Σ_η 均为对角矩阵,那么它们的逆矩阵也是对角矩阵,并且这些逆矩阵的和与积也是对角矩阵。因此,$\hat{\Sigma}$ 也会是对角矩阵。求解这个具有相关资产的模型,用 3.8 节的方差分解工具即可。

信息配置选择　由于每个信号方差 Σ_η 都有唯一一个与之相关的后验信念方差 $\hat{\Sigma}$,见式(8.11),因而我们可以省去一些符号,直接在后验信念方差 $\hat{\Sigma}$ 上最优化。先验方差矩阵 Σ 不是随机的而是给定的。测度了投资者关于资产收益的不确定性的后验(条件)方差矩阵 $\hat{\Sigma}$ 也不是随机的,而是概括了投资者的最优信息决策的选择变量。学习使得条件方差 $\hat{\Sigma}$(不确定性)相比无条件方差 Σ 小了。

第一个约束是信息能力约束。它限定了有关资产收益的先验信念和后验信念的互信息(条件熵的减少)。我们可以将式(3.4)中的约束改写为:

$$\frac{|\Sigma|}{|\hat{\Sigma}|} \leqslant e^{2K} \tag{8.13}$$

信息能力 K 的大小限定了信号 η 所能减少的收益不确定性的量。

第二个约束是无遗忘约束。每个信号的方差必须是非负的。没有这一约束,投资者可以在不违背信息能力约束的情况下,抹去其所了解的关于某种资产的信息,以获取关于另一种资产的更加精确的信号。消除旧信息会提高不确定性意味着投资者不能选择遗忘信息。式(8.11)以及资产和信号的独立性表明,后验方差永远也不能超越先验方差:

$$\hat{\Sigma}_{ii} \leqslant \Sigma_{ii}, \ \forall i \tag{8.14}$$

8.2.1 结论：最优资产组合选择

在时期 2 作出资产组合选择时，效用就是 $\rho E_2[W] - \dfrac{\rho^2}{2} V_2[W]$。代入预算

约束后，效用变为 $\rho W_0 r + \rho q'(\hat{\mu} - pr) - \dfrac{\rho^2}{2} q' \hat{\Sigma}_q$。关于 q 取一阶条件，得到：

$$q = \frac{1}{\rho} \hat{\Sigma}^{-1}(\hat{\mu} - pr) \tag{8.15}$$

这告诉我们，投资者会购买更多的具有高期望收益 $\hat{\mu}$ 的资产，以及收益的不确定性少一些（$\hat{\Sigma}^{-1}$ 很高）的资产。

将 q 代入回效用函数，我们就可以知道，对于任意给定的后验信念 $\hat{\mu}$ 和 $\hat{\Sigma}$，投资者的期望效用为：

$$U_1 = \rho W_0 r + \frac{1}{2} E_1 \big[(\hat{\mu} - pr)' \hat{\Sigma}^{-1}(\hat{\mu} - pr) \big] \tag{8.16}$$

在时期 1，后验均值 $\hat{\mu}$ 是未知的，它服从正态分布：$\hat{\mu} \sim N(\mu, \Sigma - \hat{\Sigma})$。因此，期望值因此是独立的平方正态分布变量的和的期望值。换言之，$(\hat{\mu} - pr)' \hat{\Sigma}^{-1}(\hat{\mu} - pr)$ 服从多元（非中心）卡方分布。7.6 节给出了这样一个变量的均值的一般公式，并证明期望效用为：

$$U_1 = \rho W_0 r + \frac{1}{2} Tr(\hat{\Sigma}^{-1}\Sigma - I) + \frac{1}{2}(\mu - pr)' \hat{\Sigma}^{-1}(\mu - pr) \tag{8.17}$$

其中，$Tr(\cdot)$ 代表矩阵的迹。由于矩阵的迹是其对角线元素的和并且 $\hat{\Sigma}^{-1}$ 是对角矩阵，我们可以把目标函数改写为和的形式。令 Σ_{ii} 代表任意对角矩阵 Σ 的第 (i, i) 项，并令 f_i 代表任意向量 f 的第 i 项，那么：

$$U_1 = \rho W_0 r + \frac{1}{2} \Big\{ -N + \sum_{i=1}^{N} \hat{\Sigma}_{ii}^{-1} \Sigma_{ii}(1 + \theta_i^2) \Big\} \tag{8.18}$$

其中，$\theta_i^2 \equiv \Sigma_{ii}^{-1}(\mu_i - p_i r)^2$ 是每单位先验方差的回报的平方项。由于 Sharp 比率被定义为每单位标准差的回报，因而 θ_i^2 是资产 i 的先验 Sharpe 比率的平方。

8.2.2 结论:最优信息选择

投资者在式(8.13)和式(8.14)的约束下,选择其信息精确度 $\{\hat{\Sigma}_{11}, \cdots,$ $\hat{\Sigma}_{NN}\}$ 来最大化式(8.18)。该目标函数是后验精确度 $\hat{\Sigma}_{ii}^{-1}$ 的加权和。基于熵的信息能力约束式(8.13)限制了行列式 $|\hat{\Sigma}^{-1}|$。由于对角矩阵的行列式是其对角线元素的积,因而我们可以把约束式(8.13)改写为 $\Pi_j \hat{\Sigma}(j, j)^{-1} \leqslant \hat{K}$,其中,$\hat{K} = e^{2K}|\Sigma|$。这样,问题就简化为在一个乘积约束和一个不等式约束下最大化一个加权和。

简单的变分法可以证明,在一个积约束下最大化一个和会产生角点解:4 乘以 4 与 16 乘以 1 会得到相同的积 16。但它们的和分别为 8 和 17。我们可以让任何两个数的和任意大,并通过让一个很大的数乘以一个很小的数来保持其积相同。对于加权和,同样的逻辑成立,只是如果权重更高的那个数取最大值,则加权和会更大。但角点解总是意味着投资者应该用尽所有的信息能力来了解某一资产。

下面的结论表明,最优信息获取策略会用尽所有的信息能力,来了解具有最高的 Sharpe 比率的平方的资产。

结论(专业化的好处):**最优信息配置决策采取如下形式**:对于所有 $k \neq i$,$\hat{\Sigma}_k = \Sigma_k$,并且对于某一资产 i,$\hat{\Sigma}_i < \Sigma_i$,其中,$i = \arg\max_{\ell=1, \cdots, N}\{\theta_\ell^2\}$。

为了正式证明一个角点解的存在,我们需要证明拉格朗日函数的加边海森矩阵是正定的(证明参见 Van Nieuwerburgh and Veldkamp,2010)。在该模型中,用 $\exp(x_j)$ 替代 $\hat{\Sigma}(j, j)^{-1}$,然后在约束式的等号两边取对数,就得到一个和约束下的可加可分效用函数,该效用函数在其每个变量上都是凸函数。这样,问题满足正的加边海森矩阵的充分条件,因此有角点解。

该结论与第 7 章中均衡模型的结论一致,只是学习指数不同。直觉上,为什么该投资者只想要了解有关一种资产的信息呢?学习选择与投资选择的相互作用产生了专业化的收益。投资者在选择信息时,可以获取关于许多资产的未来收益的有噪声的信号,也可以专门获取关于一种资产的更精确的信号。选择更多地了解某一资产会使得投资者期望持有更多的该资产,因为对于一个平均信号实现值,投资者更喜欢自己更了解的那类资产。当对该资产的期望持有量上升时,信息回报会增加;一个信号用于一份额该资产所产生的收益会低于同样的信号用于多份额该资产所产生的收益。这时专业化就出现了：投资者持有某一资产的份额越多，了解该资产就会越有价值，而投资者越了解该资产，持有该资产也就越有价值。

这一逻辑在该模型的解的数学表达式中可以看出。了解某一资产的价值以该资产的 Sharpe 比率的平方 $(\mu_i - p_i r)^2 \Sigma_{ii}^{-1}$ 来表示。这一价值也可以用下面两个表达式的积来表示：$(\mu_i - p_i r)$ 与 $(\mu_i - p_i r)/\Sigma_{ii}$，其中的第二个表达式对于信息能力为 0 的投资者而言是 $\rho E[q_i]$。投资者想要了解的资产必须具有（i）很高的期望超额收益 $(\mu_i - p_i r)$，（ii）在该投资者的（期望）资产组合 $E[q_i]$ 中非常突出。投资者将所有的学习能力投资于一种资产的事实来自对其未来资产组合头寸 $E[q]$ 的预测。投资者预期持有某一资产的份额越多，有关这些份额的资产的信息就越有价值，他分配给了解该资产的指数值就越高。但是当该投资者更加了解这一资产时，他期望持有的这一资产的份额 $E[q_i] = (\mu_i - p_i r)/(\rho \hat{\Sigma}_{ii})$ 就会上升。当投资者学习时，将其信息能力投入同一资产会变得越来越有价值。这就是学习的规模收益递增背后的逻辑。

8.2.3 无差异结果

如果投资者有期望指数效用函数而非均值—方差偏好，那么他对要了解哪种资产的风险是无差异的。这与 7.4 节中的结论完全一样。在一个单一投资者模型中再次证明该结果表明，无差异性并非来自策略替代性的失效，因为在只有一个投资者时策略动机并不存在。相反，当专业化和多元化的愿望刚好彼此抵消时，无差异性出现了。

与第 7 章的资产组合模型中一样，偏好是指数函数型的，即 $U_1 \equiv E_1[E_2[-e^{-\rho W}]]$，其中，$\rho$ 是风险厌恶，W 是最终财富。模型的其余部分则和前一节中一样。在时期 2，给定后验信念式（8.10）和式（8.11），投资者在预算约束式（8.12）下选择其资产组合 q 来最大化 $E_2[-e^{-\rho W}]$。在时期 1，投资者在信息能力约束式（8.13）和无遗忘约束式（8.14）下选择后验信念 $\hat{\Sigma}$ 来最大化 U_1。

将预算约束式（8.12）代入目标函数，由一阶条件得到风险资产的最优资产组合为：

$$q = \frac{1}{\rho}\hat{\Sigma}^{-1}(\hat{\mu} - pr) \qquad (8.19)$$

其余初始财富都被投资于无风险资产。在将最优资产组合式(8.19)代入预算约束式(8.12)后,替换掉目标函数 U_1 中的财富 W,并取 $\hat{\mu}$ 在时期 1 的期望值(参见 7.6 节),则时期 1 的期望效用为:

$$U_1 = -A(|\Sigma|/|\hat{\Sigma}|)^{-1/2} \qquad (8.20)$$

其中,$A \equiv \exp(-1/2(\mu - pr)\Sigma^{-1}(\mu - pr))$ 是正的和外生的。

请注意,选择变量是通过 $|\Sigma|/|\hat{\Sigma}|$ 项进入效用函数的。我们已知熵约束为 $|\Sigma|/|\hat{\Sigma}| = K$。这个信息配置问题的解因此是不确定的,因为时期 1 的期望效用仅取决于信息能力 K,而不取决于信息能力在各资产之间被如何配置。换言之,限定了先验信念与后验信念的互信息的熵是指数效用中性学习技术。

命题 1:给定熵信息能力约束 $|\Sigma|/|\hat{\Sigma}| \leqslant K$,一个具有期望指数效用 $E_1[E_2[-e^{-\rho W}]]$ 的投资者在其信息能力的任意配置之间无差异。

如果我们"扰动"学习技术以使一些资产的风险相比其他资产的风险更易于学习,那么唯一的最优解会再次出现。例如,如果学习方法限制了精确度的积 $K = \Pi_i \hat{\Sigma}_{ii}^{-\epsilon_i}$(每个精确度都增大为其指数为任意接近于 1 的 ϵ_i 的幂),那么投资者就不再是无差异的。

8.2.4　对早点消除不确定性的偏好

8.2 节运用对早点消除不确定性的偏好,打破了这一无差异性结果。均值—方差目标函数和期望指数目标函数之间的差异,可以解释无差异的原因。

均值—方差目标函数就是指数效用函数式(7.16)的对数的期望值,其形式为:

$$U_1 = E_1[-\ln(E_2[\exp(-\rho W) \mid \hat{\mu}, \mu]) \mid \mu]$$

其中,$W = rW_0 + q'(f - pr)$ 是预算约束。对效用的这一表述与 Epstein 和 Zin(1989)对早点消除不确定性的偏好有关。Wilson(1975)也采用了这一偏好。

要明白为什么对早点消除不确定性的偏好会促使专业化,我们来考虑什么使得信息有价值。通过学习获取的资产组合的期望超额回报取决于 q 和 $(f-pr)$ 的协方差,即 $E_1[q'(f-pr)]-E_1[q]'E_1[f-pr]$;获知的信息允许一个投资者通过持有与收益实现值一起变化的资产组合来获利。该投资者对于很可能有高收益的资产持有较多的头寸,而对于很可能有低收益的资产持有较少的(或者负的)头寸。专门了解一种资产会导致该资产的收益与持有量之间很高的协方差。由于最优资产组合中该资产的比重大,因而 $E_1[q'(f-pr)]-E_1[q]'E_1[f-pr]$ 与资产组合的超额回报都较高。然而,专业化也会使投资者持有一个基于时期 1 的信息较难预测的资产组合 q。如果该投资者反过来对每一种资产都略知一二,那么他对每种资产的持有量将只会稍微偏离其时期 1 的期望资产组合。

期望指数效用下的投资者不喜欢这种时期 1 的资产组合不确定性。专业化下更高的不确定性的效用成本刚好抵消了更高的资产组合收益的效用收益,这导致了无差异。均值—方差效用下的投资者不会厌恶在时期 2 之前会化解的任何风险。这种投资者只关心其选择资产组合时会面临多少不确定。对于该投资者,专业化是一个低风险策略。他在资产组合中增加那些通过学习能大量降低其风险的资产,以降低时期 2 的资产组合风险。因为专业化是一种低风险(在时期 2)和高期望回报的策略,所以均值—方差效用下的投资者严格偏好这种策略。

8.3 信息市场

信息在两个方面不同于实物产品。首先,信息是非竞争性的。例如,我们不能都持有 50% 的 IBM 的股份,但是我们可以都阅读有关 IBM 的一份报道。其次,信息的复制成本很低。参照 Veldkamp(2006),本节在一个只有一种风险资产的均衡投资模型中,引入了具有上述两个特征的信息的市场。鉴于在 7.1 节中,Grossman 和 Stiglitz(1980)模型假设信息能够以固定成本购买,本节则探讨下列问题:信息来自何处? 为什么信息会有成本? 如果我们为信息市场和信息生产技术建模会怎样? 这些问题的答案有助于解释资产价格中的过度波动性。

模型设定 该模型与 7.1 节中所描述的 Grossman 和 Stiglitz(1980)经济几乎完全相同,只有一处例外,即信息的价格不是外生的。相反,信息的发现成本是固定成本 χ(人均),复制成本为 0。这一信息的完全竞争市场可以自由进入。更具体地,企业可以在看到其他企业公布的价格之后决定生产信息。

在一个均衡中包含:给定资产价格的实现值,最大化期望效用的资产需求集;给定公布的信息价格,最大化期望效用的信息需求集;作为子博弈完美纳什均衡的信息供给与定价选择;出清的信息市场和风险资产市场。

信息需求 完美竞争意味着所有企业必然只赚取零利润。由此,企业设定信息成本 c 为信息平均成本。该信息平均成本是发现信息的人均成本 χ 除以购买信息的投资者的占比 λ:

$$c = \chi/\lambda$$

从求解 Grossman 和 Stiglitz(1980)模型式(7.1)中,我们知道,获取关于某一风险资产收益的信号的收益减去信息成本为 $E[U^I \mid p] - E[U^U \mid p] = (\sigma_e/(\sigma_e^2 + \sigma_{\theta\mid p}^2)^{1/2} e^\alpha - 1)E[U^U \mid p]$,其中,$\sigma_e$ 是以信号为条件的收益的标准差,$\sigma_e^2 + \sigma_{\theta\mid p}^2$ 是以先验信念和均衡资产价格中的信息为条件的收益方差。由于 $E[U^U \mid p]$ 为负,因而如果 $\sigma_e/(\sigma_e^2 + \sigma_{\theta\mid p}^2)^{1/2} e^\alpha < 1$,则信息的净收益为正。因此,只要 $B(\lambda) \geqslant 0$,一个投资者就应该购买信息,其中

$$B(\lambda) = \left(\frac{\sigma_e^2 + \sigma_{\theta\mid p}^2}{\sigma_e^2} \right)^{1/2} - e^{\rho\chi/\lambda}$$

我们将 B 写成知情投资者的占比 λ 的函数,因为信号成本和收益中均有 λ。我们已知,在这个模型里信息获取中存在策略替代性:更多的知情投资者使价格更多地与真实资产收益共变($\partial\sigma_{\theta\mid p}^2/\partial\lambda < 0$)。

该模型在具有策略互补性的 Grossman 和 Stiglitz(1980)模型里增加了策略替代性:越多的投资者购买一个给定的信号,该信号就会变得越便宜,信号的净收益就会越高。这两种竞争力量的效应如图 8.1 所示:当更多的投资者变得知情时,信息成本就会下降(互补性),信息收益也会下降(替代性)。

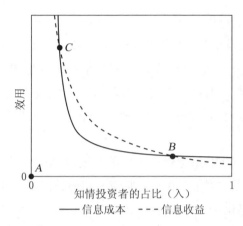

注:$B(\lambda)$是信息收益减去信息成本,信息成本下降代表信息获取中的互补性,信息收益下降代表信息获取中的替代性。

图8.1 信息成本与信息收益

由于所有行为人事前都是相同的,因而信息获取的均衡可能表现为以下三种情形:非负净收益下所有行为人都购买信息[$\lambda = 1$ 和 $B(\lambda) \geqslant 0$],非正净收益下没有行为人购买信息[$\lambda = 0$ 和 $B(\lambda) \leqslant 0$],或者一个行为人在知情与不知情之间无差异的内点解。无差异意味着信息成本与信息收益相等[$B(\lambda) = 0$]。应用上述三种均衡情形的标准,便得到图中 A、B、C 这三个潜在的均衡。请注意,C 是一个不稳定的均衡。如果多了一个投资者购买信息,则信息的净收益会为正,并且有更多的投资者会成为知情者;如果少了一个投资者获取信息,则情况会相反。当一个交叉点 B 存在时,A 点不是一个均衡,因为如果没有信息被生产出来,那么一个企业可能进入信息市场并收取比 B 点处信息的平均成本稍微高一点的价格,从而赚取利润。这样,这个例子中唯一的均衡是 B 点。如果信息的价值足够低,以至于成本总是超过收益:$B(\lambda) < 0$,$\forall \lambda \in (0, 1]$,那么 A 点会是唯一的均衡。

用信息互补性来解释资产价格的波动性 对某一资产或资产集的需求有时会以难以解释的方式剧增。在这样的狂热或羊群效应行为中,似乎投资者购买资产,只是因为其他人也在购买。对这种狂热或羊群效应的来源的探求就是对资产需求中的互补性的探求:一个人购买一种资产如何能使该资产对于其他投资者更有吸引力呢?因为资产的供给是固定的,所以为使市场出清,需求的增加必须提高市场价格。但信息市场的情况不是这样。在一个竞争性市场上,对一条信息的需求的增加会使更多的信息将以更低的价格被提供。这会是互补性的一个来源,因而也是信息提供中的大的波动的来源,并最终导致了资产价格中的波动。下面的结论表明,资产市场的异象可能来源于信息市场,而非资产市场本身。

为使信息需求有波动性,必定有理由使得信息需求可能随时间变化。因此,Veldkamp(2006)给出了资产价格波动性的一个动态过程。存在两种资产:一种是具有收益 u_{t+1} 的风险资产,另一种是具有收益 $r > 1$ 的无风险资产。风险资产的收益包含持久成分 θ 和特质(idiosyncratic)成分 ϵ:

$$u_{t+1} = \theta_{t+1} + \epsilon_{t+1}$$

收益的持久成分是一个具有均值 μ 和比例冲击 η 的 AR(1)过程:

$$\theta_{t+1} = (1 - \rho)\mu + \rho\theta_t(1 + \eta_{t+1})$$

新息的分布为在投资者之间和时间上独立的 $\epsilon \sim N(0, \sigma_\epsilon^2)$, $\eta \sim N(0, \sigma_\eta)$。

对收益的倍增(multiplicative)冲击是这一设定中的一个自然假设。均值和标准差的成比例性是常用在资产定价文献中,是几何布朗运动中的收益过程的一个特点(参见 Duffie,1996)。此外,收益波动性的水平是递增的这一假定得到了数据的支持(参见 Veldkamp,2006)。请注意,这一假定并不能使波动性顺周期。波动性 $\left(\mathrm{var}_t\left(\dfrac{\Delta\theta_{t+1}}{\theta_t}\right)\right)$ 是一个常数。这里唯一的结论是,更高价值的资产可能其价值有更大的绝对变化。冲击是倍增的这一点很重要,因为信息需求将取决于收益的方差。该假设使得期望收益变化($\sigma_\theta t$)的方差随时间变化,并会造成信息需求波动。

如前所述,信息获取中有互补性的一个结果是,状态变量(此处是收益波动性)的很小的变化会对信息均衡产生很大的效应,并造成资产价格的大波动(如图 8.2 所示)。

这里的主要结果是,当一种资产的基本面很好时,资产的收益波动性会很大,信息需求会很高。在这些时期,该资产的价格比没有信息获取的模型所预测的价格还要高。因为信息很便宜而且很有价值,许多投资者会购买信息。信息减少了该资产的剩余(后验)风险,使得对于投资者而言该资产

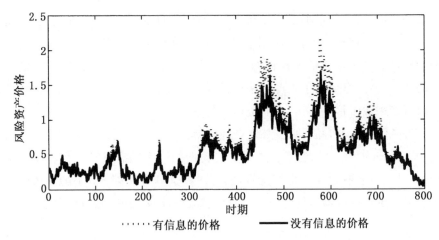

注：当价格很低时，对信息没有需求，有信息的价格和没有信息的价格是相同的。

图 8.2　有信息和没有信息的模拟资产价格

更加值得持有。高需求推高了资产的价格，换言之，信息降低了风险，这会降低回报并提高价格。

8.4　更广泛的主题

为了弄清楚本节的洞见能如何用于回答其他问题，有必要理解本章的几个一般性思想。

协调动机 vs.相关行动　在本章的更一般的观点中，有一个观点是，有些现象看上去是协调，实则是相关的。许多宏观经济结果看起来就像行为人在彼此协调一样（如资产市场的狂热、经济周期等等）。协调是行为人因为其他行为人在采取某一行动，而想要采取同样行动的情形。而相关行动则是行为人因为看到了相同或相似的信息，而最终采取相同的行动。也许行为人不打算协调行动，而只是了解其他行为人正在观察的信息。类似的信息导致他们采取了类似的行动。行为人采取类似的行动，但没有明显的协调动机的情形，适合基于信息来解释。

我们可能会考虑应用协调动机 vs.相关行动的其他领域包括：国际经济

周期、文化变迁、信用紧缩和货币危机。在这些情形中真的有协调动机吗，或者说行为人是基于类似信息来作出类似行动的吗？

信息是互补品还是替代品？ Grossman 和 Stiglitz(1980)提出，在金融市场中，信息是替代品。然而，我们都在看相同的新闻，读同样的报纸。在人们获取的信息中，似乎有许多重叠。研究信息是如何被提供的可以解释信息究竟是互补品还是替代品。

角点解 专业化、自然垄断的出现或者发展陷阱都是使模型具有规模收益递增特征的结果(经济学中关于规模收益对信息的重要性的深入讨论，参见 Romer，1990)。如果在实物产品生产中似乎没有递增的规模收益，但这样的现象却出现了，那么也许信息的规模收益递增是一种解释。

8.5　未来的研究方向

在宏观经济学和金融学只探讨了少数几种信息的规模收益的应用。9.2.1 小节利用类似的洞见解释了经济周期上的产业联动。毫无疑问，还有更多的应用有待研究。

发展陷阱 Wilson(1975)模型阐明了低的投资水平如何使零信息获取为均衡。没有信息，投资就会太危险，投资水平也会降到 0。这种具有内生的规模收益递增的模型是发展陷阱的一种形式。它有助于解释为什么贫穷国家始终贫穷。

收入分配 如果更富有的个人因为他们有更多的资产去使用信息进而获取更多的信息，那么他们也将在其投资上赚取更高的回报。就像贫穷的国家也许因为缺少获取信息的激励而始终贫穷一样，当富有的个人变得更富有时，贫穷的个人也许始终贫穷(参见 Peress，2004)。

地理聚集和社会经济聚集：协调动机还是相关信息 人们也许是因为观察到共同信息而采取类似行动的观点(8.3 节)能够被应用于许多不同的情形来解释地理定位上的、社会经济阶层内的或者种族群体内的行为相似性。关键是，这里的每一个群体均属于一个共同的信息市场。

学习可以很容易被纳入空间模型中，在这些模型中，行为人从其他人的行动中(Fogli and Veldkamp，2007)，或者从与位于附近的行为人的交谈中(Amador and Weill，2011)了解信息。人们拥有的信息通过他们的行动，被免费传递给他们的邻居。信息产生于人们的行动的事实导致了一个正的信息外部性，从而使得类似地理区域中的人的行为也类似。然而，一些地理差异会一直保持下去。为了防止所有的行为人采取相同的行动，需要有一种摩擦来阻止他们完美协调。不完美信息就提供了这种摩擦。如果你不知道其他区域的人了解什么信息，你就不知道他们正在做什么，也不能和他们协调一致。因此，局部信息传递模型能够解释经济转轨中的地理异质性。Fogli和Veldkamp(2007)利用这类模型解释了美国女性的劳动力参与率从低到高的转变中的地理异质性。

刻画集中于人群亚组的行为变化的一种方式是为他们的信息消费建模。例如，女性劳动力参与率很高的地区，也许在对在职母亲很有用的信息方面会有更高的需求。如果当地的媒体渠道提供这一信息，就会使得母亲的劳动参与更容易，并鼓励其他情况类似的妇女也加入劳动力。

这种机制不必基于具体地域。例如，如果蓝领工人有对职业继续教育信息的需求，那么以此群体为目标的出版物或者媒体节目应该提供该信息，这也会鼓励其他人来寻求这种教育。这样的信息市场还可能是种族分割的。例如，如果有韩国人在经营街头药品便利店，那么在韩语出版物上提供与经营这一业务相关的信息会帮助其他韩国人在这一行业中开展业务。

汇率不稳定性 在8.3节中解释资产价格波动性的一种方式是认为其来自信息需求的体制变化(regime change)。每一种信息需求水平都产生了资产价格与资产基本面情况之间的一种不同关系。信息需求体制变化可能解决的另一个谜是"汇率决定之谜"。该问题是：为什么宏观经济基本面情况(通货膨胀、利率差异、增长率)不能预测汇率变动？一种可能的解释是这一现象来自信息异质性(Bacchetta and Van Wincoop，2006)。另一种未探讨的可能性来自Cheung和Chinn(2001)所收集的证据。他们就什么宏观经济变量是美元价值的最重要决定因素这一问题，调查了专业外汇交易员的看法。大多数交易员对于任何给定时刻中的关键宏观经济变量持相同意见。但他们提到的宏观经济变量每一年都不同。从我们对信息和协方差的讨论来看，我们已经知道，交易员选择获取的信息决定了哪一个宏观经济变量会与汇率高度共变。如果这个变量逐年变化,那么汇率与基本面情况之间的协方差中会有体制变化。这样的体制变化会使得汇率似乎是不可预测的。

全球化与信息交易　全球化既会带来更多的产品和服务贸易,也会带来更大的跨界信息流。关于全世界正在发生什么,人们相比以前要知道的多得多。产品交易与信息交易会如何相互影响呢?有许多方法来考虑这一问题,在贸易领域有很多未知问题有待回答。交易与信息获取之间的联系是专业化和比较优势的逻辑。正如国家应该各自专业化生产具有比较优势的产品一样,金融市场的投资者应该专门了解自己在其中有比较优势的信息(见 7.3 节)。但是信息因为其非竞争性质而与所交易的产品不同。我们会看到什么样的国际间信息交易模式呢?信息模式的理论预测能解释生产和贸易中令人困惑的模式吗?

金融学文献中的相关思想　关于资产价格波动性的基于信息的解释,有好几支文献。探讨羊群效应模型的文献有 Bikhchandani、Hirshleifer 和 Welch(1992),Banerjee(1992),Welch(1992),Caplin 和 Leahy(1994),Avery 和 Zemsky(1998)以及 Chari 和 Kehoe(2004)。Timmermann(1993)探讨了不知道股利的真实数据生成过程的投资者如何通过其学习来产生资产价格的过度波动性。Yuan(2005)也利用了当资产的基本面情况强到足以产生超额波动性时会有更多的信息,以及资产价格中的不对称性的想法,这一想法与媒体炒作(media frenzy)的想法相似,但她的模型中认为信息是通过价格,而非通过一个信息市场来传递的。

Froot、Scharfstein 和 Stein(1992)认为存在信息互补性,因为投资是策略互补的。要使投资互补,需要投资者的交易期限很短。Allen、Morris 和 Shin(2006)与 Chamley(2006)探讨了投资模型中的一种类似的互补性。

有一支新的文献重新探讨了资产价格泡沫的主题,其中,投资者之间的不完美信息或者异质信息起了重要作用(参见 Bullard,Evans and Honkapohja,2007;Pastor and Veronesi,2003)。

有关信息选择的相关文献　有关信息价值的两篇早期文献是 Radner 和 Stiglitz(1984)与 Wilson(1975)。这三位作者证明,信息的价值一般不是凹的,总是存在一个规模收益递增的区域(也可参见 Keppo、Moscarini 和 Smith,2005)。此外,信息的价值在投资范围内是递增的。

Turmuhambetova(2005)采用了一个类似的设定来探讨一个投资者应该获取多少信息,而非信息应该被如何配置。Peng(2005)与 Peng 和 Xiong(2006)探讨了信息处理会如何影响资产价格的动态变化,而非资产需求的横截面特征。他们的模型融合本章讨论的期望指数(CARA)效用和正态分布情形,与连续时间资产组合文献。

在公司金融文献中,Dow、Goldstein 和 Guembel(2010)考虑了支付成本来获取关于一家企业有风险的实际投资信号的投资者。与 Kyle(1985)的一致,投资者在观察到其信号后,会向做市商提交买卖指令。企业能观察到指令流(买卖的顺序),也能局部推断出投资者获知了什么信息。企业在观察到指令流后,选择是否进行有风险的投资。和本章前面探讨的资产组合问题一样,该模型有一个反馈效应。投资者更喜欢获取与他们预期会获利的投资有关的信息,因为如果企业决定不进行这项投资,信息就没有价值。同时,投资者通过获取信息使得企业的资产价格对于真实投资量的变化更加敏感。这样,一项可获利的投资的事前概率的提高既能提高企业的股票的期望价值,又能促进信息获取,从而进一步提高股票价格。

8.6 习题

1. 在 8.1 节的模型中,假设投资者现在拥有下列效用:$U(y) = E[y]$。所有的其他设定保持不变。该模型有一个信息获取的内点解吗?在 Wilson(1975)的模型中,由风险厌恶造成的效应是什么?仔细证明你的结论。

2. 在 8.2 节的模型中,精确度上可加性的信息能力约束下的解是什么?

3. 在 8.2 节的模型中,假定效用由 $E[\exp(W)]$ 给出。求出作为 Σ 和 $\hat{\Sigma}$ 的函数的时期 1 的期望效用。

4. 求解有信息的资产组合选择模型的局部均衡,其中,投资者对于财富不是具有均值—方差偏好,而是具有对数偏好。

5. 在 8.2 节的有 N 种资产的模型中,假设资产的收益是相关的。将注意力的最优配置以及资产价格表示为方差—协方差矩阵的特征值和特征向量的函数。

6. 在 8.3 节的模型中,假设信息生产者是一个垄断者。信息的价格是多少? 这会如何影响资产价格的波动性?

注 释

① 请注意,$\partial U/\partial \alpha = \partial E[y]/\partial \alpha$,因为正如我们下面要证明的,$V[y]$ 不取决于 α。

9

信息作为一种总体冲击

什么冲击驱动了经济周期？在有关经济周期的文献中，占主导地位的范式认为，技术冲击驱动了经济周期。技术进步也会驱动长期经济增长，因而该范式具有的优势是为思考产出的短期变化和长期变化提供了一个统一的框架。然而，许多经济周期运动很难与生产率的任意可观察的变化联系起来。如情绪或股价等变量似乎含有与任何被测度的生产率变量正交（即无关）的成分，这些成分解释了高达一半的经济周期波动（Beaudry and Portier，2006）。本章下面所描述的几个模型试图调和经济周期的生产率冲击观与情绪观。在每个模型中，有关生产率的信息产生了经济波动却没有在总体生产率当中产生并发生的变化。这些经济波动被称为"消息驱动的经济周期"。

尽管这些模型中只有一个模型涉及了信息选择，但对总体冲击的探讨重现了在前几章出现过的一个主题：当行为人观察到相关信息时，他们会以协调的方式行动。另一种阐述有关"消息驱动的经济周期"的文献从"产业联动之谜"入手。在各产业之间，产出相比技术更加相关。[①] 正是产业之间产出的高度相关性引发早期的经济周期文献构建为总体冲击驱动的经济周期模型。然而企业之间的生产率并不很相同。那么，问题就变成了：为什么具有不同生产率的产业会选择类似的生产过程，从而产生总的产出波动呢？

在本章考察的所有模型中，企业采取类似的行动，部分是因为这些企业观察到类似的信息。在其中的一些模型中，市场出清价格使得行动具有策略替代性。在另一些模型中,企业生产互补性产品。但所有这些模型的共性是,信息或者说信号中的噪声本身才是对总产出的冲击。

由于这些模型都是一般均衡的生产经济,因而其中的大多数模型涉及数值逼近的求解方法。因为这些求解方法本身就值得写一本书,所以本章不会费力去讲授这些解法,而是勾勒了四个模型,并且论述了每个模型的哪些特征使其能够产生贴近现实的消息驱动的经济周期。每个模型只取其精华,以凸显各种机制之间的差异。

9.1 有关未来生产率的消息

本章给出了两种不同类型的消息(news)驱动的经济周期模型的例子。在第一类模型中,行为人观察到关于未来的生产率会有多大的信号("消息")。这类模型面临的一个关键挑战是:让产出在好消息下增加。一个具有典型参数的标准真实经济周期模型会预测,当行为人获知未来的生产率会很高时,他们就会减少劳动供给并增加消费,造成投资的下跌和产出的下降。这个好消息使得行为人预期到更高的终身收入。仅有这一财富效应,而没有来自当前生产率提高的替代效应,会增加人们的消费和闲暇。由于对未来经济的乐观情绪通常在经济繁荣时才会被观察到,因而这并不能形成吻合现实的理论。为了克服这一问题,每种理论都利用了恰当的偏好、恰当的生产函数以及恰当的技术冲击类型的某种组合,来削除或削弱劳动上的财富效应。

在第二类消息驱动的经济周期模型中,行为人观察到关于当前生产率的有噪声的信号。9.2 节探讨了这类模型。

9.1.1 模型 1:产业间互补性

在 Beaudry 和 Portier(2004)提供的模型中,有关未来生产率的消息能够产生实际经济周期。这是一个各产业部门之间有很强的互补性的三部门模型。尽管 Beaudry 和 Portier 展示了完整的分散化经济,并证明社会计划者问题的解与分散化均衡相符,我们将走捷径,直接研究社会计划者的问题。

偏好　社会计划者的目标是最大化对数消费 C_t 和闲暇的线性效用（$\bar{l} - l_{x,t} - l_{k,t}$）的贴现期望值之和：

$$U = E_0 \left[\sum_{t=0}^{\infty} \beta^t (\ln(C_t) + v_0(\bar{l} - l_{x,t} - l_{k,t})) \right] \tag{9.1}$$

生产技术　存在三个部门：消费品 C，中间品 X 和投资品（资本）K。中间品的产出取决于生产率 θ_x、劳动 l_x 和固定要素 m：

$$X_t = \theta_{x,t} l_{x,t}^{\alpha_x} m^{1-\alpha_x} \tag{9.2}$$

其中，规模收益递减参数是 $\alpha_x \in (0,1)$。资本存量是前一期的资本存量以 δ 折旧后再加上新的投资品，该新的投资品以生产率 $\theta_{k,t}$、劳动 $l_{k,t}$ 和固定要素 n 生产：

$$K_{t+1} = (1-\delta)K_t + \theta_{k,t} l_{k,t}^{\alpha_k} n^{1-\alpha_k} \tag{9.3}$$

其中，规模收益递减参数是 $\alpha_k \in (0,1)$。请注意，中间品是非耐用品，而投资品是耐用品。用于生产中间品的劳动和用于生产投资品的总劳动要小于总体时间禀赋：

$$l_{x,t} + l_{k,t} \leqslant \bar{l} \tag{9.4}$$

最后，消费品的生产需要中间品和资本：

$$C_t = [aX_t^v + (1-a)K_t^v]^{1/v}$$

Beaudry 和 Portier 假定 $v < 0$，这使中间品与资本成为互补的。正是这一互补性造成了中间品部门和投资品部门之间的联动。

信息结构　驱动经济周期的消息冲击是有关中间品部门的信息的出现。投资品部门的生产率是确定性的：

$$\ln \theta_{k,t} = g_{0,k} + g_{1,k} t \tag{9.5}$$

行为人获知的信息是关于中间品部门的随机生产率。生产率的常数项 $g_{0,x}$ 和漂移项 $g_{1,x}$ 已知，但持续的自回归项 $\hat{\theta}_{x,t}$ 未知：

$$\ln \theta_{x,t} = g_{0,x} + g_{1,x} t + \ln \hat{\theta}_{x,t}$$
$$\ln \hat{\theta}_{x,t} = \lambda \ln \hat{\theta}_{x,t-1} + \epsilon_t \quad \lambda \in (0,1) \tag{9.6}$$

新息项 ϵ_t 可以取一个低值－$g_{1,x}$，也可以取一个高值 $g_{1,x}p(1-p)$，其中，p 是低状态的概率。

时期 t 的关于 ϵ_{t+n} 的信号也是二元的。信号 v_t 要么是－$g_{1,x}$，要么是 $g_{1,x}p(1-p)$，其中，信号准确（$v_t = \epsilon_{t+n}$）的概率为 q。

模型中的关键机制　Beaudry 和 Portier（2004）没有求解模型的显式解，而是对模型进行了校准和模拟，以考察当好的信号和坏的信号被观察到时，该模型会如何反应。校准对模型的大多数参数采用了标准值。但是该模型有四个特有参数：主导技术过程和信息过程的两个参数（p，q），技术参数 v，消息发布早于技术冲击发生的时期数 n。利用模拟矩方法，Beaudry 和 Portier 选择了上述四个系数来拟合以两种不同方式测度的产出、消费和投资的波动性。他们利用校准后的模型证明，当出现好消息时，消费、工作时间、投资和产出都会上升。但是由于他们的结论是数值解，为什么这一特定模型可行并不那么显而易见。

出现好消息时人们工作更多的原因在于，他们想要在中间品的生产率很高的未来生产许多中间品。但是中间品和资本是互补品，所以当生产率冲击发生时，他们也会想要一个大的资本存量。由于资本是逐渐积累的，行为人会立即增加其劳动供给以开始更多地投资。另一种策略是等到生产率冲击发生时才更多地投资。但是等待会要求增加工作和减少消费来为投资品和中间品的大幅增加而融资。消费会下降然后反弹。由于行为人厌恶这样的消费波动，因而他们会在冲击发生前积累资本。

关键的模型假设是：（1）对消费平滑的愿望强烈，（2）对劳动供给平滑的愿望很弱，（3）在消费品的生产中，中间品和资本是互补品。第三个假设，即部门间的互补性是最直接回答联动问题的假设。在这个模型中，部门特有的消息对产出产生总体冲击的原因是各部门的产品是互补的。这些假设确保了当关于未来的中间品生产率的好消息出现时，更大的投资是由增加的劳动而减少的消费驱动的。由此，好消息导致了产出繁荣。

9.1.2　模型 2：渐进的资本调整

与上一节中的模型类似，Jaimovich 和 Rebelo（2006）也为有关未来生产率的消息构建了模型。然而，他们对于消费和劳动在好消息出现后上升所给出的机制有所不同。他们利用资本的调整成本来使得行为人在生产率（这次是投资的生产率）冲击发生之前，开始工作以积累资本存量。

偏好　行为人的偏好是定义在消费品 C_t 和工作时间 N_t 上的：

$$U = E_0 \left[\sum_{t=0}^{\infty} \frac{\beta^t}{1-\sigma} (C_t - \psi N_t^\theta X_t)^{1-\sigma} - 1 \right] \tag{9.7}$$

其中，$X_t = C_t^\gamma X_{t-1}^{1-\gamma}$，$\gamma \in (0, 1)$。这些偏好是对两种类型的现有偏好的组合：一种是用来消除劳动上的财富效应的 Greenwood、Hercowitz 和 Huffman (1988)偏好，另一种是用来与均衡增长保持一致的 King、Plosser 和 Rebelo (1988)偏好。

生产技术　产出是以资本服务（即资本存量 K_t 与资本利用率 u_t 的乘积）和劳动 N_t 来生产的：

$$Y_t = A_t (u_t K_t)^{1-\alpha} N_t^\alpha \tag{9.8}$$

其中，A_t 是全要素生产率。产出可以用作消费品 C_t 或投资品 I_t：

$$Y_t = C_t + I_t / z_t$$

其中，z_t 代表投资品的生产率。

改变投资水平使其不同于前一期的水平会导致一个调整成本 $\phi(\cdot)$，它是 I_t / I_{t-1} 的函数。保持投资不变，则不会产生成本（$\phi(1) = 0$）：

$$K_{t+1} = I_t \left[1 - \phi\left(\frac{I_t}{I_{t-1}}\right) \right] + [1 - \delta(u_t)]K_t$$

假设资本的折旧率在资本利用上是凸的：$\delta'' > 0$。

Jaimovich 和 Rebelo 探讨了两种类型的消息。在两种情况下，他们都假设模型处于稳态，并且行为人在生产率的一次性永久提高发生两期之前就了解到了。第一类消息与全要素生产率 A_t 的变化有关。第二类消息与投资特有的生产率 z_t 有关。

关键机制　主要结果是：如果消息是好消息（未来的生产率高得出人意料），那么两类消息冲击都会让消费和工作时间同时提高。与全要素生产率有关的消息只会产生适度的效应。对于冲击的大部分反应是在冲击已改变了生产率时才发生的。相反，在投资特有的消息下，大多数反应在消息一出现时就发生了,而这时生产率本身还没有变化。Jaimovich 和 Rebelo 没有求模型的显式解,而是对模型进行了校准和模拟以展示其效应。不过,他们对模型各种变体的探讨凸显了模型关键假设的重要性。

该模型的一个要件是偏好。采用非标准偏好的理由是最小化劳动上的财富效应。换言之,当行为人获知会提高其未来期望收入的好消息时,这些偏好会阻止行为人减少工作时间。然而,在消费上仍然有财富效应,这确保了好消息会导致消费过热。

该模型的另一个要件是资本调整成本。该成本会诱导行为人在生产率提高前更多工作。他们想要有大的资本存量,在生产率很高时用于生产。但是由于资本调整成本是凸的,迅速积累起大的资本存量需要支付很高的成本。为了最小化资本调整成本,行为人会立刻开始积累资本,并逐渐增加投资。更高的投资需要更多的劳动投入,即增加工作时间。相反,如果没有资本调整成本,听到好消息的行为人会减少投资,以为其消费狂热提供资金。他们会一直等到高生产率的到来才增加投资。

仅凭资本调整成本还不足以让劳动在好消息出现时增加。要使劳动投入上升,劳动的边际价值也必须上升。如果当前的生产率未变,那么一定存在额外资本以与劳动互补。但是资本存量是一个缓慢变化的变量,可变的资本利用率使得企业可以迅速扩展其资本存量以生产更多的产品。在这一过程中,这提高了劳动的边际效用,因此也提高了劳动供给。总之,为了在冲击到来之前调整资本存量,行为人会更充分地使用其现有的资本,并更加努力地工作。

9.1.3 解释股市波动

为了解释次优(suboptimal)货币政策在放大经济周期中所起的作用,Christiano 等(2010)用定价摩擦对 Jaimovich 和 Rebelo(2006)进行了扩展。在这一过程中,Christiano 等阐明了需要什么样的模型要素来解释股市的现象。他们考虑了这样一个情形:家庭观察到一个表明未来生产率会很高的信号,后来又了解到这个信号是假的。在他们的模型中,这样的一个情形造成了消费、投资、产出和股价先上升、后下降。

根据 Jaimovich 和 Rebelo(2006),有关未来生产率的好消息会触发股价的下降而非上升。原因在于，当前投资的上升，而投资的生产率没有同时上升，会压低投资品的价格，即股价。

为了纠正上述问题，Christiano 等在 Jaimovich-Rebelo 的设定中增加了下列成分。首先，他们引入了黏性价格。在一个完全竞争市场中，只有提供最低价格的企业才能获得收入。为了使一个黏性价格模型可行，需要有不完全竞争。引入不完全竞争的标准方式是允许中间品有垄断竞争。中间品以不变弹性生产函数 $Y_t = \left(\int_0^1 y_j^{1/\gamma} \mathrm{d}j \right)^\gamma$ 生成最终产品。为了使价格有黏性，最简单的方法是采用 Calvo(1983) 的黏性价格，这意味着在每一期，随机选择的 ξ 比例的企业会以零成本调整它们的价格。余下的企业则不能再次最优化其价格。特别地，Christiano 等假设余下的企业设定的价格为用总通胀率调整过的前一期的价格。

其次，他们引入了黏性工资。这就要求具有异质性的（专业化的）劳动投入来产生与中间品加总类似的不变弹性加总下的复合劳动。这确保了对于高工资的工人的服务会有一定的需求。那么家庭会面临 Calvo 黏性工资：固定比例的家庭能在每一期最优化其工资。余下的家庭则通过总体工资通胀率来调整其工资。

最后，货币政策按照泰勒规则制定。换言之，无风险利率是期望通货膨胀率和产出缺口（最终产品产出与其非随机稳态水平之比）的线性递增函数。

模型的这些修正提高了产出对技术冲击的反应程度。当观察到了一个有关未来生产率的正面的信号，并且之后这个正面的新息没有出现时，产出、投资和工作时间的反应大约比 Jaimovich 和 Rebelo(2006) 所提出的大三倍。此外，股价先提高后下降，而非先下降后提高。这些效应来自欠优货币政策。当观察到正面的信号时，无摩擦模型中的实际工资会上升。由于名义工资是黏性的，一个有效的货币政策应让通货膨胀率下降来提高实际工资。泰勒规则则要求货币当局采取相反的做法：增加货币供给以提高通货膨胀率。由此导致的实际工资会很低，这提高了就业，促进了经济繁荣的规模。便宜的劳动也使资本更加有价值，而这会推高股价。

9.1.4 有关消息冲击的实证证据

关于如何测度有关未来生产率的消息以及这一消息在经济周期中起的作用，一直存在争议。Beaudry 和 Portier（2006）将消息冲击视作与当前生产率不相关的股价变化。他们此后的研究工作也加了一个长期限定条件：消息冲击必须也有一个长期生产率效应。在这些界定下，他们发现有关未来生产率很高的消息与消费、产出和工作时间的提高相关。换言之，好消息产生了经济繁荣。

Sims（2009）与 Barsky 和 Sims（2009）在他们的向量自回归中采用了几个前瞻性变量，包括股价、消费者信心和通胀。消息冲击是这些与当前生产率不相关的变量的线性组合。他们选择线性组合，使得这些消息冲击能最好地解释未来的生产率。然后，他们联合估计了宏观经济总体对这一消息冲击的反应。与 Beaudry 和 Portier（2006）类似，Sims（2009）与 Barsky 和 Sims（2009）发现有关未来生产率的正面消息与消费的增长相关。但是尽管 Beaudry 和 Portier（2006）发现好消息与产出和工作时间的快速增长相关，Sims（2009）与 Barsky 和 Sims（2009）却发现好消息与产出和工作时间的下降、减少相关。此外，Sims（2009）认为消息冲击不是经济周期波动的一个重要因素。特别是，在最近的六次经济衰退中，有四次衰退是消息冲击所不能解释的。

9.2 有关当前生产率的消息

在第二类消息驱动的经济周期模型中，行为人知道当期的生产率。这类理论的目的是创立这样一个环境：一个公共信号会在有关生产率的信念中产生相关误差（correlated errors），这些相关误差会诱致行为人提高（减少）生产，即使他们的真实生产率并不高（低）。前面各章中的理论可以基于代表性行为人经济，本章中的理论则基于异质生产者。在产生这类消息驱动的经济周期的过程中有三个关键挑战。首先是联动问题（comovement problem）。在异质生产者中，对于某个生产者而言的好消息会鼓励其雇用更多的劳动（或使用更多资本），这会从其他生产者那儿吸引劳动力使他们的产出下降。其次是持久性问题（persistence problem）。持久性对于基于不对称信息的各种模型来说都是个问题［这是 6.2 节介绍的 Woodford（2002）的主要观点］。如果行为人能通过了解其他人知道什么来获取充分信息，那么何种信息摩擦会减缓学习过程以至于足以产生持续数个季度或数年的经济周期呢？最后是放大问题。不完美信息产生的信念一般比行为人所了解的真实潜在冲击的波动性要小一些（见 5.3 节）。我们如何来放大信息冲击以使得得到的产出波动足够大呢？

9.2.1 模型 3：总体消息冲击

尽管 9.1.1 小节和 9.1.2 小节考察了有关未来生产率的消息的效应，接下来的两小节会考察关于当前生产率的有噪声的信号效应。这两个模型均直接讨论了产业联动问题。不同产业部门的实际生产率没有高度相关。然而这些部门的产出却是高度相关的。在这两个模型的情形中，额外的产出相关性来源于提供有关总体生产率信息的信号中的噪声。Lorenzoni（2009）称此效应为"需求冲击"。

Veldkamp 和 Wolfers（2007）利用信息获取中的协调动机得出经济周期中部门间的相关（correlated）生产决策。其主要思想是，只观察到总体信息的行为人会具有类似的信念，从而会作出类似的决策。只观察到一个总体冲击的企业只会对这一总体冲击作出反应。如 8.3 节所述，总体信息很便宜，因为其发现成本被许许多多的信息购买者分担了。特质性信息很昂贵，因为其发现成本必须被独自承担。下面的模型是没有产品或劳动交易最简单版本。在这里，只有信息被交易。但其逻辑适用于具有产品市场和要素市场的情形中。我们在本小节最后会描述这个拓展的模型。

模型设定　经济中的每个行为人都生活在一个岛上（正如 Lucas，1972）。有一个用 i 表示的岛屿连续统，并且在每个岛上都有一个代表性行为人。每个行为人的指数型效用中都有绝对风险厌恶度 ρ 以及定义在消费 c 和劳动 n 上的偏好：

$$U_i = -E\left[\exp(-\rho(c_i - \psi n_i))\right] \tag{9.9}$$

现在我们来考虑每个行为人只消费其所在岛上生产的产品的最简单的模型。每个岛上生产的产出与该岛特有的劳动成线性关系：

$$y_i = z_i n_i$$

劳动生产率包含了行为人能获知的总体冲击和特质性冲击($\bar{z}$ 和 η_i)，以及行为人不能获知的冲击 e_i：

$$z_i = \mu_z + \beta_i \bar{z} + \eta_i + e_i$$

在选择劳动投入时，劳动的边际产出 z_i 是未知的（服从正态分布）。行为人支付成本后可以观察到两类信号。总体信号揭示 $s_0 = \bar{z} + e_0$。每个岛特有的信号则揭示总体生产率与每个岛特有的生产率的组合：$s_i = \beta_i(\bar{z} + e_0) + \eta_i$。所有的冲击和噪声项都是独立的正态分布变量。

信息生产要求任何信号的发现都有一个固定成本 χ。复制该信号的成本为 0。任何行为人在任意时候都可以进入市场获取信号。不过，信息不能被转售。

均衡　视其他人的行动为给定的，行为人会作出如下选择来最大化其目标函数。

（1）生产信息：每个行为人宣布信号价格为 $\tilde{\tau}_{ij}$，然后选择是否以成本 χ 生产每个信号。信号 j 的利润是 π_j。

（2）购买信息：每个行为人 i 选择是否购买信号 j。如果行为人 i 购买信号 j，则 $L_{ij} = 1$，如果行为人 i 不购买信号 j，则 $L_{ij} = 0$。

（3）生产产品：给定所有观察到的信号，行为人在如下预算约束下选择 c 和 n：

$$c_i = z_i n_i + \sum_j (\pi_j - \tau_j L_{ij}) \tag{9.10}$$

其中，τ_j 是对信号 j 的最低报价 $\min_i \tilde{\tau}_{ij}$。

关键机制 1：市场过滤掉了产业信息　正如 8.3 节中的投资模型一样，均衡信息价格为 $\tau_j = \chi/\lambda_j$，其中，λ_j 是购买信号 j 的行为人的数量。对于产业特有的信息，每个产业因为其自身将会是唯一的买者，而必须支付 χ。一定范围内的参数确保了市场会以低价提供许多总体信息，而几乎不提供产业特有的信息。

在这一设定中,信息的价值就是 Grossman 和 Stiglitz(1980)中的信息的价值(下面的解的推导参见 7.1 节)。如果满足下面两个条件,企业就会购买总体信号 s_0:

(1) 以价格 χ/λ 购买总体信号会比以更高成本 χ 购买产业特有信号得到更高的效用:

$$\frac{1}{2\rho}\ln\left(\frac{\mathrm{var}(z_i)}{\mathrm{var}(z_i \mid s_0)}\right) - \frac{\chi}{\lambda} \geqslant \frac{1}{2\rho}\ln\left(\frac{\mathrm{var}(z_i)}{\mathrm{var}(z_i \mid s_i)}\right) - \chi$$

(2) 购买总体信号会比什么信息都不购买得到更高的效用:

$$\frac{1}{2\rho}\ln\left(\frac{\mathrm{var}(z_i)}{\mathrm{var}(z_i \mid s_0)}\right) - \frac{\chi}{\lambda} \geqslant 0$$

关键机制 2:对选择变量的总体冲击 企业观察到总体信号(共同信息),形成了关于其所在岛特有的生产率完美相关的信念 $E(z_i \mid s_0)$。每个岛上的劳动与该岛的期望生产率 $E(z_i \mid s)$ 成线性关系。为了看到这一点,将预算约束式(9.10)代入效用函数式(9.9),并对 n_i 求一阶条件。得到的岛 i 上的最优劳动投入为 $n_i = (E(z_i \mid s) - \psi)/(\rho\mathrm{var}(z_i \mid s))$,其中,均值和方差以岛 i 选择观察到的任何信号 s 为条件。因此,对于观察到总体信号的两个岛而言,其劳动投入也是完全相关的:$\mathrm{corr}(n_i(s_0), n_j(s_0)) = 1$ 或 -1。完美相关的劳动投入使得产出比生产率更加相关。

相反,对于观察到产业特有信号(异质信息)的企业而言,它们的产出与总体产出没有过度相关性,而与它们所在产业的产出与总体生产率的相关性大致相同。

扩展模型:加入劳动市场 没有产品或劳动的交易的假设是不现实的。加入市场的问题在于,市场价格和市场数量会揭示信息。我们在 Grossman 和 Stiglitz(1980)中可以看到这一点。如果没有资产供给冲击,资产价格就会完美揭示其他人的私人信息,也就没有人会为其他人已经购买的信息支付成本。在这种情形中,工资和劳动需求会揭示其他企业已经获知的所有信息。

在这样的设定中,信息成为公共品。如果行为人足够多,搭便车问题就会让信息市场关闭。如果有任何一家企业购买了总体信息,其他企业就会免费观察到那一信息。这使得在没有承诺机制（commitment mechanism）的情形下，分担总体信息的成本几乎成为不可能。没有成本分担，总体信息就会和企业特有信息一样昂贵，却没有后者的益处大。因此，会有几个大企业购买企业特有的生产率信息。其他企业观察到这几个大企业的生产率，并用这一信息来推断其自身的生产率。这样，大企业购买的信号最终变成了公共信号，从而在其他企业的信念中引入了共同期望误差。例如，如果企业1的信号显示出高生产率，而企业2和企业3还没有获取其自身的信息，只是知道自身的生产率与企业1的生产率正相关，那么企业2和企业3也会认为自身的生产率会很高。这些对信念的共同冲击使得信念高度相关。当所有的企业同时认为自身的生产率很高时，它们就会选择高度相关的劳动投入。这样，即使市场价格揭示信息，消息驱动的经济周期依然会持续下去。

9.2.2 模型4：混淆私人信息与公共信息

与模型3类似，Lorenzoni(2009)模型是一个有关当前总体生产率的不完美信息的模型。但与大多数或所有行为人观察到同一信息的模型3不同的是，在Lorenzoni(2009)的模型里，信息异质性和高阶期望是核心。Lorenzoni(2009)的主要思想是，关于总体生产率的信号中的噪声会产生类似于需求冲击的经济反应——消费和产出增长，而总体生产率不相应提高。

模型4显然比模型2和模型3要复杂得多。这种复杂性的原因之一在于，为防止异质信息成为共同知识，需要一些"摩擦"。贝叶斯学习会相当迅速地收敛于真相（truth）。我们需要许多摩擦来放缓这一学习过程并保持信念异质性。Lorenzoni没有简单地采用Lucas(1972)模型中的强信息壁垒，而是展示了如何在不把信息结构变成共同知识的前提下，就揭示出行为人消费束的价格。这产生了有关分散化市场中的信息摩擦性质的新思想。这种复杂性的原因之二在于，Lorenzoni不像前几位研究者，他试图解释有关价格的事实，即要产生一个有意义的价格水平，就需要有一个交易媒介。Lorenzoni(2009)中的模型的这一部分内容允许我们讨论货币政策。尽管有上述复杂性，这一模型在分析上依然易于处理。

偏好 和模型3中一样，每个行为人都生活在一个岛上。岛 l 上的行为

人的偏好以其消费束 $C_{l,t}$ 和劳动时间 $N_{l,t}$ 来定义:

$$U = E \sum_{t=0}^{\infty} \beta^t \left(\ln(C_{l,t}) - \frac{1}{1+\xi} N_{l,t}^{1+\xi} \right)$$

消费束为:

$$C_{l,t} = \left(\int_{L_{l,t}} \int_0^1 C_{j,\tilde{l},l,t}^{\frac{\gamma-1}{\gamma}} \mathrm{d}j \, \mathrm{d}\tilde{l} \right)^{\gamma/(\gamma-1)}$$

其中,$C_{j,\tilde{l},l,t}$ 是 t 时期岛 l 上的行为人对岛 $\tilde{l}$ 上生产的产品 j 的消费,$L_{l,t}$ 是岛 l 上的行为人被允许去购物的岛屿的子集。

每个岛上的代表性行为人通过选择消费、劳动以及持有多少在时期 $t+1$ 支付 1 美元的一期债券 B_{t+1},在其预算约束下最大化其效用。该债券的净供给为 0,在 t 时期的价格为 Q_t。债券的价值加上消费品上的支出必须等于现有的财富加上劳动收入和岛上企业的利润:

$$Q_t B_{t+1} + \int_{L_{l,t}} \int_0^1 C_{j,\tilde{l},l,t} \mathrm{d}j \, \mathrm{d}\tilde{l} = B_t + W_{l,t} N_{l,t} + \Pi_{l,t} \tag{9.11}$$

债券的作用是充当计价单位,便于对价格问题的讨论。

生产技术 产出是劳动供给的线性函数。劳动生产率取决于永久的总体生产率冲击 x_t 和暂时的岛屿特有的冲击 $\eta_{l,t}$:

$$Y_{l,t} = \exp[x_t + \eta_{l,t}] N_{l,t} \tag{9.12}$$

岛屿特有的冲击服从时间和岛屿上的独立正态分布 $\eta_{l,t} \sim N(0, \sigma_\eta^2)$。总体冲击是一个随机游走过程:

$$x_t = x_{t-1} + \epsilon_t, \ \epsilon_t \sim N(0, \sigma_\epsilon^2)$$

企业的定价 在每一期,每个岛上有 $1-\theta$ 比例的企业可以选择其产品的价格。所有其他企业则必须保持其价格不变。岛 l 上的全部企业利润是该岛上的每个企业 j 的利润的积分:

$$\Pi_{l,t} = \int_0^1 (P_{j,l,t} Y_{j,l,t} - W_{l,t} N_{j,l,t}) \mathrm{d}j \tag{9.13}$$

没有某种外生的价格黏性,消息冲击会被实际利率完全吸收,而对实际产出没有任何影响。因为各企业必须有异质价格,所以这要求每个岛上都有不同种类的产品，这样价格更高的产品仍然有一些正的需求。这正是用下标 j 来表示不同企业的原因。

当每个岛上的计划者为能够调整价格的企业选择价格时，他最大化的不仅是这个当期利润，而且还包括企业将来不能调整其价格的时期利润的期望贴现和。计划者采用的贴现因子是 $\beta^{\tau}(C_t/C_{t+\tau})$。

给定各企业设定的价格，存在三种价格指数。首先是本土生产者价格指数，该指数包含了岛 l 上生产的产品的所有价格：

$$P_{l,t} = \left(\int_0^1 P_{j,l,t}\mathrm{d}j\right)^{1/(1-\gamma)}$$

其次是本土消费者价格指数，该指数包含了来自岛 l 的消费者会去购物的岛屿的子集 $L_{l,t}$ 上的所有生产者价格指数：

$$\bar{P}_{l,t} = \left(\int_{\tilde{l}\in L_{l,t}} P_{\tilde{l},t}\mathrm{d}\tilde{l}\right)^{1/(1-\gamma)}$$

最后是总体价格指数：

$$P_t = \left(\int_0^1 P_{l,t}\mathrm{d}l\right)^{1/(1-\gamma)}$$

信息结构　所有行为人都观察到其劳动生产率 $x_t + \eta_{l,t}$，本土工资率 $W_{l,t}$，本土消费篮子中所有产品的价格 $\{P_{\tilde{l},t}\}_{\tilde{l}\in L_{l,t}}$，本土企业的总销售额 $Y_{l,t}$，以及关于生产率的总体成分的有噪声的信号：

$$s_t = x_t + e_t,\ e_t \sim N(0, \sigma_e^2)$$

如果行为人能够观察到所有岛上的全部价格集，他们就能推断其他人观察到了什么信号，信息异质性就会消失，共同知识就会实现。然而，消费者需要一些价格信息，来决定从其他岛屿购买什么产品。对类似问题的一个通常的解决方法是在价格水平中加入某个噪声，如外生供给冲击或噪声交易者（Grossman and Stiglitz，1980）。Lorenzoni（2009）给出了另一种解决此问题的机制。他允许行为人在这些岛屿的子集上购物。他仔细地挑选了这些子集以便其中的岛屿都有相关的（correlated）岛屿特有的冲击。这确保了每个行为人观察到的价格指数含有噪声。例如，假设对岛屿子集 $L_{l,t}$ 的选择会使得本土消费者价格指数是关于总体价格水平的对数正态分布信号：

$$\ln(\bar{P}_{l,t}) = \ln(P_t) + \xi_{l,t}, \text{其中}, \xi_{l,t} \sim N(0, \sigma_\xi^2)$$

模型中的关键机制 该模型中有四种机制,这些机制一起运作得到了丰富的结果。首要机制是行为人不能充分区分总体生产率、特质性生产率和信号噪声。行为人观察到其所在岛上的劳动生产率,即岛屿特有生产率与总体生产率之和。此外,他们从价格水平中获得关于总体生产率的外生有噪声的信号。但是由于不完美信息,公共信号中关于总体生产率的噪声会冲击关于总体生产率的信念,进而造成总产出的波动。

当行为人认为总体生产率很高时,他们的工作时间会更长,并增加消费。即便一般行为人知道自身的生产率不高,上述结论依然成立。然而,行为人推断出,如果总体生产率很高,其他岛屿就会生产更多的产品。该行为人所在岛屿的产品就会相对稀缺,因此会索要相对高的价格。这提高了额外劳动时间的期望收益和期望的未来收入,从而会促使额外消费。该模型就这样产生了消费、产出、劳动与消息冲击相互之间具有适度相关性的实际经济周期。正是在这个意义上,该模型产生了类似需求冲击的效果。

该模型的第二种机制在前面 3 个模型中没有出现过:价格在需求冲击(公共信号噪声的实现值很高)下会上升,在供给冲击(总体生产率冲击很高)下会下降。然而,由于价格黏性的假设,价格并不能调整到完全抵消信号噪声对产出的影响。

第三种机制是,价格设定中的协调动机放大了对公共信号的反应。从有噪声的信号中产生可观的波动很难:为了得到很大的反应,噪声必须很大;但是如果信号的噪声很大,行为人就会对这些信号打折扣而更多地依赖其先验信念。这是学习模型中的一般性问题:不完美信息通常会减弱波动性。这背后的原因可以通过下面的简单分解来看到。假定一个随机变量 x 的无条件波动性是 σ^2。如果一个行为人拥有不完美信息,那么他的信念通常会是真实变量的最佳线性逼近,加上与其信念正交的噪声:$x = \hat{x} + \epsilon$。这样,如果噪声的波动性是 σ_ϵ^2,信念实现值在时间上的波动性就是 $\sigma^2 - \sigma_\epsilon^2$。由此,如果行为人知道真相,他的信念的波动性就会和真相的波动性(σ^2)一样大。但是,在不完美信息下,他的信念的波动性会小很多。Lorenzoni(2009)利用与 Morris 和 Shin(2002)中相同的对公共信息产生过度反应的机制(参见 5.1.1 小节)解决了这个问题。

第四种机制使消息冲击的效应变得持久。协调动机与异质信息合并在一起使得公共信息中噪声的效应变得持久。这一机制与 Woodford(2002)所利用的机制一致(见 6.2 节)。对 Lorenzoni(2009)而言,行为人不仅在价格设定方面进行协调,还在生产方面进行协调。当其他人生产更多产品时,某个行为人自己的产品的边际效用进而价格都会更高。这使得一个企业在其他企业生产更多时,也会生产更多。在 Woodford(2002)的价格中出现的同类持久性,在 Lorenzoni(2009)的数量中也出现了。数量对公共信号反应强烈,因为所有的生产者都知道其他生产者也知道公共信号这一信息。这些公共信号的影响很持久,因为即使行为人知道公共信号由于信号噪声的存在而偏高,他们也不知道其他行为人是否已获知了公共信号。

分散信息的福利结果　Angeletos 和 La'O(2009)构建了相关模型来理解分散信息的福利后果。他们考虑了两个版本的模型。在其中一个版本中,存在私人信号和公共信号,但所有信息都是外生的。换言之,行为人在交易时能够看到价格,但没有利用价格中包含的信息来形成其信念。在这个版本的模型中,只要所有的价格是灵活的,配置就是有效率的。在第二个版本的模型中,当行为人从市场价格中获取信息时,就存在外部性。行为人在采取带有信息含量的行动时,没有将对其他人的好处内部化。这种外部性使得均衡行为达不到社会最优。

9.3　更广泛的主题和未来研究的路径

有关未来总体冲击的消息和关于当前冲击的信号中的噪声都给行为人的选择引入了共同冲击。共同冲击使选择的协方差超过生产率的协方差,并产生总体波动。高度联动(high comovement)出现在许多情形中,如资产价格联动,消费者追逐潮流,投机者都卖出同一种股票,并购或 IPO 潮,以及国家间的经济周期联动。联动是一个术语,应用于行为人采取类似行动或者总体变量有类似表现而没有明显的协调动机时。这些模型的一个共性是,公共信息在不同岛之间的跨岛行为人的行动中或者对不同类型产品的需求引入相关性。由此,公共信息可以成为总体冲击的来源。

企业和价格动态 为什么产业部门选择如此类似的投入,而企业却选择如此不同的价格呢?6.3节(Reis,2006)解释了为什么企业对来自货币冲击的价格上的总体冲击的反应太小。相反,9.2.1小节(Veldkamp and Wolfers,2007)解释了为什么企业对总体生产率冲击反应过度,而对企业特有的或部门特有的冲击反应不足。这里涉及的两篇论文的写作动因似乎并不一致。是背后的关键因素非常不同吗?是否有信息模型能同时解释价格和数量的周期性行为?

经济周期中的"体制变化"(regime shifts) Stock 和 Watson(1996)认为,在经济周期总体变量的方差和协方差中曾经出现结构性突变(structural breaks)。这样的结构变化的一个例子是通常被称为"大缓和"的经济周期波动性的下降。尽管很多理论能部分解释这样的结构变化,但很少有理论能完全解释这一变化。

我们知道当行为人观察到更少的有关某一潜在状态过程的信息时,他们对该过程的变化的反应就会小一些。这提出了如下问题:什么原因导致行为人获取较少有关宏观经济(通常是生产率)冲击的信息。

一种可能性是生产率冲击的波动性略有下降。由于一个波动性较小的过程更加可预测,因而即使没有去获取信息,额外信息的价值也会较小。这样,信息价值的下降会导致行为人获取更少的信息,而这会放大波动性的初始下降。

另一种可能性是增长提高了工资,而这又反过来提高了处理信息的机会成本。如果处理信息需要时间,而这些时间本来可以被投入劳动,那么处理信息可能会变得更昂贵。当行为人处理更少的信息时,生产对外生冲击的反应就会更小。价格上的均衡效应会强化这一反应。如果价格因为竞争性产品的生产的波动性变小而变得更稳定,那么这会激励生产者不去了解本来会影响其产品的价格的冲击。

将信息选择用作模型甄选方法 信息驱动的经济周期模型大部分采用被动学习。Beaudry 和 Portier(2006)与 Jaimovich 和 Rebelo(2006)探讨了如下问题:有关未来生产率的消息是否能成为解释经济周期特征的冲击。Lorenzoni(2009)证明,对公共信息的冲击会产生类似于供给冲击的冲击,并且这个对私人异质信号的冲击能够产生明显的需求冲击。Zeira

(1994,1999)与 Van Nieuwerburgh 和 Veldkamp(2006)则专门讨论了信息传播会如何改变经济周期的形态。这些模型均未涉及信息选择,它们都使用了被动学习。

这些理论面临的一个共同问题是:这些理论的假设与任意理性信息选择理论一致吗?这正是第 7 章的模型对标准资产定价模型所提出的那类问题。

利用信息选择来产生更微妙的预测 通过信息选择来扩展这些模型会产生新的可检验和可量化的横截面预测和时间序列预测。例如,什么时候获取信息是最有价值的呢?这时更多的信息会如何改变理论的预测?具有随时间变化的信息流的模型能够解释不变信息流的模型所不能解释的经济周期的其他特征吗?有关某些产业的信息比有关其他产业的信息能更好解释经济周期的一些横截面特征吗?关于经济周期文献中的一些未解之谜的综述,参见 Rebelo(2005)。

9.4 习题

1. 写出 Beaudry 和 Portier(2004)中的模型的一阶条件。保持所有未来行动不变,有关今天的生产率的好消息会如何影响消费和闲暇?为了能得出显式比较静态解,必须写清楚你所用的假设。

2. 写出 Jaimovich 和 Rebelo(2006)中的模型的一阶条件。保持所有未来行动不变,有关今天的生产率的好消息会如何影响消费和闲暇?为了能得出显式比较静态解,必须写清楚你所用的假设。

3. 写出 Veldkamp 和 Wolfers(2007)中的模型的一阶条件。保持所有未来行动不变,有关今天的生产率的好消息会如何影响消费和闲暇?为了能得出显式比较静态解,必须写清楚你所用的假设。

4. 在 9.2 节的模型中,为什么对全要素生产率的冲击比对投资的消息冲击的效应要小?

5. 在 9.3 节的模型中,假定一个行为人购买了一个关于总体冲击的信号。如果没有其他行为人观察到该信号,该信号的价值(总价值,即扣除任意信息成本之前的价值)有多大?反过来,如果所有其他生产者观察到了该信号,又会有多大? 基于你的答案,信息是互补品还是替代品?

注 释

① 对于平均产业,其 GDP 与平均 GDP 的相关性是 $mean_i(\text{corr}(GDP_i, GDP_{avg})) = 0.51$,而平均产业的全要素生产率与平均生产率的相关性要低得多:$mean_i(\text{corr}(TFP_i, TFP_{avg})) = 0.17$。参见 Veldkamp 和 Wolfers(2007)。

第四部分

测　度

10

检验信息理论

正如导论中所提到的,本书的内容是关于如何使用信息选择的理论工具,来解释观察到的真实世界的现象。这意味着本书的模型属于应用理论的范畴。现代应用理论的研究标准要求,作者不仅给出对某一现象的可行解释,而且还要为其理论提供确凿的证据。这往往给核心变量是内在不可观测的信息集的理论提出挑战。本章描述了检验信息选择模型的几种实证策略。这些当然不是全部的可行策略,只是为了反映背后的思想。10.1 节和 10.2 节介绍了对信息流和信念的直接测度,10.3 节和 10.4 节介绍了对信息的间接测度,10.5 节和 10.6 节则运用理论将可观测数据和信息测度对应起来。

10.1 测度信息流

测度信息流的一种方式是看所提供的信息的数量。例如,Graham (1999)统计了在投资简讯中提到资产的次数。Fang 和 Peress(2009)与 Veldkamp(2006)统计了大众媒体中有关企业或新兴市场的报道数量。大量的实证金融文献使用企业的分析师追踪度(analyst coverage)来作为投资者信息的代理变量。总体上,这样的信息代理变量对资产价格有显著的解释力。

计算来自各种期刊和新闻网站的消息通常必须通过手工收集,或者再借助

Lexis/Nexis 新闻搜索引擎,分析师预测则是从 I/B/E/S(Institutional Brokers' Esitimate System,机构经纪人预测系统)数据库中收集的。I/B/E/S 将单个分析师的盈余预测进行登记分类,美国公司最早可追溯至 1983 年,跨国公司最早可追溯至 1987 年。盈余预测的另一个来源是辉盛研究系统公司(FactSet Research Systems Inc.)的 FactSet Estimates 数据。

对于这些测度要注意的一个问题是,信息供给是内生的。信息供给对资产价格作出回应,同时又造成了资产价格的变动。Veldkamp(2006)测度了每周《金融时报》的新闻报道与新兴市场价格和收益之间的共同关系。Hameed、Morck 和 Yeung(2010)使用了一个不同的信息代理变量,证明企业规模、交易量和盈余可以预测多少个分析师会分析一只股票。Brennan 和 Hughes (1991)构建了一个经纪业务佣金费率模型,其中,经纪业务佣金费率依股价而定,使得经纪商有激励给出低股价的企业的研究报告。他们采用了股票分割(stock splits)来检验该理论,在股票分割下,没有任何坏消息股价也会急剧下跌。这些效应不仅对单个股票起作用,对共同基金也同样成立。Kaniel、Starks 和 Vasudevan(2007)证明,基金特点预测了媒体报道,而后者又反过来预测了流入基金的资金流。

分析消息内容 尽管测度消息量为观察到的信息的数量提供了一个代理变量,但对信息的内容却一丁点也没有揭示。近来的研究工作采用语言量化方法测度了每条消息利好或利空的程度。Tetlock、Saar-Tsechansky 和 Macskassy(2008)查阅了 1980—2004 年有关每家标普 500 指数企业的所有《华尔街日报》和道琼斯新闻服务网站(Dow Jones News Service,DJNS)上的文章。他们使用负面词汇的词典,计算了每篇文章中负面词汇所占的比重。主要的发现是:首先,负面词汇预测了负面收益,所以这些词汇也可以说传递了信息,甚至传递了不包含在分析报告或会计数据中的信息;其次,这些文字信息在次日被融进了企业股价中。

Demers 和 Vega(2010)采用类似方法分析了公司盈余公告。他们使用被称为 Diction 的文本分析软件,从盈余公告的语言中获取对乐观程度和确定性的测度。研究结果表明,乐观的语言被逐渐融进了市场价格中,造成了盈余公告后股价的向上漂移。盈余公告用语中的确定性也与同时期低价格波动性相符,并预测了未来价格的低波动性。

10.2　预测精确度

也许测度行为人拥有的信息的最直接方式,是直接问他们关于未来的看法。有一些资料来源可以提供这样的预测数据。

关于经济周期过程中宏观经济信息的理论,专业预测者调查(Survey of Professional Forecasters,https://www. phil. frb. org/research-and-data/real-time-center/survey-of-professional-forecasters*)是一个较好的有关信念的数据来源。这是一个面板数据,其时间序列是从 1968 年第四季度开始的季度数据。分析师的数量在 9 至 76 人之间,每个季度分析师的平均数量是 36人。这一数据能够支持两种有关信息精确度的测度。第一种测度是预测值的离散程度。一般来说,信息越少,预测值的离散程度越大。(不过你应该在你要检验的模型中验证这一点。如果你的模型假定了共同的先验信念,那么预测值的离散程度越大可能意味着有越多的私人信息。)第二种测度是平均均方误差(average mean squared error)或者预测变量的预测值相对实现值的平均绝对离差(average absolute deviation)。

根据分析师预测的 I/B/E/S 数据,我们同样可以构建金融资产的信息精确度测度。例如,Bae、Stulz 和 Tan(2008)证明,32 个国家的本国分析师对本国股票所作的盈余预测要比外国分析师的预测更精确,平均来说,精确度要高 8%。他们利用这一发现来支持由于本国投资者更了解本国资产因而更偏好本国股权投资的观点。为了进一步阐释此观点,他们证明,本国分析师的预测的精确度水平与本国偏好相关。当一个国家的本国分析师的预测相对外国分析师的预测更精确(更加信息不对称)时,外国投资者就会持有那个国家更少的资产。

10.3　利用协方差来推断信息集

本书中一个不断出现的主题是,信息选择决定了状态和行动如何共变。

＊　原书网址为 http://www.phil.frb.org/econ/liv/index.html,已失效。——译者注

这个主题在策略博弈中出现过(见第 4 章),在价格设定的讨论中再次出现,生产者价格对货币政策创新的反应取决于信息选择(见第 6 章)。在第 8 章中,信息选择使得行动高度相关。如果行为人关于某一状态变量的信息体现在他们的行动与该状态的相关程度上,那么可以利用这一相关性来推断信息集,并检验那些基于信息的理论。有许多方式来作这种推断,下面是四个例子。

Klenow 和 Willis(2007)通过回答过去时期揭示的信息是否会作为对当期价格的冲击这一问题,检验了价格设定的漫不经心模型。由于漫不经心的行为人直到更新了其信息集才会了解所发生的冲击,因而这些冲击只会在滞后一段时间后才影响他所设定的价格。他们发现,滞后的冲击确实会影响当期价格,这与有关价格黏性的漫不经心理论(Reis,2006)一致。在对资产价格的类似研究中,Hong、Tourous 和 Valkanov(2007)发现产业信息会在滞后一段时间后影响市场权益指数值。

Hong、Stein 和 Yu(2007)对亚马逊的股票做了一个案例研究。他们发现,交易者从基于有关亚马逊网页的点击量的数据来立权并交易,到 2000 年突然变成了基于盈余公告来立权并交易。他们推断交易者因为股价与盈余基本面公告之间的协方差的变化,而改变了所使用的信息。

Kacperczyk 和 Seru(2007)倒没有计算协方差,而是使用了回归分析中的 R^2。他们构建了公共信息的依赖度(reliance on public information,RPI)这一测度作为基金经理用以管理其资产组合的公共信息量的代理变量。RPI 是基金经理的资产组合持有量的变化对分析师的预测的变化作回归分析中的 R^2。他们认为基金经理在有更少的私人信息时会更多地依赖公共信息。这一结论得到了具有更高 RPI 的基金赚取的利润更低这一事实的支持。

类似地,Durnev 等(2003)通过用资产价格对未来盈余回归,测度了哪些资产的价格会包含更多或更少的有关未来盈余的信息。其思想是,当投资者拥有与未来盈余有关的信息时,他们将会在未来盈余很高时买入资产而推动资产价格上升,并在未来盈余很低时,卖出资产而推动资产价格下跌。这样,当资产价格在盈余公告发布之前变动(与盈余公告所示的方向一致)时,投资者一定拥有与该盈余公告的内容有关的信息。这被用作知情投资者的情况的代理变量。

该方法的一个潜在缺陷是,状态变量与行动的协方差也许就是模型原本要解释的内容。如果真是这样,那么该方法无法识别用来解释该协方差的不同竞争性理论。研究者将需要使用其他间接方法来评估模型。

10.4　利润实现值作为信息的代理变量

在一个理性模型中,一般来说,更多的信息会使得一个行为人选择效用更高的行动。更高的效用通常意味着更高的利润。这样,利润实现值可以作为一个行为人拥有多少信息的代理变量。

例如,Biais、Bossaerts 和 Spatt(2010)使用 1927—2000 年的证券价格研究中心(Center for Research in Securities Prices,CRSP)数据表明,与指数化策略(indexing strategy)相比,特定价格策略(price-contingent strategies)产生的年回报(Sharpe 比率)要高 3%(达 16.5%)。换言之,今天的价格与未来的回报共变,从而包含有关未来回报的信息。这一研究告诉我们价格中包含了多少信息。由于价格包含了投资者所知道的信息,因而价格也会揭示一个平均市场参与者知道多少信息。

基于信息的理论常被用于解释更标准的禀赋经济或生产经济模型所难以解释的数据特征。因此,对这一事实的竞争性解释也许会是行为经济学理论。区分理性解释和行为经济学解释的一种方法是,观察行为是否导致了更高的利润。偏误(biases)是我们在效用最大化中所犯的错误,应该会降低福利的可观察测度。具有(有噪声的)理性预期的行为人的信息选择会最大化效用。

识别对资产组合多元化不足的理性解释和行为解释就是运用这一论证的一个例子。Ivkovic、Sialm 和 Weisbenner(2008)发现,集中性投资者的绩效每年会比分散化投资者高出 3%之多。这种突出的业绩在天然的信息不对称最可能出现的本国股票的投资中更明显(参见 Coval and Moskowitz,2001;Massa and Simonov,2006;Ivkovic and Weisbenner,2005)。如果基金经理拥有与特定行业的股票有关的更优的信息,他们在这些行业的业绩就会表现突出。Kacperczyk、Sialm 和 Zheng(2005)表明,与具有中值以下产业集中度的基金相比,具有中值以上产业集中度的基金所产生的平均回报每年高出 1.1%。这些发现支持了集中度是由信息驱动的假说。

10.5 信息选择作为信息数据的替代

对不完全信息理论的反对在于将理论基于信息一类的不可观察变量,使理论不可检验流于空泛。不过,这种观点恰恰说明了为什么内生信息理论是如此重要。那些对信息禀赋作出简化假设的标准模型无法检验这些假设。把信息集作为均衡结果的有微观基础的信息传播理论可以解决这个问题。一个用可观察的基本面情况——例如生产、生产率波动性或者信息的总价值——来预测信息模式的理论是可检验的,因为它的前提和结论都是数据上可观察的。可观察变量预测了信息模式,信息模式反过来又预测了其他可观察变量。由此,信息选择方法的一个优点在于,它能让以前被认为不可检验的基于信息的理论可以用数据来检验。

估计资产组合选择学习指数 利用信息选择来检验模型的一个例子是有关资产组合选择的研究(Van Nieuwerburgh and Veldkamp,2009)。我会详细地把这个例子过一遍,以展示(作为一般方法)我们如何能从这样的理论中得出可检验的假说。

式(7.21)在资产规模和平均回报等可观察的资产特征,与平均投资者的信息之间建立了一个联系。"学习指数"($\mathcal{L}_j = (\Sigma^{-1}(j)e^{2K} + \Sigma_p^{-1}(j))/(\Sigma^{-1}(j) + \Sigma_p^{-1}(j))$)揭示出了解哪些资产的风险是最有学习价值的。学习指数高的资产比学习指数低的资产更可能被了解。由于信息影响了某一资产给平均投资者带来的风险,学习指数应该预测横截面的资产收益。

估计 $\mathcal{L}_j$ 有两大挑战。首先,我们需要估计作为真实收益的信号的价格方差 Σ_p。其次,理论错误地假设了资产是相互独立的。当资产相关时,投资者学习作为基本相关资产的线性组合的独立风险因子(合成资产)。因此,我们需要为每一种风险因子计算一个学习指数。

下面的算法能够被用来估计学习指数:

(1)将相关资产转变为独立风险因子:计算资产收益的特征值分解(主成分)。令特征向量矩阵为 Γ,由特征值构成的对角矩阵为 Λ,从而 $\Sigma = \Gamma\Lambda\Gamma'$。

（2）重写每个风险因子 j 的学习指数：在模型中，价格中的噪声的方差—协方差矩阵具有与资产收益相同的特征向量。因此，我们写成 $\Sigma_p = \Gamma \Lambda_p \Gamma'$，其中，$\Lambda_p$ 是一个对角矩阵，其第 j 个对角线元素是 $\Lambda_p(j)$。这样，风险因子学习指数就变为：$\mathcal{L}_j^{rf} = (\Lambda^{-1}(j)e^{2K} + \Lambda_p^{-1}(j))/(\Lambda^{-1}(j) + \Lambda_p^{-1}(j))$。

（3）构造风险因子价格和收益：收益 f 是时期 t 与时期 $t+1$ 之间支付的股利加上时期 $t+1$ 的价格：$f_t = d_t + p_{t+1}$。将资产价格和收益的$(n \times 1)$向量左乘特征向量矩阵 Γ'，得到风险因子价格和收益的$(n \times 1)$向量。

（4）估计资产价格中的信号噪声：对于股票，定价方程是 $p = A + Bf + Cx$，即式（7.10）。对于风险因子价格和收益，定价方程是 $\Gamma'p = \Gamma'A + \Gamma'B\Gamma(\Gamma'f) + \Gamma'Cx$（我们知道 $\Gamma\Gamma' = I$）。在一个不变的风险因子收益（$\Gamma'f$）上回归风险因子价格（$\Gamma'p$）。资产供给冲击就是回归残差。从这一组回归中计算每个风险因子的 R^2。第 j 个回归的$(1-R^2)/R^2$ 是 $\Lambda_p(j)/\Lambda(j)$。①

（5）利用得自第（1）步的 $\Lambda(j)$ 和得自第（4）步的 $\Lambda_p(j)$ 来构造风险因子 j 的学习指数。利用得自文献中对 K 的估计并/或改变进行 K。

（6）将风险因子指数的向量左乘特征向量矩阵 Γ。得到的向量包含每种资产的学习指数。

另外，通过运用价格和收益的市场指数，这一算法可用于国家或地区。

学习指数能被用于检验理论的许多方面：（1）它们能预测与信息相关的变量，如分析师追踪度。（2）相对于 CAPM 等标准模型的预测值，具有更高学习指数的国家、地区或企业应该有更低的收益率（更高的资产价格）。这是因为平均投资者对其更了解的资产的不确定性更小（学习指数更高），而更小的不确定性意味着更低的收益率。当平均投资者更了解某一具有更高指数的资产时，他会减少该资产的风险，因此也减少了该资产的收益率。（3）最后，一个国家或地区的学习指数应该与其居民的资产组合的本国偏好或本地偏好有关。这种关系是非单调性的。如果该学习指数接近于 0，没有人甚至没有本国人或本地人会去了解本国或本地的风险。当所有投资者都了解外国风险时，就只有来自最初信息差异的很小的本国偏好。当本国学习指数增大时，更多的本国投资者会专业化了解本国风险。信息不对称性和本国偏好就会上升。在极限处，当本国学习指数变得非常大时，所有的投资者都会研究本国风险。再一次，较小的本国偏好仅来自最初信息的较小差异。因为本国偏好取决于信息比较优势,对于中等水平的学习指数,本国偏好最强。

利用理论来预测信息集的其他例子　Peress(2010)预测,拥有更大的风险分担机会的投资者应该会获取更少的信息。该理论对前述理论构成了补充。它探讨了信息价值在投资者间的异质性而非仅仅在资产间的差异。来自该理论的一个可检验预测是,股东广泛的资产会有更少的分析师追踪度。

10.6　买卖价差与 PIN

金融市场中最常用的测度之一就是知情交易概率(probability of informed trading,PIN)。Easley 等(1996)提出了这一实证测度来估计市场中的交易者知情的概率。需要的数据是提交给做市商的买卖指令序列。这样的数据可以从纳斯达克交易与报价数据库(Nasdaq Trade and Quote database)中获得。欧洲的数据则来自泛欧交易所数据库(Euronext database)。Easley 等(1996)证明这一测度与另一种常用的信息不对称测度即买卖差价有关联。要理解这些测度的含义,我们需要过一遍一个简单的贝叶斯模型。

PIN 模型　存在一种风险资产和一个交易者连续统。交易日 $i = 1, \cdots,$ I 是离散的,但在每一天内时间是连续的,以 $t \in [0, T]$ 表示。该风险资产在每一个时期末都有一个收益 V,该收益序列不相关(这一约束很容易放松),并在三个可能股值当中取一个值。如果发生好消息[概率为 $\alpha(1-\delta)$ 以下标 g 表示],所取值为 $\bar{V}$。如果发生的坏消息(概率 $\alpha\delta$ 以下标 b 表示),所取值为 $\underline{V}$。有 $(1-\alpha)$ 的概率不发生任何消息(以下标 n 表示),所取值为 V^*。因为所有交易者在期末都会观察到 V,任何积累的信息在下一期开始时都会变得无关紧要。

做市商是一个随时准备以公布的买入价或卖出价买入或卖出资产的行为人。由于该做市商是风险中性的,并且面临来自其他潜在做市商的竞争,因而他设定的资产价格等于以他的信息集为条件的资产的期望价值,而赚取为 0 的期望利润。他从观察到的买卖指令序列中获取信息。

市场上存在不知情的买者和卖者,他们每个人均按照到达率为 ϵ 的独立泊松过程出现。如果没有消息，就不会有知情交易者出现。无论出现是好消息还是坏消息，确切地知道消息的知情交易者就会按照到达率为 μ 的独立泊松过程出现。

更新概率 上述以三种不同概率出现的事件在时间 $t = 0$ 的先验概率分别为 $P_n(0) = 1 - \alpha$，$P_g(0) = \alpha(1 - \delta)$，$P_b(0) = \delta\alpha$。随着每个交易者的到来，这些概率会被依据贝叶斯法则更新：

$$P_n(t \mid \text{卖}) = \frac{P_n(t)\,\epsilon}{\epsilon + P_b(t)\mu} \tag{10.1}$$

分子是以没有消息的状态为条件的卖出概率。分母是每一种状态中的卖出概率：不知情的卖者在每一种状态下均以泊松率 ϵ 出现，知情的卖者只在发生坏消息的坏状态下以泊松率 μ 出现。发生好消息的好状态下的相应概率取类似形式：

$$P_g(t \mid \text{卖}) = \frac{P_g(t)\,\epsilon}{\epsilon + P_b(t)\mu} \tag{10.2}$$

$$P_b(t \mid \text{卖}) = \frac{P_b(t)(\epsilon + \mu)}{\epsilon + P_b(t)\mu} \tag{10.3}$$

当观察到一个卖出行为时，处在坏状态下的概率上升。这一上升来自坏状态下观察到卖出行为的条件概率 μ。类似的计算产生了 $P_n(t|\text{买})$、$P_g(t|\text{买})$ 和 $P_b(t|\text{买})$ 的对称的表达式。

买卖差价 给定上述 6 个概率，我们可以构造出价格，即以买或卖出现为条件的资产期望价值。当一个交易者想要卖出该资产时，做市商就会以我们称之为买入价 $Bid(t)$ 的价格出价购买该资产。如果有交易者想要买入该资产，做市商的要价就是卖出价 $Ask(t)$。卖出价应该总是超出买入价，因为当有人想买入该资产时，该资产的期望价值就会上升，而当有人想卖出该资产时，该资产的期望价值就会下降。

$$Ask(t) = \frac{P_n(t)\,\epsilon\,V^* + P_g(t)\,\epsilon\,\bar{V} + P_b(t)(\epsilon + \mu)\underline{V}}{\epsilon + P_b(t)\mu} \tag{10.4}$$

$$Bid(t) = \frac{P_n(t)\,\epsilon\,V^* + P_g(t)(\epsilon + \mu)\bar{V} + P_b(t)\,\epsilon\,\underline{V}}{\epsilon + P_g(t)\mu} \tag{10.5}$$

卖出价与买入价之间的差距就是买卖差价。结果证明，买卖差价是买者知情的概率乘以消息为好消息时的期望损失加上卖者知情的概率乘以消息为坏消息时的期望损失。

估计知情交易概率 PIN 被定义为有一个或好或坏的消息事件的条件概率 ($P_g(t) + P_b(t) = 1 - P_n(t)$)。这在理论上很容易构建。但在实践中，我们不知道买者和卖者出现的泊松率 μ 和 ϵ。解决方法是通过最大似然率来估计这些参数。

假定有一天没有消息发生。那么买者和卖者以泊松率 ϵ 独立出现。定义泊松率为 ϵ 的泊松过程使得时间 T 之前的 N 个事件的概率为

$$e^{\epsilon T} \frac{(\epsilon T)^N}{N!} \tag{10.6}$$

由于买者和卖者独立出现，观察到买者 B 买入和卖者 S 卖出的概率为两个泊松概率的积：

$$P(B, S \mid 没有消息) = e^{\epsilon T} \frac{(\epsilon T)^B}{B!} e^{\epsilon T} \frac{(\epsilon T)^S}{S!} = e^{2\epsilon T} \frac{(\epsilon T)^{B+S}}{B!S!} \tag{10.7}$$

在坏消息发生的那天，买者仍然以泊松率 ϵ 出现，但卖者以泊松率 $\mu + \epsilon$ 出现。观察到买者 B 买入和卖者 S 卖出的似然率为

$$P(B, S \mid 坏消息) = e^{-\epsilon T} \frac{(\epsilon T)^B}{B!} e^{-(\epsilon + \mu)T} \frac{[(\epsilon + \mu)T]^S}{S!} \tag{10.8}$$

上式等号右边第一项是不知情的买者 B 出现的概率，第二项是不知情的卖者和知情的卖者 S 出现的概率。如果那天发生的是好消息，买者 B 和卖者 S 出现的概率可以用与上述对称的表达式来刻画。

当然，计量经济学家由于不知道每个时期的真实状态是什么，因而必须计算每个时期买者 B 买入和卖者 S 卖出的无条件概率，即

$$P(B, S) = P(B, S \mid 没有消息)(1 - \alpha) + P(B, S \mid 好消息)\alpha(1 - \delta)$$
$$+ P(B, S \mid 坏消息)\alpha\delta$$

最后，由于每一天的事件是相互独立的，将每一天的似然率乘在一起就得到了观测序列的似然率函数：

$$L(\{B_t\}_t, \{S_t\}_t) = \prod_t P(B_t, S_t)$$

再选择最大化该似然率函数的参数 ($\alpha, \delta, \mu, \epsilon$)。

　　Easley 等（1996）利用这一程序估计了高成交量股票与低成交量股票的知情交易者和不知情交易者出现的泊松率。根据定义，高成交量股票的交易者总体会以更高的泊松率出现。他们在其样本的成交量最高的十分之一的股票中发现，知情交易者出现的泊松率为 0.13，不知情交易者出现的泊松率为 0.18。对于低成交量的股票（最低的十分之二），他们发现知情交易者出现的泊松率为 0.016，不知情交易者出现的泊松率为 0.010。请注意，相比低成交量股票，高成交量股票的交易者知情的概率要更小。Easley 等利用这一发现论证了低成交量股票有更高的买卖价差的原因在于，这些资产的交易更有可能是信息驱动的。

　　比较 PIN 与其他信息测度　　PIN 是一种不同于前面所讨论的测度的信息测度，因为它测度的是交易者与做市商之间的信息不对称程度。前面所讨论的测度反映的则是所有市场参与者的总信息流。如果没有信息流，也就没有信息不对称，PIN 就会为 0。但是如果信息流的速度很快，以至于资产价值一有变化，所有的市场参与者就都知道，那么 PIN 也会为 0。做市商设定的资产价格会等于真实的资产价值，所有的知情交易者在买卖资产之间会无差异，交易指令流也不会含有任何信息。由此，PIN 与前面所讨论的信息流测度之间的关系就是，当信息流上升时，PIN 先上升后下降。

注　释

① 为了得出回归的 R^2 与学习指数之间的关联，首先计算价格的无条件方差：$\mathrm{var}(p) = \mathrm{var}(A + Bf + Cx)$。请注意，$A$ 是一个常数，$\mathrm{var}(f) = \Sigma$，代入 $B = I$，而且我们知道 Σ_p 是收益以价格（$CC'\sigma_x^2$）为条件的方差，由此我们得到 $\mathrm{var}(p) = \Sigma + \Sigma_p$。这是价格的平方和。由于资产供给冲击是回归残差，因而供给冲击下的价格方差 Σ_p 是未被解释平方和，Σ 则是被解释平方和。由于回归的 R^2 是被解释平方和除以总平方和即 $(\Sigma + \Sigma_p)^{-1}\Sigma$，因而 $1 - R^2$ 对应于 $(\Sigma + \Sigma_p)^{-1}\Sigma_p$。这二者之比是 $\Sigma^{-1}\Sigma_p$。如果我们按照同样的这套步骤来确定风险因子价格的平方和，则对于每个风险因子 j，我们会得到 $(1 - R^2)/R^2 = \Lambda^{-1}(j)/\Lambda_p(j)$。

结　论

现代宏观经济学最主要的问题中，许多都涉及信息和协调。这是因为物质生产过程需要时间，而信念能够在瞬间改变。更快速的通信技术的出现使得沟通和协调更容易，也更迅捷。由于协调一致需要了解经济中的其他行为人在做什么，因此更好的沟通可能意味着宏观经济和金融市场中更加突然的变动。在这种情况下，我们也应该像研究商品和服务流那样，认真理解信息流。

研究信息流的挑战在于，信息流通常不可观测。但是，有关信息选择的模型提供了一种绕过该障碍的方法。这些理论预测了行为人会选择了解什么样的信息。在行为人了解信息时，他们会将可观测变量与信息联系起来，这反过来预测了其他可观测变量。因此，这些理论是可验证的。

信息选择和处理在很多主题上都有巨大的研究潜力。撰写本书并介绍了如此多应用领域的原因之一，旨在强调各应用领域之间在方法上的差异性，以及在主要思想上的相似性，使读者能触类旁通，从一类参考文献中获得理论和工具，并将其运用至其他领域中。

应该如何着手研究新的基于信息选择的理论呢？首先，看看现有理论仍未能解释的现象。行为经济学或行为金融学文献是这些未解之谜很好的来源。问问你自己，信息可以解释这些谜团吗？我们已经运用信息选择解释了的效应包括：潜在冲击的放大效应、隐藏的互补性、协方差改变的体制转变、过度波动性和惯性。一旦你有了一个理论模型，就用证据来验证它。信息选择并没有被广泛接受,以至于许多人会仅仅因为研究人员解出了模型就相信一个理论程度。用信息测度来论证这个模型给出了正确解释。在你的研究道路上,你应该认识到,构建一个研究领域是一个具有策略互补性的博弈。许多经济学领域陷入了衰退,就是因为这些领域中的研究者将成功视作零和博弈。这是不对的。信息选择的研究成果发表越多,信息选择就会变得越主流,要发表有关信息选择的研究成果就会越容易。最后同样重要的是,保持创造性并持之以恒,祝你们好运!

参考文献

Abel, Andrew, Janice Eberly, and Stavros Panageas. 2007. "Optimal Inattention to the Stock Market." *American Economic Review 97(2)*, 244–49.

Admati, Anat. 1985. "A Noisy Rational Expectations Equilibrium for Multi-Asset Securities Markets." *Econometrica 53(3)*, 629–57.

Admati, Anat, and Paul Pfleiderer. 1986. "A Monopolistic Market for Information." *Journal of Economic Theory 39*, 400–438.

———. 1990. "Direct and Indirect Sale of Information." *Econometrica 58(4)*, 901–28.

Allen, Franklin, Stephen Morris, and Hyun Song Shin. 2006. "Beauty Contests and Bubbles." *Review of Financial Studies 19*, 719–52.

Amador, Manuel, and Pierre-Olivier Weill. 2009. "Learning from Prices: Public Communication and Welfare." Working paper.

———. 2011. "Learning from Private and Public Observations of Others' Actions." *Journal of Political Economy* (2011).

Angeletos, George-Marios, and Jennifer La'O. 2009. "Dispersed Information over the Business Cycle: Optimal Fiscal and Monetary Policy." Massachusetts Institute of Technology working paper.

Angeletos, George-Marios, and Alessandro Pavan. 2004. "Transparency of Information and Coordination in Economies with Investment Complementarities." *American Economic Review, Papers and Proceedings 94(2)*, 91–98.

———. 2007. "Efficient Use of Information and Social Value of Information." *Econometrica 75(4)*, 1103–42.

Angeletos, George-Marios, and Ivan Werning. 2006. "Crises and Prices: Information Aggregation, Multiplicity and Volatility." *American Economic Review 96(5)*, 1720–36.

Angeletos, George-Marios, Christian Hellwig, and Alessandro Pavan. 2007. "Dynamic Global Games of Regime Change: Learning, Multiplicity and Timing of Attacks." *Econometrica 75(3)*, 711–56.

Avery, Christopher, and Peter Zemsky. 1998. "Multidimensional Uncertainty and Herd Behavior in Financial Markets." *American Economic Review 88(4)*, 724–48.

Bacchetta, Philippe, and Eric van Wincoop. 2006. "Can Information Heterogeneity Explain the Exchange Rate Determination Puzzle?" *American Economic Review 96(3)*, 552–76.

Bae, Kee-Hong, Rene Stulz, and Hongping Tan. 2008. "Do Local Analysts Know More? A Cross-Country Study of the Performance of Local Analysts and Foreign Analysts." *Journal of Financial Economics 88(3)*, 581–606.

Ball, Laurence, and David Romer. 1990. "Real Rigidities and the Non-neutrality of Money." *Review of Economic Studies 57*, 183–203.

Banerjee, Abhjit. 1992. "A Simple Model of Herd Behavior." *Quarterly Journal of Economics 107(3)*, 797–817.

Barber, Brad, and Terrance Odean. 2008. "All That Glitters: The Effect of Attention and News on the Buying Behavior of Individual and Institutional Investors." *Review of Financial Studies 21(2)*, 785–818.

Barlevy, Gadi, and Pietro Veronesi. 2000. "Information Acquisition in Financial Markets." *Review of Economic Studies 67*, 79–90.

Barsky, Robert, and Eric Sims. 2009. "News Shocks." University of Michigan working paper.

Beaudry, Paul, and Franck Portier. 2004. "Exploring Pigou's Theory of Cycles." *Journal of Monetary Economics 51(6)*, 1183–1216.

———. 2006. "News, Stock Prices and Economic Fluctuations." *American Economic Review 96(4)*, 1293–1307.

Bernhardt, Dan, and Bart Taub. 2005. "Strategic Information Flows in Stock Markets." Working paper.

Biais, Bruno, Peter Bossaerts, and Chester Spatt. 2010. "Equilibrium Asset Pricing under Heterogenous Information." *Review of Financial Studies 23*, 1503–43.

Bikhchandani, Sushil, David Hirshleifer, and Ivo Welch. 1992. "A Theory of Fads, Fashion, Custom, and Cultural Change as Information Cascades." *Journal of Political Economy 100*, 992–1026.

Billingsley, Patrick. 1995. *Probability and Measure*. 3rd ed. John Wiley and Sons.

Bolton, Patrick, Markus Brunnermeier, and Laura Veldkamp. 2008. "Leadership, Coordination and Mission-Driven Management." NBER working paper 14339.

Brennan, Michael, and Patricia Hughes. 1991. "Stock Prices and the Supply of Information." *Journal of Finance 46(5)*, 1665–91.

Breon-Drish, Bradyn. 2011. "Asymmetric Information in Financial Markets: Anything Goes." Ph.D. thesis, University of California, Berkeley.

Brunnermeier, Markus. 2001. *Asset Pricing under Asymmetric Information: Bubbles, Crashes, Technical Analysis and Herding.* 1st ed. Oxford University Press.

Bullard, James, George Evans, and Seppo Honkapohja. 2007. "A Model of Near-Rational Exuberance." University of Oregon working paper.

Cagetti, Marco, Lars Hansen, Thomas Sargent, and Noah Williams. 2002. "Robustness and Pricing with Uncertain Growth." *Review of Financial Studies 15(2)*, 363–404.

Calvo, Guillermo. 1983. "Staggered Prices in a Utility Maximizing Framework." *Journal of Monetary Economics 12*, 383–98.

Caplin, Andrew, and John Leahy. 1994. "Business as Usual, Market Crashes, and Wisdom after the Fact." *American Economic Review 84(3)*, 548–65.

Carlsson, Hans, and Eric Van Damme. 1993. "Global Games and Equilibrium Selection." *Econometrica 61(5)*, 989–1018.

Carpenter, Seth. 2004. "Transparency and Monetary Policy: What Does the Academic Literature Tell Policy Makers?" Board of Governors of the Federal Reserve System, working paper.

Chamley, Christophe. 2004. *Rational Herds: Economics Models of Social Learning*, 1st ed. Cambridge University Press.

———. 2006. "Complementarities in Information Acquisition with Short-Term Trades." Boston Universtiy, working paper.

Chari, V. V., and Patrick Kehoe. 2004. "Financial Crises as Herds." *Journal of Economic Theory 119*, 128–50.

Cheung, Yin-Wong, and Menzie Chinn. 2001. "Currency Traders and Exchange Rate Dynamics: A Survey of the U.S. Market." *Journal of International Money and Finance 20(4)*, 439–71.

Chiang, Alpha. 1984. *Fundamental Methods of Mathematical Economics.* 3rd ed. McGraw-Hill.

Christiano, Lawrence, Cosmin Ilut, Roberto Motto, and Massimo Rostagno. 2010. "Signals: Implications for Business Cycles and Monetary Policy." Northwestern University working paper.

Cornand, Camille, and Frank Heinemann. 2008. "Optimal Degree of Public Information Dissemination." *The Economic Journal 118*, 718–42.

Coval, Joshua, and Tobias Moskowitz. 2001. "The Geography of Investment: Informed Trading and Asset Prices." *Journal of Political Economy 109(4)*, 811–41.

Cover, Thomas, and Joy Thomas. 1991. *Elements of Information Theory*. 1st ed. John Wiley and Sons.

Cukierman, Alex, and Alan Meltzer. 1986. "The Theory of Ambiguity, Credibility, and Inflation under Discretion and Asymmetric Information." *Econometrica 54(5)*, 1099–1128.

Demers, Elizabeth, and Clara Vega. 2010. "Soft Information in Earnings Announcements: News or Noise?" INSEAD working paper.

Dow, James, Itay Goldstein, and Alexander Guembel. 2010. "Incentives for Information Production in Markets Where Prices Affect Real Investment." Wharton working paper.

Duffie, Darrell, 1996. *Dynamic Asset Pricing Theory*. 2nd ed. Princeton University Press.

Duffie, Darrell, Gaston Giroux, and Gustavo Manso. 2010. "Information Percolation." *American Economics Journal: Microeconomic Theory 2*, 100–111.

Duffie, Darrell, Semyon Malamud, and Gustavo Manso. 2009. "Information Percolation with Equilibrium Search Dynamics." *Econometrica 77*, 1513–74.

———. 2010. "The Relative Contributions of Private Information Sharing and Public Information Releases to Information Aggregation." *Journal of Economic Theory*, 145, 1574–1601.

Durnev, Artyom, Randall Morck, Bernard Yeung, and Paul Zarowin. 2003. "Does Greater Firm-Specific Return Variation Mean More or Less Informed Stock Pricing?" *Journal of Accounting Research 41(5)*, 797–836.

Easley, David, Nicholas Kiefer, Maureen O'Hara, and Joseph Paperman. 1996. "Liquidity, Information and Infrequently Traded Stocks." *Journal of Finance 51(4)*, 1405–36.

Edmond, Chris. 2005. "Information Manipulation, Coordination and Regime Change." New York University working paper.

Elliott, Robert, Lakhdar Aggoun, and John Moore. 1995. *Hidden Markov Models: Estimation and Control*. 1st ed. Springer.

Epstein, Larry, and Stanley Zin. 1989. "Substitution, Risk Aversion, and the Temporal Behavior of Consumption and Asset Returns: A Theoretical Framework." *Econometrica 57*, 937–69.

Evans, George, and Seppo Honkapohja. 2001. *Learning and Expectations in Macroeconomics*. 1st ed. Princeton University Press.

Fang, Lily, and Joel Peress. 2009. "Media Coverage and the Cross-Section of Stock Returns." *Journal of Finance 64(5)*, 2023–52.

Faust, Jon, and Lars Svensson. 2002. "The Equilibrium Degree of Transparency and Control in Monetary Policy." *Journal of Money, Credit and Banking 34(2)*, 520–39.

Fogli, Alessandra, and Laura Veldkamp. 2007. "Nature or Nurture? Learning and Female Labor Force Participation." Federal Reserve Bank of Minneapolis Staff Report 386.

Froot, Kenneth, David Scharfstein, and Jeremy Stein. 1992. "Herd on the Street: Informational Inefficiencies in a Market with Short-Term Speculation." *Journal of Finance 47(4)*, 1461–84.

Gabaix, Xavier, and David Laibson. 2002. "The 6D Bias and the Equity Premium Puzzle." *NBER Macroeconomics Annual 47(4)*, 257–312.

Garcia, Diego, and Joel Vanden. 2005. "Information Acquisition and Mutual Funds." *Journal of Economic Theory 144(5)*, 1965–95.

Geraats, Petra. 2002. "Central Bank Transparency." *The Economic Journal 112*, F532–F565.

Goldstein, Itay, and Ady Pauzner. 2005. "Demand Deposit Contracts and the Probability of Bank Runs." *Journal of Finance 60(3)*, 1293–1328.

Goldstein, Itay, Emre Ozdenoren, and Kathy Yuan. 2011. "Learning and Complementarities in Speculative Attacks." *Review of Economic Studies 78(1)*, 263–92.

Golosov, Mikhail, and Robert Lucas. 2007. "Menu Costs and Phillips Curves." *Journal of Political Economy 115*, 171–99.

Golosov, Mikhail, Guido Lorenzoni, and Aleh Tsyvinski. 2008. "Decentralized Trading with Private Information." Massachusetts Institute of Technology working paper.

Gosselin, Pierre, Aileen Lotz, and Charles Wyplosz. 2008. "When Central Banks Reveal Their Interest Rate Forecats: Alignment of Expectations vs. Creative Opacity." *International Journal of Central Banking 4(3)*, 145–85.

Graham, John. 1999. "Herding among Investment Newsletters: Theory and Evidence." *Journal of Finance 54*, 1.

Greenwood, Jeremy, Zvi Hercowitz, and Gregory Huffman. 1988. "Investment, Capacity Utilization, and the Real Business Cycle." *American Economic Review 78(3)*, 402–17.

Grossman, Sanford, and Joeseph Stiglitz. 1980. "On the Impossibility of Informationally Efficient Markets." *American Economic Review 70(3)*, 393–408.

Hameed, Allaudeen, Randall Morck, and Bernard Yeung. 2010. "Information Markets, Analysts and Comovement in Stock Returns." Alberta School of Business working paper.

Hansen, Lars, and Thomas Sargent. 2003. "Robust Control of Forward Looking Models." *Journal of Monetary Economics 50(3)*, 581–604.

Hellwig, Christian. 2002. "Public Information, Private Information, and the Multiplicity of Equilibria in Coordination Games." *Journal of Economic Theory 107(2)*, 191–222.

———. 2005. "Heterogeneous Information and the Benefits of Public Information Disclosures." University of California, Los Angeles working paper.

Hellwig, Christian, and Laura Veldkamp. 2009. "Knowing What Others Know: Coordination Motives in Information Acquisition." *Review of Economic Studies 76*, 223–51.

Hellwig, Christian, Arijit Mukherji, and Aleh Tsyvinski. 2005. "Self-Fulfilling Currency Crises: The Role of Interest Rates." *American Economic Review 96(5)*, 1769–87.

Hellwig, Martin. 1980. "On the Aggregation of Information in Competitive Markets." *Journal of Economic Theory 22*, 477–98.

Hirschleifer, David, Siew-Hong Teoh, and Seongyeon Lin. 2005. "Disclosure to a Credulous Audience: The Role of Limited Attention." University of California, Irvine working paper.

Hong, Harrison, Jeremy Stein, and Jialin Yu. 2007. "Simple Forecasts and Paradigm Shifts." *Journal of Finance 62(3)*, 1207–42.

Hong, Harrison, Walter Torous, and Rossen Valkanov. 2007. "Do Industries Lead the Stock Market?" *Journal of Financial Economics 83(2)*, 367–96.

Huang, Lixin, and Hong Liu. 2007. "Rational Inattention and Portfolio Selection." *Journal of Finance 62*, 1999–2040.

Huberman, Gur, and Tomer Regev. 2001. "Contagious Speculation and a Cure for Cancer: A Nonevent That Made Stock Prices Soar." *Journal of Finance 56(1)*, 387–96.

Ivkovic, Zoran, and Scott Weisbenner. 2005. "Local Does as Local Is: Information Content and the Geography of Individual Investors' Common Stock Investments." *Journal of Finance 60*, 267–306.

Ivkovic, Zoran, Clemens Sialm, and Scott Weisbenner. 2008. "Portfolio Concentration and the Performance of Individual Investors." *Journal of Financial and Quantitative Analysis, 43(3)*, 613–56.

Jaimovich, Nir, and Sergio Rebelo. 2006. "Can News about the Future Drive the Business Cycle?" *American Economic Review 99(4)*, 1097–1118.

Kacperczyk, Marcin, and Amit Seru. 2007. "Fund Manager Use of Public Information: New Evidence on Managerial Skills." *Journal of Finance 62(2)*, 485–528.

Kacperczyk, Marcin, Clemens Sialm, and Lu Zheng. 2005. "On the Industry Concentration of Actively Managed Equity Mutual Funds." *Journal of Finance 60(4)*, 1983–2011.

Kacperczyk, Marcin, Stijn Van Nieuwerburgh, and Laura Veldkamp. 2010. "Attention Allocation over the Business Cycle." New York University working paper.

Kaniel, Ron, Laura Starks, and Vasudha Vasudevan. 2007. "Headlines and Bottom Lines: Attention and Learning Effects from Media Coverage of Mutual Funds." Duke University working paper.

Karatzas, Ioannis, and Steven Shreve. 1991. *Brownian Motion and Stochastic Calculus*. 2nd ed. Springer.

Keppo, Jussi, Giuseppe Moscarini, and Lones Smith. 2005. "The Demand for Information: More Heat than Light." *Journal of Economic Theory 138(1)*, 21–50.

King, Robert, Charles Plosser, and Sergio Rebelo. 1988. "Production, Growth and Business Cycles I: The Basic Neo-Classical Model." *Journal of Monetary Economics 2*, 195–232.

Klenow, Peter, and Jonathan Willis. 2007. "Sticky Information and Sticky Prices." *Journal of Monetary Economics 54*, 79–99.

Kyle, Albert. 1985. "Continuous Auctions and Insider Trading." *Econometrica 53*, 1315–35.

Li, Yan, and Liyan Yang. 2008. "Complementarities in Information Acquisition with Heterogeneous Investment Opportunities." University of Toronto working paper.

Lipster, Robert, and Albert Shiryaev. 2001. *Statistics of Random Processes II*. Springer.

Lorenzoni, Guido. 2009. "A Theory of Demand Shocks." *American Economic Review 99(5)*, 2050–84.

Lucas, Robert. 1972. "Expectations and the Neutrality of Money." *Journal of Economic Theory 4*, 103–124.

Luo, Yulei. 2008. "Consumption Dynamics under Information Processing Constraints." *Review of Economic Dynamics 11*, 366–85.

Maćkowiak, Bartosz, and Mirko Wiederholt. 2009a. "Business Cycle Dynamics under Rational Inattention." Northwestern University working paper.

———. 2009b. "Optimal Sticky Prices under Rational Inattention." *American Economic Review 99(3)*, 769–803.

Mankiw, Gregory, and Ricardo Reis. 2002. "Sticky Information versus Sticky Prices: A Proposal to Replace the New Keynesian Phillips Curve." *Quarterly Journal of Economics 117*, 1295–1328.

Massa, Massimo, and Andrei Simonov. 2006. "Hedging, Familiarity and Portfolio Choice." *Review of Financial Studies 19(2)*, 633–85.

Merton, Robert. 1987. "A Simple Model of Capital Market Equilibrium with Incomplete Information." *Journal of Finance 42(3)*, 483–510.

Milgrom, Paul, and Nancy Stokey. 1982. "Information, Trade and Common Knowledge." *Journal of Economic Theory 26*, 17–27.

Mondria, Jordi. 2010. "Portfolio Choice, Attention Allocation, and Price Comovement." *Journal of Economic Theory 145(5)*, 1837–64.

Morris, Stephen, and Hyun Song Shin. 1998. "Unique Equilibrium in a Model of Self-Fulfilling Currency Attacks." *American Economic Review 88(3)*, 587–97.

———. 2002. "The Social Value of Public Information." *American Economic Review 92*, 1521–34.

Moscarini, Giuseppe. 2004. "Limited Information Capacity as a Source of Inertia." *Journal of Economic Dynamics and Control 28(10)*, 2003–35.

Muendler, Marc-Andreas. 2005. "The Action Value of Information and the Natural Transparency Limit." University of California, San Diego working paper.

Myatt, David, and Chris Wallace. 2008. "On the Sources and Value of Information: Public Announcements and Macroeconomic Performance." Oxford University working paper.

———. 2009. "Endogenous Information Acquisition in Coordination Games." Oxford University working paper.

O'Hara, Maureen. 1995. *Market Microstructure Theory*. Blackwell Press.

Ozdenoren, Emre, and Kathy Yuan. 2007. "Feedback Effects and Asset Prices." *Journal of Finance 63(4)*, 1939–75.

Pastor, Lubos, and Pietro Veronesi. 2003. "Stock Valuation and Learning about Profitability." *Journal of Finance 58(5)*, 1749–89.

Peng, Lin. 2005. "Learning with Information Capacity Constraints." *Journal of Financial and Quantitative Analysis 40(2)*, 307–29.

Peng, Lin, and Wei Xiong. 2006. "Investor Attention, Overconfidence and Category Learning." *Journal of Financial Economics 80*, 563–602.

Peress, Joel. 2004. "Wealth, Information Acquisition and Portfolio Choice." *Review of Financial Studies 17(3)*, 879–914.

———. 2010. "The Tradeoff between Risk Sharing and Information Production in Financial Markets." *Journal of Economic Theory 145(1)*, 124–55.

Radner, Roy, and Joseph Stiglitz. 1984. "A Nonconcavity in the Value of Information." In M. Boyer and R. E. Kihlstrom, eds., *Bayesian Models in Economic Theory*. Elsevier Science Publishers B.V.

Radner, Roy, and Timothy Van Zandt. 2001. "Real-Time Decentralized Information Processing and Returns to Scale." *Economic Theory 17*, 497–544.

Rebelo, Sergio. 2005. "Real Business Cycle Models: Past, Present, and Future." *Scandinavian Journal of Economics 107(2)*, 217–38.

Reis, Ricardo. 2006. "Inattentive Producers." *Review of Economic Studies 73(3)*, 793–821.

Romer, Paul. 1990. "Endogenous Technological Change." *Journal of Political Economy 98*, 71–102.

Ross, Stephen. 1976. "The Arbitrage Theory of Capital Asset Pricing." *Journal of Economic Theory 13*, 341–60.

Shannon, Claude E. 1948. "Mathematical Theory of Communication." *Bell System Technology Journal 27*, 379–423, 623–56.

Sims, Christopher. 1998. "Stickiness." *Carnegie-Rochester Series on Public Policy 49(1)*, 317–56.

———. 2003. "Implications of Rational Inattention." *Journal of Monetary Economics 50(3)*, 665–90.

———. 2006. "Rational Inattention: Beyond the Linear-Quadratic Case." *American Economic Review 96(2)*, 158–63.

Sims, Eric. 2009. "Expectation Driven Business Cycles: An Empirical Evaluation." University of Notre Dame working paper.

Stock, James, and Mark Watson. 1996. "Evidence on Structural Instability in Macroeconomic Time Series Relationships." *Journal of Business and Economic Statistics 14*, 11–30.

Stromberg, David. 2001. "Mass Media and Public Policy." *European Economic Review 45*, 652–63.

Svensson, Lars. 2006. "Social Value of Public Information: Morris and Shin (2002) Is Actually Pro Transparency, Not Con." *American Economic Review 96(2)*, 448–51.

Tetlock, Paul, Maytal Saar-Tsechansky, and Sofus Macskassy. 2008. "More than Words: Quantifying Language to Measure Firms' Fundamentals." *Journal of Finance 63(3)*, 1437–67.

Timmermann, Allan. 1993. "How Learning in Financial Markets Generates Excess Volatility and Predictability in Stock Prices." *Quarterly Journal of Economics 108*, 1135–45.

Townsend, Robert M. 1983. "Forecasting the Forecasts of Others." *Journal of Political Economy 91(4)*, 546–88.

Turmuhambetova, Gauhar. 2005. "A Simple Portfolio Problem with Endogenous Information." Ph.D. thesis, University of Chicago.

Uhlig, Harald. 1990. "Costly Information Acquisition, Stock Prices and Neoclassical Growth." Ph.D. thesis, University of Minnesota.

Van Nieuwerburgh, Stijn, and Laura Veldkamp. 2006. "Learning Asymmetries in Real Business Cycles." *Journal of Monetary Economics 53(4)*, 753–72.

———. 2009. "Information Immobility and the Home Bias Puzzle." *Journal of Finance 64(3)*, 1187–1215.

———. 2010. "Information Acquisition and Portfolio Under-Diversification." *Review of Economic Studies 77(2)*, 779–805.

Veldkamp, Laura. 2006. "Media Frenzies in Markets for Financial Information." *American Economic Review 96(3)*, 577–601.

Veldkamp, Laura, and Justin Wolfers. 2007. "Aggregate Shocks or Aggregate Information? Costly Information and Business Cycle Comovement." *Journal of Monetary Economics 54*, 37–55.

Verrecchia, Robert. 1982. "Information Acquisition in a Noisy Rational Expectations Economy." *Econometrica 50(6)*, 1415–30.

Vives, Xavier. 1984. "Duopoly Information Equilibrium: Cournot and Bertrand." *Journal of Economic Theory 34(1)*, 71–94.

———. 1988. "Aggregation of Information in Large Cournot Markets." *Econometrica 56*, 851–76.

———. 2008. *Information and Learning in Markets: The Impact of Market Microstructure*. Princeton University Press.

Wang, Jiang. 1993. "A Model of Intertemporal Asset Prices under Asymmetric Information." *Review of Economic Studies 60*, 249–82.

Welch, Ivo. 1992. "Sequential Sales, Learning and Cascades." *Journal of Finance 47(2)*, 695–732.

Wilson, Robert. 1975. "Informational Economies of Scale." *Bell Journal of Economics 6*, 184–95.

Woodford, Michael. 2002. "Imperfect Common Knowledge and the Effects of Monetary Policy." In P. Aghion, R. Frydman, J. Stiglitz, and M. Woodford, eds., *Knowledge, Information, and Expectations in Modern Macroeconomics: In Honor of Edmund S. Phelps.* Princeton University Press.

————. 2008. "Information-Constrained State-Dependent Pricing." *Journal of Monetary Economics 56(1)*, S100–S124.

Yuan, Kathy. 2005. "Asymmetric Price Movements and Borrowing Constraints: A Rational Expectations Equilibrium Model of Crises." *Journal of Finance 60(1)*, 379–411.

Zeira, Joseph. 1994. "Informational Cycles." *Review of Economic Studies 61*, 31–44.

————. 1999. "Informational Overshooting, Booms and Crashes." *Journal of Monetary Economics 43*, 237–57.

图书在版编目(CIP)数据

宏观经济学和金融学中的信息选择/(美)劳拉·L.
费尔德坎普著;李娜译.—上海:格致出版社:上海
人民出版社,2022.6
(当代经济学系列丛书/陈昕主编.当代经济学译
库)
ISBN 978 - 7 - 5432 - 3030 - 9

Ⅰ.①宏…　Ⅱ.①劳…　②李…　Ⅲ.①宏观经济学-
研究　②金融学-研究　Ⅳ.①F015　②F830

中国版本图书馆 CIP 数据核字(2019)第 261114 号

责任编辑　唐彬源　程　倩
装帧设计　王晓阳

宏观经济学和金融学中的信息选择

[美]劳拉·L.费尔德坎普　著

李　娜　译

出　　版　格致出版社
　　　　　上海三联书店
　　　　　上海人民出版社
　　　　　(201101　上海市闵行区号景路 159 弄 C 座)
发　　行　上海人民出版社发行中心
印　　刷　常熟市新骅印刷有限公司
开　　本　710×1000　1/16
印　　张　13.75
插　　页　2
字　　数　204,000
版　　次　2022 年 6 月第 1 版
印　　次　2022 年 6 月第 1 次印刷
ISBN 978 - 7 - 5432 - 3030 - 9/F · 1239
定　　价　58.00 元

Information Choice in Macroeconomics and Finance

By Laura L. Veldkamp

Copyright © 2011 by Princeton University Press

本书根据 Princeton University Press 2011 年英文版译出

2022 年中文版专有出版权属格致出版社

本书授权只限在中国大陆地区发行

版权所有　翻版必究

上海市版权局著作权合同登记号:图字 09-2014-719 号

当代经济学译库

人类行为的经济分析/加里·S.贝克尔著

演化博弈论/乔根·W.威布尔著

工业化和经济增长的比较研究/钱纳里等著

发展中国家的贸易与就业/安妮·克鲁格著

企业的经济性质/兰德尔·克罗茨纳等著

经济发展中的金融深化/爱德华·肖著

不完全竞争与非市场出清的宏观经济学/让帕斯卡·贝纳西著

企业、市场与法律/罗纳德·H.科斯著

发展经济学的革命/詹姆斯·A.道等著

经济市场化的次序(第二版)/罗纳德·I.麦金农著

论经济学和经济学家/罗纳德·H.科斯著

集体行动的逻辑/曼瑟尔·奥尔森著

企业理论/丹尼尔·F.史普博著

经济机制设计/利奥尼德·赫维茨著

管理困境:科层的政治经济学/盖瑞·J.米勒著

制度、制度变迁与经济绩效/道格拉斯·C.诺思著

财产权利与制度变迁/罗纳德·H.科斯等著

市场结构和对外贸易/埃尔赫南·赫尔普曼　保罗·克鲁格曼著

贸易政策和市场结构/埃尔赫南·赫尔普曼　保罗·克鲁格曼著

社会选择理论基础/沃尔夫·盖特纳著

时间:均衡模型讲义/彼得·戴蒙德著

托克维尔的政治经济学/理查德·斯威德伯格著

资源基础理论:创建永续的竞争优势/杰伊·B.巴尼著

投资者与市场——组合选择、资产定价及投资建议/威廉·夏普著

自由社会中的市场和选择/罗伯特·J.巴罗著

从马克思到市场:社会主义对经济体制的求索/W.布鲁斯等著

基于实践的微观经济学/赫伯特·西蒙著

企业成长理论/伊迪丝·彭罗斯著

所有权、控制权与激励——代理经济学文选/陈郁编

财产、权力和公共选择/A.爱伦·斯密德著

经济利益与经济制度——公共政策的理论基础/丹尼尔·W.布罗姆利著

宏观经济学:非瓦尔拉斯分析方法导论/让帕斯卡·贝纳西著

一般均衡的策略基础:动态匹配与讨价还价博弈/道格拉斯·盖尔著

资产组合选择与资本市场的均值——方差分析/哈利·M.马科维兹著

金融理论中的货币/约翰·G.格利著

家族企业:组织、行为与中国经济/李新春等主编

资本结构理论研究译文集/卢俊编译

环境与自然资源管理的政策工具/托马斯·思德纳著

环境保护的公共政策/保罗·R.伯特尼等著

生物技术经济学/D.盖斯福德著